D1753069

Oberbayern

Oberbayern

Fotos von Hannes Sieber

Texte von Herbert Becker
und Wolfgang Peschel

Upper Bavaria

Ins Englische übersetzt von Malcolm Leybourne

Frisinga

Titelfoto: Abendstimmung am Schliersee

© Frisinga Verlag Freising 1991
Satz: Frisinga DTP
Lithos: ColorLine Verona
Druck und Gesamtherstellung:
Sellier Druck Freising
ISBN 3 88841 039 8

Frisinga

Oberbayern

Jedes Jahr scheint die Sonne an die 1800 Stunden auf fast ganz Oberbayern. Das stärkt das Gemüt, steigert das Wohlbefinden, fördert das Vertrauen in die höhere Ordnung der Welt.

Den Oberbayern gehört der höchste Berg in Deutschland und die schönsten Bergseen. Sie haben die herrlichsten Landschaften, die üppigsten Kirchen, die gemütlichsten Gasthäuser und die meisten Touristen in den Gästebetten. Und im Winter liegt in Oberbayern sogar bei Sonnenschein mehr Schnee als anderswo überhaupt vom Himmel fallen kann. Oberbayern ist gewissermaßen der Superlativ für Bayern - behaupten nicht nur die Oberbayern.

Was in Oberbayern dagegen fehlt, sind Menschen, die sich hier nicht wohlfühlen. Und wenn solche doch vorkommen, dann hat das gewiß Gründe, mit denen sich ein Oberbayer aus Prinzip nicht auseinandersetzt. Es wäre einfach nicht der Mühe wert. Jede Mühe wert ist freilich, Oberbayern immer wieder vorzuzeigen - zum Beispiel in diesem Buch. Die Bilder stehen für die Schönheit Oberbayerns, die Texte für seine Eigenheiten.

Upper Bavaria

Year after year the sun shines for around 1800 hours on almost all of Upper Bavaria. This strengthens the spirit, increases the feeling of well being, encourages confidence that everything is right in this best of all worlds. Upper Bavarians possess Germany's highest mountain and the loveliest mountain lakes. They have the most magnificent landscapes, the most luxurious churches, the coziest taverns and the most tourists in the guest beds. And in winter more snow lies in Upper Bavaria than can fall from heaven anywhere else. Upper Bavaria is so to speak the superlative for Bavaria - and not just the Upper Bavarians claim this.

What is missing in Upper Bavaria on the other hand are people who do not feel completely at home here. And if such people do not feel comfortable here, there must be certain reasons for this misfortune, and as a matter of principle no Upper Bavarian wants to look into this further. It simply wouldn't be worth the trouble. It is worthwhile, however, to show off Upper Bavaria over and over again - for example in this book. The pictures show the beauty of Upper Bavaria, the words describe its unique features.

Bauern, Klöster und eine Metropole

Ein Fremdenführer steht vor der Pfarrkirche St. Nikolaus in Rosenheim und deutet auf den Turm: "Und das, meine Damen und Herren, ist mit 80 Metern Höhe der höchste Kirchturm in Oberbayern!" - "Aber in München steht doch die Frauenkirche und deren Türme sind an die 100 Meter hoch", entgegnet ein Mann aus der Besuchergruppe. "Ja, das ist schon richtig, aber München ist nicht Oberbayern". Die großkopferte Metropole zählt halt nicht für oberbayerische Lokalpatrioten - draußen im Land.

Natürlich ist München Oberbayern und Rosenheim ist Oberbayern. Und Garmisch-Partenkirchen und Altötting und Traunstein und Wasserburg und Starnberg und Weilheim ist ebenfalls Oberbayern - und zwar von jeher. Aber daß auch Neuburg an der Donau oder Eichstätt dazugehören, ist der Gebietsreform von 1972 zu verdanken. Damals wurden die bis dahin schwäbische Pfalzgrafstadt und die fränkische Bischofsstadt mitsamt ihrer jeweiligen Umgebung Oberbayern zugeschlagen.

Dieses Oberbayern von 1972 mit seinen 20 Landkreisen und seinen drei kreisfreien Städten Ingolstadt, München und Rosenheim ist einer der sieben Regierungsbezirke des Freistaats Bayern. Der schönste sogar, sagen die Oberbayern und allenfalls die Schwaben, die Ober-, Mittel- und Unterfranken, die Oberpfälzer und die Niederbayern dürfen das in Zweifel ziehen.

Für die Abertausenden von Gäste, die alljährlich zwischen Donau und Alpen ihre Ferien verbringen, ist Oberbayern offenbar ohne Konkurrenz. Klar, daß die Oberbayern um so mehr von sich eingenommen sind.

Der Begriff Oberbayern taucht zum ersten Mal im Jahr 1255 auf, als der Wittelsbacher Herzog Otto II. gestorben war und seine beiden gleichberechtigten Söhne ihren baierischen Besitz kurzerhand aufteilten: Ludwig II. herrschte mit Sitz im Alten Hof in München über Oberbayern ohne den Chiemgau, der zu Niederbayern gezählt wurde, aber mit der (linksrheinischen) Pfalz. Bruder Heinrich XIII. regierte über Niederbayern mit Sitz in Landshut. Seit damals haben sich Grenzen immer wieder verschoben. So ist zum Beispiel die heutige Grenze bei Braunau am Inn eine politische Grenze, die erst 1779 und 1816 durch die Abtretung des Innviertels an Österreich, und 1803 durch die Abtretung des salzburgischen Rupertigaus an Oberbayern festgelegt wurde.

Isar-Preiss´n

Oberbayern bedeckt heute eine Fläche von 16.339 Quadratkilometern und ist der größte der sieben Regierungsbezirke des Freistaats Bayern. Auf dieser Fläche leben etwa 1,4 Millionen Rindviecher, 22.700 Pferde, 563.000 Schweine, 2 Millionen Hühner, 47.000 Enten und 14.000 Gänse und 3,7 Millionen Menschen. Und weil über die Hälfte der "Leit" im Großraum München lebt, ist München ein Magnet, der anzieht und abstößt: Münchnerinnen und Münchner zieht's raus aufs Land in die "heile" Natur. Und die vom Land zieht's nach München zur Kultur, zu Theatern und Museen, zu Galerien und zu Konzerten.

Wenn eine Stadt wirtschaftlich so mächtig und so groß ist wie München - die bayerische Landeshauptstadt und Sitz der oberbayerischen Regierung ist mit 1,3 Millionen Einwohner nach Berlin und Hamburg die drittgrößte deutsche Stadt - ruft das Gegenbewegungen hervor.

"Isar-Preiss´n" nennen Siegsdorfer, Benediktbeurer oder Tölzer die Münchner Bevölkerung, die an Wochenenden wie Heuschrecken ins Voralpengebiet zum Wandern, Bergsteigen, Surfen, Baden und Skifahren einfällt.

Das Verblüffende an Oberbayern ist, daß das Land trotz der berühmten Alpengipfel überwiegend "patscherl-eben" ist - so wie die Münchner Schotterebene. Dann gibt's gemäßigte Wellen- und Hügellandschaften wie die Hallertau und nur im äußersten Süden erhebt sich das Hochgebirge, das so oft fälschlicherweise allein mit Oberbayern gleichgesetzt wird. Bodenformationen wie Moränen und Schotter, entstanden in der Eiszeit des Quartär, also vor 600.000 bis 12.000 Jahren, durch Gletscherströme wie Lech, Würm, Isar, Inn und Salzach, prägen bis heute die Landschaft.

Die verschiedenen Böden sind die Grundlage für die Landwirtschaft. Die Landschaft bestimmt, ob Weizen und Zuckerrüben, ja sogar Hopfen, angebaut werden können oder ob sich der Bauer - weiter südlich - auf Milchwirtschaft, Viehzucht und Waldbau beschränken muß. Grundsätzlich ist Oberbayern als Teil Mitteleuropas klimabegünstigtes Waldland. Jegliches Ödland würde demnach in Bälde wieder von Baum und Strauch erobert werden, wenn niemand eingreifen würde.

Landschaftspfleger sind seit eh und je die Bauern. Zwar ist Oberbayern heute kein überwiegendes Bauernland mehr - aber es gibt derzeit immer noch an die 200.000 landwirtschaftliche Betriebe - 1949 waren es gar noch über 440.000.

Bauerndemokratie

In alter Zeit gab es ein ungeschriebenes Gesetz: Ein Hof sollte für die Ernährung der Familie eines freien Mannes ausreichen und mit der in dieser Familie samt ihrer Dienstboten zur Verfügung stehenden Arbeitskraft zu bewirtschaften sein. So waren früher die meisten Betriebe zwischen 30 und 120 bayerischen Tagwerk groß - ein Tagwerk ist ungefähr ein Drittel Hektar. Und die allermeisten Betriebe hatten eine Fläche von 60 bis 80 Tagwerk zu bewirtschaften. Weil die Höfe über Generationen hinweg komplett vererbt wurden - es gab also nicht wie in Franken die Realteilung, sondern das Recht des erstgeborenen Sohnes - blieben die Höfe immer gleich groß.

Es ist einleuchtend, daß diese Besiedelung eines Landes mit solchen, in der Größenordnung ähnlichen Höfen eine gewisse soziale und politische Homogenität erzeugte und dann auch bewahren half, die man später als die typisch süddeutsche oder Bauern-Demokratie erkannte. Und bis heute ist Oberbayern durch bäuerliche Familienbetriebe im Haupt- und Nebenerwerb gekennzeichnet. Diese landwirtschaftliche Struktur Oberbayerns ist ein Glücksfall für eine Stadt wie München, in der mehr als eine Million hungriger Mäuler gestopft werden müssen, und in der deshalb frische Lebensmittel in Tonnen-Mengen gebraucht werden.

Im Norden Münchens bildete sich ein Gemüsegürtel aus und in der Landeshauptstadt entstand die Großmarkthalle, die heute Umschlagplatz für Obst und Gemüse aus dem ganz südeuropäischen Raum ist. Milchbauern aus dem Voralpengebiet bringen frische Milch nach München.

Auf dem Münchner Schlacht- und Viehhof werden täglich tausende Zuchtsauen und Rinder sowie Geflügel gehandelt. Deren Futter kommt genauso von den Feldern oberbayerischer Landwirte wie das Getreide für das tägliche Brot und die Brezen. Oberbayern kann mehr als nur seine Einwohner ernähren. Es läßt sich von der Fülle des Landes leben. Das war nicht immer ganz so.

Die oberbayerische Küche ist von der Tradition her eine eher arme Küche, die früher Bier- und Brotsuppen in vielerlei Varianten kannte. Als Hauptfleisch-Lieferant kam zuerst das „billige" Schwein dazu. Seither wissen die Oberbayern, was man aus einer Sau alles machen kann.

So sind bis heute Schweinswürstel mit Sauerkraut, die Schweinshaxn, der Schweinebraten oder an Festtagen das Spanferkel wesentliche Bestandteile der Speisenfolge in oberbayerischen Küchen. Dazu kommen Knödel (Kartoffeln- und Semmeln-Knödel) als Beilage, die früher unter der Woche Hauptspeisen waren. Als Vorspeise gibt's die Leberknödel- oder Pfannkuchen-Suppe.

Zur Brotzeit und zum Abendessen gibt's den kalten und warmen Leberkäs, dazu Rettich und Radieserl und die obligatorischen Laugenbrezen. Niemand kommt am Bier vorbei, manchmal stark gebräut, Bock- oder Starkbier, manchmal verdünnt: ein halber Liter helles Bier und ein halber Liter Zitronenlimonade ergibt die „Radlermaß", ein halber Liter Weißbier und ein halber Liter Zitronenlimonade ergibt den „Russn". Damit ist man schon mitten in der Politik.

Denn der „Russ" ist eine Erfindung von Münchner Schankkellnern während der Revolutionstage im November

1918. Weil die Arbeiter-, Bauern- und Soldatenräte im Mathäserbräu viel Durst hatten, andererseits aber wegen des vierjährigen Weltkriegs die Vorräte knapp waren, mischten die Schankkellner das Weißbier mit Limonade. Und die Räte nannten das neue, erfrischende Getränk „Russ", weil sie, wenn sie ihren Durst erst einmal gelöscht hatten, die Russische Oktoberrevolution vom Vorjahr als Vorbild hatten.

Bis zur Ausrufung des Freistaats Bayern im November 1918 haben sich in Oberbayern schon einige Aufstände ereignet. Da war der Volksaufstand von 1705 und das zehn Tage lang tagende Parlament zu Braunau, das am 21. Dezember 1705 zum ersten Mal zusammentrat. Bauern, Handwerker, Arbeitslose, Bürger, Offiziere und Adelige revoltierten gegen die absolutistische Staatsmacht und verhandelten in eigener Sache - und das mehr als 80 Jahre vor der Französischen Revolution von 1789.

Darüberhinaus bezog das Parlament zu Braunau am Inn den vierten Stand - die Bauern - mit ein. Auch wenn der breite Volksaufstand gegen die österreichische Besatzungsmacht schließlich blutig niedergeschlagen wurde, bleibt es ein Verdienst dieser mutigen Männer, Begriffe wie „Volkssouveränität" oder „Freiheit" damals schon markiert zu haben.

Herrgott hilf!

Die ersten Landmarken in Oberbayern - nämlich Klöster - setzte das Herzogsgeschlecht der Agilolfinger. Als Zentren der damals neuen christlichen Lehre und Kultur entstanden 719 das Kloster Tegernsee, das 746 geweiht wurde, 732 Benediktbeuren und in der zweiten Hälfte des 8. Jahrhunderts Polling. In diesem Zusammenhang ist auch die Errichtung der Bistümer Salzburg (700) und Freising (739) zu sehen.

Von diesen christlichen Stützpunkten aus wurde das Land kolonialisiert und die Menschen mit der christlichen Lehre vertraut gemacht.

Erst mit der Säkularisation zu Beginn des 19. Jahrhunderts wurde die stetig gewachsene Macht der Kirchenfürsten und Kloster-Äbte zurückgedrängt und eine moderne Staatsverwaltung aufgebaut.

Aber der bis heute in Oberbayern weitverbreitete katholische Glaube rührt von dieser Jahrhunderte langen „Basisarbeit" von Tausenden von Mönchen, Pfarrern, Äbten und Nonnen, die in zahllosen Klöstern, Pfarreien und Niederlassungen wirkten.

Daß viele Oberbayern eine ganz besondere Verbindung zu Gott haben, erkennt man sofort am Gruß: „Grüß Gott" oder „Grüß di" heißt der hier typische Willkommenswunsch. Und bei der Verabschiedung heißt es „Pfiad di", auf hochdeutsch „Behüt Dich Gott", und „Danke" heißt „Vergelt's Gott". Und wer nicht mehr weiter weiß, ruft Heilige wie den Antonius oder den Josef an oder gar „Herrgott hilf".

Für einen wirklich gläubigen Oberbayern ist es eine Selbstverständlichkeit, daß der angerufene Heilige - im Rahmen seiner Möglichkeiten - hilft. Jederzeit und in allen Lebens- und Notlagen. Wer seine Geldbörse verloren hat, ruft: „Heiliger Antonius, kreuzbraver Mann, ich hab' was verloren, führe mich dran." Wer sich am Berg oder im Wald verirrt hat, wer krank ist, oder auch wer beim Pferderennen wetten will, die Heiligen und der Herrgott, sie sind die ersten und ganz „natürliche" Ansprechpartner.

Theaterstücke wie „Der Brandner Kaspar und das ewige Leben", in dem der Kaspar den Tod, der ihn abholen will, beim Kartenspiel überlistet, oder „Ein Münchner im Himmel", in dem der Engel Aloysius im Himmel so lange herumpoltert, bis ihn der Herrgott wieder nach München ins Hofbräuhaus schickt, veranschaulichen die ungezwungen „familiären Umgangsformen" der Oberbayern mit dem überirdischen Personal.

Wem höhere Hilfe zuteil ward, der revanchiert sich gebührend. Das gehört sich so in Oberbayern. Ein steinreicher Kurfürst bedankte sich beim Herrgott, als endlich ein Sohn, der erhoffte Thronfolger, auf die Welt kam, mit einer riesigen Kirche: St. Kajetan oder besser bekannt als Theatinerkirche in München. Oder zwei Grafen, die sich in höchster Lebensgefahr befanden, ließen für ihre wundersame Rettung eine schmucke Marienkapelle aufbauen: St. Maria Thalkirchen.

Und wenn „G'spickte", Hochwohlgeborene und Reiche, schon ganze Klöster, gewaltige Kirchen oder Kapellen aus lebensentscheidenden Anlässen errichten ließen, ist es kein Wunder, daß Bauern und weniger geldige Leute Wegkapellen und Bildstöcke, Feldkreuze oder Marterl in die Landschaft stellten. Glaubenszeugnisse, die allgegenwärtig und typisch für die oberbayerischen Wiesen, Wegränder, Wälder, Berge und Felder sind.

Und aus Dankbarkeit für eine erfolgte Heilung und dafür, daß die Tochter das Abitur oder die Führerscheinprüfung geschafft hat, oder aber auch nach einem Gelübde, pilgern Gläubige nach Altötting, Maria Eich oder zur Wieskirche. Manche hängen dort ein Holztaferl auf: „Maria hat geholfen". Andere bringen eine Kerze mit und wieder andere zünden aus dem großen Vorrat, der für die Wallfahrer bereitgehalten wird, eine Kerze an.

Wer wie die Oberbayern gern wallfahrtet - heute modern mit dem Bus bis vor die Kirchtür - der schätzt auch farbenprächtige Umzüge wie den Leonhardi-Ritt in Bad Tölz. In Vilgertshofen zieht König David mit der Harfe durch die Stadt. Und der Höhepunkt des Kirchenjahres ist allüberall Fronleichnam.

Dieser, früher als „Herrgottstag" bezeichnete Festtag, erinnert einerseits an die 55 Feier- und Festtage, die im Oberbayerischen bis 1772 den Jahreslauf bestimmten. Vom Blasiustag bis Jakobi, von Peter und Paul bis Maria Himmelfahrt gehörten sie neben den 52 Sonntagen zu den Ruhetagen, an denen nur die allernotwendigste Arbeit verrichtet werden durfte.

Andererseits erinnert Fronleichnam auch an die Gegenreformation. Für die römisch-katholische Kirche, für den römisch-katholischen Glauben demonstrierten und demonstrieren die Katholiken in ihren Umzügen in Stadt und Land. Und Oberbayern ist vor allem auf dem Land auch heutzutage noch urkatholisch.

Daß die Wallfahrer immer auch Sinn für Seele und Leib haben, ist an den zahlreichen Klosterstüberln und Gasthäusern neben den Kirchen zu erkennen. Nach der Messe - merke: gemeinsames Singen ist ein Labsal für die Seele - kommt der Leib zu seinem Recht: Bei der Leberknödelsuppe und beim Klosterbier, beim Schweinsbraten und Klosterlikör wird leidenschaftlich geratscht, gelästert und geflucht: „Ja, ze fix halleluja, kruzifix..." Und in der Wirtshauseckn hängt der Gekreuzigte und hört zu, wird's aber längst verziehen und vergessen haben, wenn der Flucher wieder einmal höhere Hilfe braucht - meint der Oberbayer.

Ballungsgebiet

Heute haben sich in Oberbayern allermodernste Industrie- und Fertigungsbetriebe niedergelassen. Ein Hauptgrund dafür ist, daß nach dem verlorenen Zweiten Weltkrieg Oberbayern amerikanische Besatzungszone wurde und Berlin mitten in der sowjetischen Besatzungszone lag.

Weil sich Firmenleitungen vom amerikanischen System der freien Marktwirtschaft den besten Schutz gegen Vergesellschaftung oder Verstaatlichung versprachen, zogen einige nach dem Krieg nach München um. Während der Berlin-Blockade 1948 verlegte Siemens, das heute der Münchner Arbeitgeber mit den meisten Beschäftigten ist, seinen Hauptsitz in die Landeshauptstadt.

Neben dem Großraum Stuttgart ist das Ballungsgebiet München heute die am kräftigsten entwickelte, moderne Wirtschaftsregion der Bundesrepublik. Aus Bayern, dem einst landwirtschaftlich-geprägten Nachzügler der industriellen Revolution ist mit Schwerpunkt in Oberbayern ein Vorreiter moderner Industrien geworden. „Treibstoff" dieser Entwicklung war auch die Entfaltung des Erfindergeistes mittels hochqualifizierter Bildungseinrichtungen.

Namentlich die Technische Universität München, 1868 als Polytechnische Schule gegründet, und die Ludwigs-Maximilians-Universität, 1826 von Landshut nach München verlegt, sind heute die Garanten für Fortschritt.

Das Deutsche Museum, das Deutsche und das Europäische Patentamt und die zahlreichen Max-Planck-Institute sind markanter Ausdruck dieser Entwicklung. Allerdings: Weil München und Oberbayern die für die erste industrielle Revolution wichtigen Rohstoffe wie große Mengen von Eisen und Kohle fehlten - die Vorkommen in Penzberg und Hausham waren bald erschöpft oder zu teuer zum Abbau -

blieb gar nichts anderes übrig als auf die Schulung des Geistes zu setzen.

Anschluß ans industrielle Zeitalter brachte die Eisenbahn. Der Ausbau der Bahn zu einem bayerischen, deutschen und europäischen Schienennetz - 1840 wurde als erstes die Strecke München-Augsburg eröffnet - löste einen ersten Industrialiserungsschub aus.

Nicht nur, daß mit der Bahn Rohstoffe, Güter und Menschen transportiert werden konnten, der Eisenbahnbau entwickelte sich zur oberbayerischen Leitindustrie und zum „Tempomacher". München war mit den Machinenfabriken Maffei, Krauss (heute Krauss-Maffei) entscheidend daran beteiligt.

Den Faktor Kapital besorgten meist Aktiengesellschaften mit der 1835 in München gegründeten Bayerischen Hypotheken- und Wechselbank als „Drehscheibe". Den Faktor Arbeit besorgten Menschen vom Land.

Ohne Arbeit, ohne Geld, ohne Zukunft strömten sie, magisch angezogen vom Mythos der Metropole, die Wohlstand, Freiheit und Glück versprach, in die Stadt. Sie waren die schlecht bezahlten Arbeitskräfte, die als Eisenbahnarbeiter genauso wie als Fabrikarbeiter die Basis für die rasante industrielle Entwicklung legten.

Heute dominieren neben Siemens der Luft- und Raumfahrtskonzern Messerschmitt-Bölkow-Blohm mit Sitz in Ottobrunn und Werken in Manching und Schrobenhausen, der inzwischen zur Deutschen Aerospace AG (DASA, München) gehört, neben dem Autohersteller BMW das oberbayerische Industriezentrum.

Ein wichtiges Forschungszentrum in Oberbayern ist Garching. 1958 wurde dort der erste Atom-Forschungs-Reaktor der Bundesrepublik in Betrieb genommen. Heute gilt Garching als der Ort der Superhirne.

Dort in den Hochschul-Instituten, bei Siemens, MBB oder BMW, sind der Großteil der über 80000 Naturwissenschaftler, Ingenieure und Techniker beschäftigt, die München zum Forschungs- und Bildungszentrum werden lassen. Für die Industrie im Großraum München gilt heute: Auf zwei Blaukittel kommen sieben Weißkittel.

Die vielen „Weißkittel" können auch die horrenden Mieten und Bodenpreise in und um München, ja in ganz Oberbayern zahlen. Gerichtsmassig ist kürzlich ein Fall in München geworden, als ein Vermieter für ein nur 12,95 Quadratmeter großes und eher schäbig möbiliertes Appartement 900 Mark Miete und 200 Mark Nebenkosten kassiert hat. Fast 80 Mark pro Quadratmeter Warm-Miete. Unter Tausend Mark für Miete ist seit Ende der achtziger Jahre ohnehin keine halbwegs geräumige Zwei-Zimmer-Wohnung mehr zu bekommen. Diese Preise und die Bodenknappheit bewirken, daß immer mehr in die Höhe gebaut und in die Tiefe gebuddelt wird: An manchen Stellen ist München schon vier Geschoße tief. Und es entwickelt sich auch eine neue gesellschaftliche Kluft: Es gibt Leute, die in München wohnen können und andere, die wegziehen müssen, weil sie sich das Ganze nicht mehr leisten können. Oft trifft es die über Generationen angestammte Bevölkerung, die auch noch der „Ursprache" mächtig ist.

Womit man bei der Sprache und dem Dialekt ist: Im Oberbayerischen wird das „a" betont. Es kommt etwa dreimal so oft vor wie im Hochdeutschen: „A ganz alta Baua hat amal a schwaars Kalb und an Kaas an halb'n Tag lang tragn..." Dann grassiert wider alle Regeln der deutschen Grammatik der männliche Artikel. Es heißt: der Butter, der Kartoffel, der Schurz, der Socken und der Scherben. Schließlich sind die oberbayerischen Lieblingsvorsilben „der" und „da: „Darennen, darissen, derblecken, derschlagen, derfrieren, dersaufen, derschossen..."

Appropos: Das Schießen war in alter Zeit Selbstverteidigung der Bürger. Daraus entstanden hunderte von Schützenvereinen, die heute Traditionen von einst pflegen und Möglichkeiten zum Ausüben eines Sports geben.

Einer der ältesten Vereine der Welt ist dabei die „Königliche Privilegierte Hauptschützengesellschaft von 1406", die in der „Neuen Schießstätte" in München ihr Domizil hat. Und das „Winzerer Fahndl", das „Armbrustschützenzelt" und die Eröffnung durch Böllerschießen sowie die zahlreichen Schießbuden erinnern beim Münchner Oktoberfest an alte Schützen-Traditionen.

Feste feiern

Überhaupt könnte das Festefeiern eine oberbayerische Spezialität sein: Neben den zahlreichen feierlich begangenen kirchlichen Festtagen und -umzügen wie der Leonhardi-Ritt oder Fronleichnam und Vergnügungszeiten wie Fasching, gibt's hunderterlei Anlässe fürs gemütliche Zusammensitzen in Wald und Feld, im Garten oder an der Isar, im Park oder auf der Alm, im privaten Kreis oder in der Gastwirtschaft: eine errungene Meisterschaft, der Stadtgründungstag, irgendein 10. Jubiläum, eine bestandene Prüfung, oder weil gerade Sommer ist.

Auf geht's, etwa zum Waldfest mit dem Trachtenverein Gebensbach im Obergruber Wald im Landkreis Erding. Die laue August-Sommernacht lockt Hunderte. In Bundlederhosen kommen die Mannerleit und die Weiberleit tragen fesche Dirndl. Sie sitzen auf den Holzbänken rund um den Tanzboden, den die fleißigen Veranstalter aufgebaut haben. Und dann spielt die fünfköpfige Innleitn-Musi mit Harfe, Tuba und Trompete auf. Und schneidige Buam führen ihre Madln zum Tanz.

Wechselschritt links vor und Wechselschritt rechts vor, anschauen links und anschauen rechts, drehen, drehen, drehen, drehen. Wechselschritt links vor und... Rheinländer und Krebspolka, Münchner Française und Zwiefache, Boarische und Landler stehen auf dem Programm. Und zwischendrin legen die „Mannerleit" einen Schuhplattler ein.

Wenn um halb zwei Uhr am Morgen die Innleitn-Musi die letzte Zugabe gespielt hat, freut sich mancher Tänzer und manche Tänzerin schon auf das Busserl und die Umarmung auf dem Weg zum Autoparkplatz am Wald. Und andere Volkstanz-Paare denken schon wieder an die nächsten Veranstaltungen. Beim Huber-Wirt zu Raubling, im Bürgersaal zu Haag oder in Hohenbercha .... oder wenn einer eine Hochzeit macht.

Eine Hochzeit übrigens, welche die evangelische Prinzessin Therese von Sachsen-Hildburghausen dem katholischen Kronprinzen Ludwig zuführte, konnte endlich die beiden lange Zeit verfeindeten und Krieg gegeneinander führenden großen Glaubensgemeinschaften der Katholiken und Protestanten versöhnen. Und obendrein war sie der Anfang fürs Münchner Oktoberfest. Dieses Fest, das freilich immer im September beginnt und am ersten Oktobersonntag schon aufhört, ist mit etwa sechs Millionen Gästen pro Jahr eines der größten Volksfeste auf der ganzen Welt.

Aber das größte Volksfest in Oberbayern ist das Herbstfest in Rosenheim. Denn München ist ja nicht Oberbayern, Herr Fremdenführer, oder? WP

Farmers, Monasteries and a Metropolis

A tourist guide is standing in front of the parish church of St. Nikolaus in Rosenheim and points to the tower: „And that, ladies and gentlemen, is with a height of 80 meters the highest church tower in Upper Bavaria!" — „But in Munich there is the Frauenkirche and its towers are around 100 meters high", protests a man from the visitor group. „That's right, of course, but Munich is not Upper Bavaria". The huge metropolis does not count for Upper Bavarian local patriots - in the province. Naturally, Munich is Upper Bavaria and Rosenheim is Upper Bavaria. And Garmisch-Partenkirchen and Altötting and Traunstein and Wasserburg and Starnberg and Weilheim are likewise Upper Bavaria — and always have been. Thanks to the territorial reform of 1972, Neuburg an der Donau or Eichstätt also belong. The previous Swabian Palatinate city and the Franconian cathedral city along with their surrounding territory were added to Upper Bavaria at that time. This Upper Bavaria of 1972 with its 20 rural counties and its three cities forming counties of their own, Munich, Ingolstadt and Rosenheim, is one of the seven Regierungsbezirke (administrative districts) of the Free State of Bavaria. The loveliest even, say the Upper Bavarians, and only the inhabitants of Swabia, Upper, Middle and Lower Franconia, the Upper Palatinate and Lower Bavaria, if anyone at all, may call this into question.

For the countless thousands of guests who spend their vacation every year between the Danube and the Alps, Upper Bavaria is apparently without competition. It is thus clear why the Upper Bavarians are so enthusiastic about themselves. The term Upper Bavaria made its appearance for the first time in 1255, when the Wittelsbach Duke Otto II died and his two equally entitled sons immediately divided their Bavarian possessions: Ludwig II with his seat in the Alter Hof in Munich ruled over Upper Bavaria without the Chiemgau, which was included in Lower Bavaria, but with the Palatinate on the left bank of the Rhine.

His brother Heinrich XII ruled Lower Bavaria with seat in Landshut. Since then the borders have shifted frequently. For example, the current border at Braunau am Inn is a political border which was not established until 1779 and 1816 by the cession of the Innviertel to Austria and in 1803 by the cession of the Salzburg Rupertigau to Upper Bavaria.

„Isar Prussians"

Today, Upper Bavaria covers an area of 166,339 square kilometers and is the largest of the seven Administrative Districts of the Free State of Bavaria. Around 1.4 million cattle, 22,700 horses, 563,000 pigs, 2 million chickens, 47,000 ducks and 14,000 geese and 3.7 million people live in this space. And since well over the half of the „folks" live in the metropolitan area of Munich, Munich is a magnet which attracts and repels: The men and women of Munich are attracted to the country to „unspoiled" nature. And the country people are attracted to Munich, to its culture, theaters and museums, galleries and concerts.

When a city is is so powerful and large economically as Munich — the Bavarian capital city and seat of the Upper Bavarian administrative offices with its 1.3 million inhabitants is the third largest German city following Berlin and Hamburg - countermovements are provoked. The people of Siegsdorf, Benediktbeuren or Bad Tölz call the Munich inhabitants „Isar Prussians" who swarm on weekends like grasshoppers into the Alpine foothills for hiking, mountain climbing, surfing, swimming and skiing.

The astonishing about Upper Bavaria is that the land despite the renowned Alpine peaks is predominantly „flat as a pancake" — for example the Munich alluvial gravel plain. Then there are moderate undulating and hilly landscapes such as the Hallertau and only in the extreme south the Alpine mountain chain rises, which so often is equated incorrectly quite solely with Upper Bavaria. Soil formations such as moraines and gravels originated in the Ice Age of the Quaternary, that is 600,000 to 12,000 years ago, through glacial streams such as the Lech, Würm, Isar, Inn and Salzach, which characterize the landscape even today.

The various soils are the foundation for agriculture. The landscape determines whether wheat and sugar beets, indeed even hops can be cultivated, or whether the farmer — further south — must be restricted to dairy farming, stock raising and forestry. As a part of Central Europe, Upper Bavaria is a climatically favored forest land. Every barren land would be quickly conquered by trees and bushes if no one intervened. Farmers have always been landscape conservationists. Of course, Upper Bavaria is no longer today primarily an agricultural land — but there are still around 200,000 farms. And this large number of farms — in 1949 there were still more than 440,000 - has its reasons.

A Farmer Democracy

In the old days, there was an unwritten law: A farm should be adequate for nourishing the family of a free man and be cultivated by the labor force available in this family with its farm help. Consequently most of the farms were between 30 and 120 tagwerke (an ancient measure equalling the amount of land that could be tilled by one man in one day) or 25 to 100 acres large. And most of the farms had an area of 50 to 65 acres to cultivate. Since the farms were inherited undivided from generation to generation — in contrast to Franconia, where land was divided, primogeniture prevailed in Bavaria — so that farms always remained equally large.

It is apparent that this settlement of a land with such farms resembling each other in size, generated and helped to preserve a certain social and also political homogeneity, which later was identified as the typical South German or farmer democracy. And to the present, Upper Bavaria has been characterized by full-time or part-time family farms. This agricultura structure of Upper Bavaria is a stroke of luck for a city like Munich in which more than a million hungry people have to be fed, and in which consequently tons of fresh food are needed.

A vegetable belt spreading out in the north of Munich, and in Munich the Großmarkthalle developed, which today is the transshipment point for fruit and vegetables from the entire Southern European area. Dairy farmers from the Alpine foothills bring fresh milk to Munich. Thousands of breeding sows and cattle as well as poultry are traded at the Munich slaughterhouse and stockyard. Their fodder comes from the fields of Upper Bavarian farmers just as does the grain for the daily bread and pretzels. Upper Bavaria can feed more than its inhabitants. It can live from the abundance of the land. That was not always so.

Upper Bavarian cooking tends traditionally to offer a meager bill of fare, which formerly was characterized by many varieties of bread and beer soup. The main meat supplier was first of all the „cheap" sow. Since then, Upper Bavarians know what all can be made from a sow. Even today, pork sausages with sauerkraut, the pork knuckles, the pork roast or on feast days the roast suckling pig are essential components of the Upper Bavarian cuisine, accompanied by dumplings (potato and white bread dumplings) as side dish, which formerly during the week were the main dishes. The entree there is liver dumpling or pancake soup.

For lunch and supper, cold and warm leberkäse are offered with radish and bulb radishes and the mandatory salt pretzels. Beer is always present, sometimes brewed to a high alcoholic content, bock beer or strong beer, sometimes diluted, half a liter of beer and half a liter of lemon pop produces a „radlermass", while a half liter of weiss beer and a half liter of lemon pop is called a „Russ". And this gets us right into politics.

The „Russ" is an invention of Munich bartenders during the days of the Bavarian revolution in November 1918. Because the workers', farmers' and soldiers' councilors in the Mathäserbräu were very thirsty, but on the other hand stocks were low because of the four war years, the bartenders mixed the the weiss beer with pop. And the councilors called the new refreshing beverage „Russ" because when they had quenched their thirst they had the Russian October Revolution as their model.

Until the Free State of Bavaria was proclaimed in November 1918, a lot had happened in Upper Bavaria. There was the people's revolt of 1705 and the Parliament of Braunau in session for ten days, which convened for the first time on December 21, 1705. Farmers, craftsmen, the unemployed, citizens, officers and the nobility revolted against the absolutistic state power and deliberated independently — and that happened more than 80 years before the French Revolution of 1789! Beyond that the Parliament of Braunau included the Fourth Estate — the farmers. Even though the widespread popular revolt against the Austrian occupation forces in the end was bloodily suppressed, it remained to the credit of these courageous men that they introduced at that early date such concepts as „popular sovereignty" and „freedom".

Lord God, help me

The first landmarks in Upper Bavaria — namely monasteries — were established by the ducal dynasty of the Agilofingers. As centers of the then new Christian doctrine and culture, the Tegernsee Monastery was founded in 719 and consecrated in 746, then Benediktbeuren in 732, and in the second half of the 8th century Polling. The establishment of the bishoprics of Salzburg (in 700) and Freising (in 739) must also be seen in this connection. The land was colonized from these Christian strongpoints and the people familiarized with Christian teachings. It wasn't until the secularization at the beginning of the 19th century that the steadily grown might of the ecclesiastical princes and monastery abbots was repressed and a modern state administration organized.

But the Catholic faith, still widespread today in Upper Bavaria, rests on the centuries of „grass-roots work" of thousands of monks, priests, abbots and nuns, who were active in hundreds of monasteries, parishes and branches.

It can be easily recognized from the salutation „Grüß Gott" or „Grüß di", the typical greeting here, that many Upper Bavarians have a very special relation to God. And the farewell is „Pfiad di", in standard German „Behüt Dich Gott" (may God protect you), and thank you is „Vergelt's Gott". And anyone at the end of his rope, calls on saints like St. Anthony or Joseph or even „Herrgott hilf" (Lord God, help me). For every really devout Upper Bavarian, takes it for granted that the saint appealed to or the Lord God — within the limits of His possibilities — will help. At all times and in all life and emergency situations. Anyone who has lost his pocketbook, cries „Saint Anthony, wonderfully good man, I have lost something, lead me to it." Anyone who has become lost in the mountains or in the woods, anyone sick, or anyone who wants to make a bet at a horserace, is certain that the saints and the Lord God are the first and quite „natural" contact partners.

Whoever is given help, repays the favor properly. In Upper Bavaria that is expected. A tremendously wealthy Elector thanked the good Lord, when a son, the long-yearned throne successor, was born, with a gigantic church: St. Kajetan or better known as the Theatinerkirche in Munich. Or two counts who were in mortal peril, built a handsome Marienkapelle in gratitude for their miraculous rescue: St. Maria Thalkirchen.

And when „G'spickte", the gentry and rich, have whole monasteries, mighty churches and chapels erected on vital occasions, it is no wonder that farmers and less well-off people place wayside chapels and shrines, field crosses or memorials in the countryside. Testimonies of faith, which are everywhere and typical for the Upper Bavarian meadows, waysides, forests, mountains and fields as gratitude for a successful cure or because the daughter passed her college entrance examinations or her driver's license test.

But also after a solemn vow, the faithful make a pilgrimage to Altötting, Maria Eich or to the Wieskirche. Many of them hang up a wooden tablet there: „Mary helped". Others bring along a candle and again others light a candle from the large supply kept there for the pilgrims. Anyone, who like the Upper Bavarians likes to make a pilgrimage — today in modern style by bus up to the church portal — also treasures the colorful processions such as the Leonhardi-Ritt in Bad Tölz. In Vilgertshofen, King David with the his harp parades through the city. And the high point of the church year is Fronleichnam (Corpus Christi). This holiday, previously called „Herrgottstag", recalls on the one hand the 55 holidays and feast days which marked the course of the year in Upper Bavaria up until 1772. From Blasiustag to Jakobi, from Peter and Paul to the Ascension of the Blessed Virgin Mary, they were along with the 52 Sundays the days of rest, on which only the absolutely necessary work was permitted to be done. On the other hand, Fronleichnam also recalls the Counter Reformation. The Catholics in their processions in city and country demonstrated and demonstrate for the Roman Catholic Church and for Roman Catholic believers.

And Upper Bavaria is still today Archcatholic, particularly in the country. That the pilgrims always have a feeling for soul and body can be seen from the numerous monastery taverns and restaurants near the churches. After mass - note: community singing is soothing for the soul — the body asserts its rights: with the liver dumpling soup and monastery beer, with roast pork and monastery liqueur, there is lively gossip, backbiting and cursing: „Ja, ze fix halleluja, kruzifix ...". And in the tavern corner the Savior on the Cross hangs and listens, but will have long ago forgiven and forgotten everything, the next time the curser needs help from on high - the Upper Bavarian believes.

Forerunner of Modern Industries

Today the most modern industrial and production plants have settled in Upper Bavaria. One of the main reasons is that after the lost World War II, Upper Bavaria became an American Occupation Zone and Berlin was located in the middle of the Soviet Occupation Zone. Because corporate management regarded the American system of free market economy as the best protection against socialization and nationalization, many companies moved to Munich after the war. During the Berlin Blockade in 1948, Siemens, now Munich's largest employer, transferred its headquarters to Munich. Alongside the Stuttgart metropolitan area, the conurbation Munich is today the most greatly developed modern industrial region of the Federal Republic of Germany. Bavaria, once an agriculturally marked latecomer on the stage of the Industrial Revolution has become a forerunner of modern industries concentrated in Upper Bavaria. „Fuel" for this development was also the unfolding of the inventive spirit through highly qualified educational institutions.

The Deutsches Museum, the German and the European Patent Office and the numerous Max Planck Institutes are a pronounced expression of this development. One thing however: Because Munich and Upper Bavaria lacked important raw materials such as large quantities of iron and coal for the first Industrial Revolution - the deposits in Penzberg and Hausham were soon exhausted or too expensive to mine - there remained nothing else except to count on training of the intellect. The railroad provided the link to the industrial era. Expansion of the railroad to a Bavarian, German and European network started in 1840 with the opening of the line between Munich and Augsburg and gave impetus to the first industrialization.

It was not only that the railroad transported raw materials, goods and people. but also that railroad construction became a prime industry in Upper Bavaria and acted as „pacemaker". Munich with its engineering works Maffei, Krauss (today Krauss-Maffei) played an important role. Corporations obtained capital for the most part through stocks floated by the pivotal Bayerische Hypotheken- und Wechselbank founded in 1835. The factor of labor came from the country people.

Without work, without money, without a future, they streamed as if by magic into the city attracted by the myth of the metropolis, which promised prosperity, freedom and happiness. They were the poorly paid railroad and factory workers, who laid the foundation for the vigorous industrial development. In addition to Siemens, the aerospace concern Messerschmitt-Bölkow-Blohm, with headquarters in Ottobrunn and plants in Manching and Schrobenhausen, which now belongs to the Deutsche Aerospace AG (DAS) with headquarters in Munich today dominates the Upper Bavarian industrial center along with the automobile manufacturer BMW.

In the metropolitan area of Munich, the current labor division formula is: every two manual workers are accompanied by seven „brain" workers. Many „brain" workers can also pay the exorbitant prices for rents and properties in and around Munich.

These prices and the scarcity of building property make buildings rise higher and higher and deeper and deeper in the underground. In many places, Munich is four stories deep. And a new social cleft is developing in Munich: There are people who can live in Munich and others who have to move away because they cannot afford it all.

This often affects families who have lived there for generations and who alone still master the „original dialect". Which brings us to the language and the dialect: in Upper Bavarian, the „a" is emphasized. It occurs around three times as often as in standard German.

Then too, the masculine article „der" is often used in place of the feminine „die" which is correct in standard German. Finally, the favorite Upper Bavarian prefixes „der" and „da" are added to words that require no prefixes at all, for example „derschossen", the word for shooting or markmanship.

Marksmanship was in former times the self-defense of the citizen. This resulted in hundreds of riflemen's clubs, which today maintain the former tradition and provide opportunities for sport. One of the oldest clubs in the world is the „Königliche Privilegierte Hauptschützengesellschaft von 1406", which has its home in the Neue Schießstätte" in Munich. And the „Winzerer Fahndl", the „Armbrustschützenzelt" (Crossbow Tent) and the opening with gun salutes and the numerous shooting galleries at the Munich Oktoberfest recall old marksmanship traditions.

Celebrating festivals really could be an Upper Bavarian specialty: In addition to the numerous festively celebrated church holidays and processions such as the Leonhard Horse and Wagon Procession and Corpus Christi and merriments such as Fasching, there are hundreds of occasions for convivial get-togethers in the woods, in the fields, in the garden or along the Isar, in the park or on a mountain meadow, in a private group or in a tavern: a championship, commemoration of the founding of the city, one or another tenth jubilee, thankfulness for passing a test, or just because it is summer.

Let's go, perhaps to the forest festival with the Gebensbach Trachtenverein in the Obergruber Wald. The mild August summer night entices hundreds. The men come in leather knickers and the women wear chic dirndls. They sit on the wooden benches around the dance floor, which the busy organizers have set up. And then the five-man Innleitn-Musi strike up with harp, tuba and trumpet. And dashing lads lead out their sweethearts to the dance.

Change step to the left and advance, change step to the right and advance, turn, turn, turn, turn, turn, change step to the left and advance and.... Rheinländer and Krebspolka, Munich Française and Zwiefache, Boarische and Landler are on the program today. And between dances, the men put on a Schuhplattler.

When at around half past one in the morning, the Innleitn-Musi have played their last encore, many a lad and his lassie are looking forward to the hugging and kissing on the way to the parking lot at the edge of the woods. And other folkdancing couples are already thinking about the next dancing sessions. At the Huber-Wirt in Raubling, in the Bürgersaal in Haag or in Hohenbercha—or at the next wedding.

A wedding, by the way, which united the Protestant Princess Therese of Sachsen-Hildburghausen with the Catholic Crown Prince Ludwig, was finally able to reconcile the two major religious groups that had been enemies so long and even waged war against each other, was the beginning of the Munich Oktoberfest, which, of course, always starts in September and ends promptly on the first Sunday in October, and with its around six million guests every year is one of the world's greatest folk festivals.

But the greatest folk festival in Upper Bavaria is the Fall Festival in Rosenheim. Since Munich after all is not Upper Bavaria, am I right, Herr tourist guide, or not? WP

Landschaften

Isartal bei Krün	18/19	Die Bavaria Buche bei Altmannstein	40
Walchensee	20/21	In den bayerischen Alpen	41
Bäume	22/23	Isardelta bei Wolfratshausen	42
Frühlingsblüte	24/25	In der Pupplinger Au	43
Wilparting am Irschenberg	26/27	Strukturen in der Landschaft	44
Bootspartie an der Isar	28/29	Spargelernte	45
Eingangstor an der Burg in Burghausen	30	Hopfengarten in der Hallertau	46/47
Romanisches Portal, St.Kastulus in Moosburg	31	Grotte in Pfaffenhofen	48
Steilufer am Königsee	32	Votivtaferl, St. Kastulus in Langenbruck	48
St. Bartholomä am Königsee	33	Wallfahrtskirche Rudlfing	49
Am Königsee	34	Wallfahrer	50
Ramsau	35	Kloster Andechs	51
Die Partnachklamm	36/37	Blutenburg in München	52
Am Chiemsee	38/39	Schloß Linderhof	53

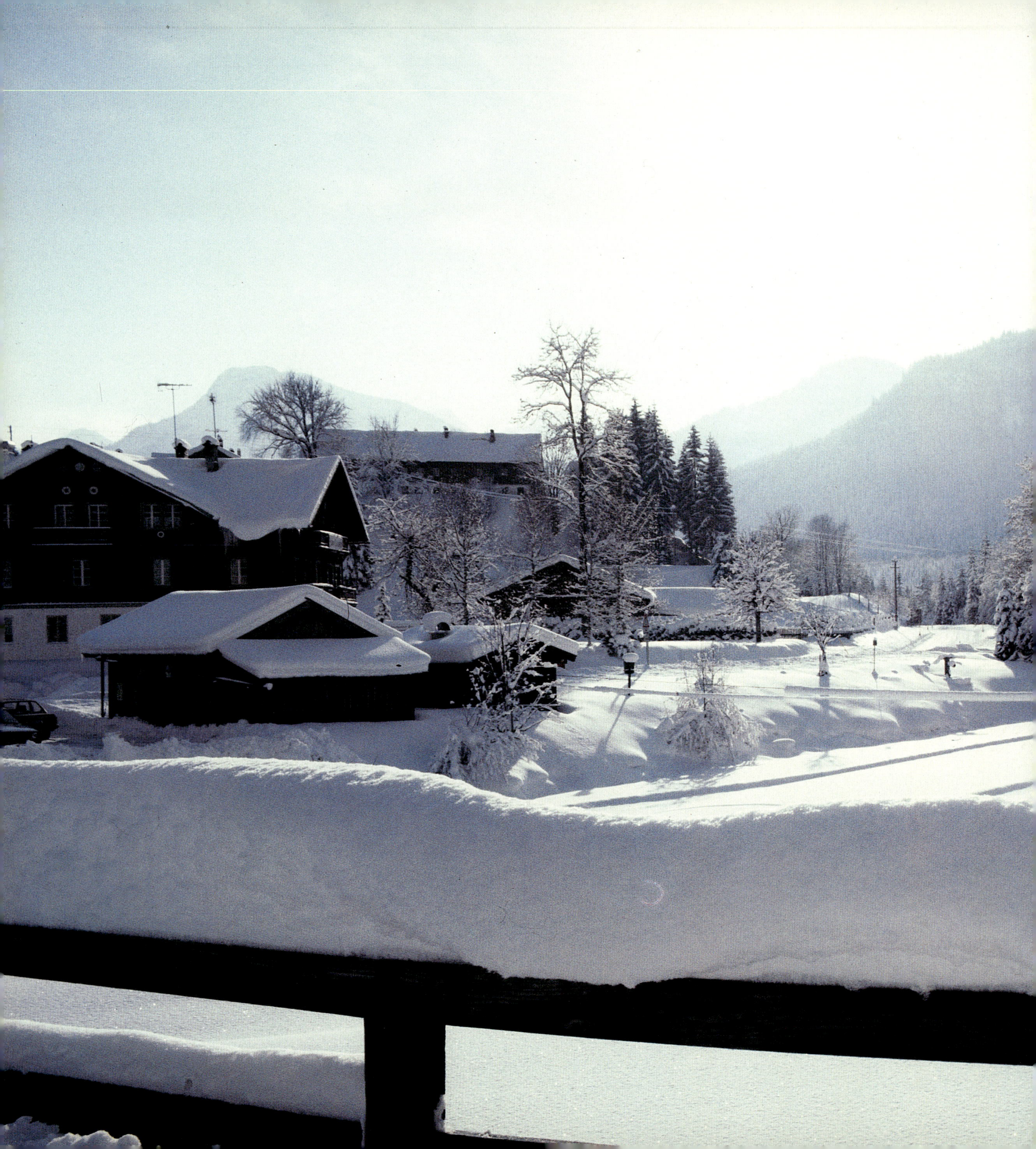

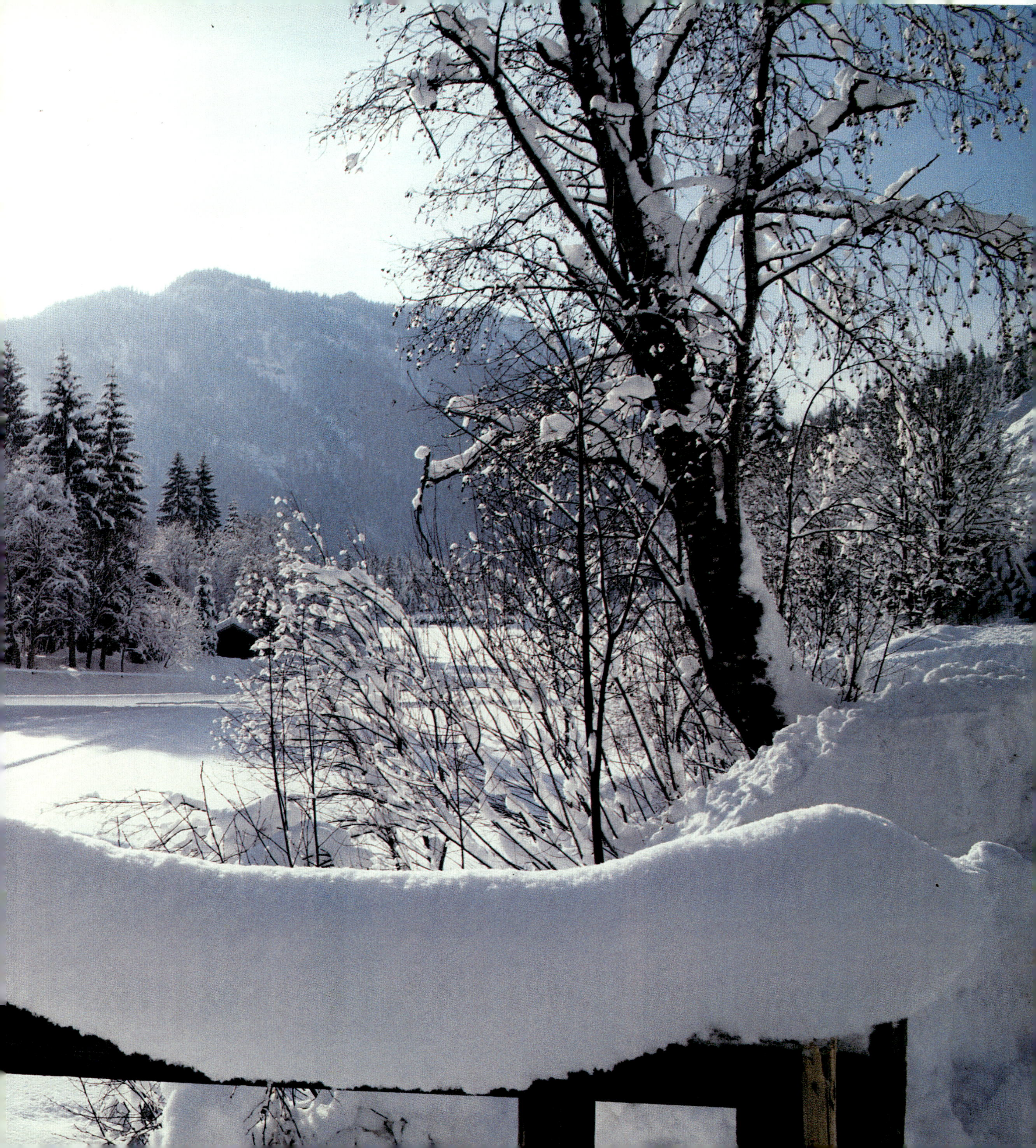

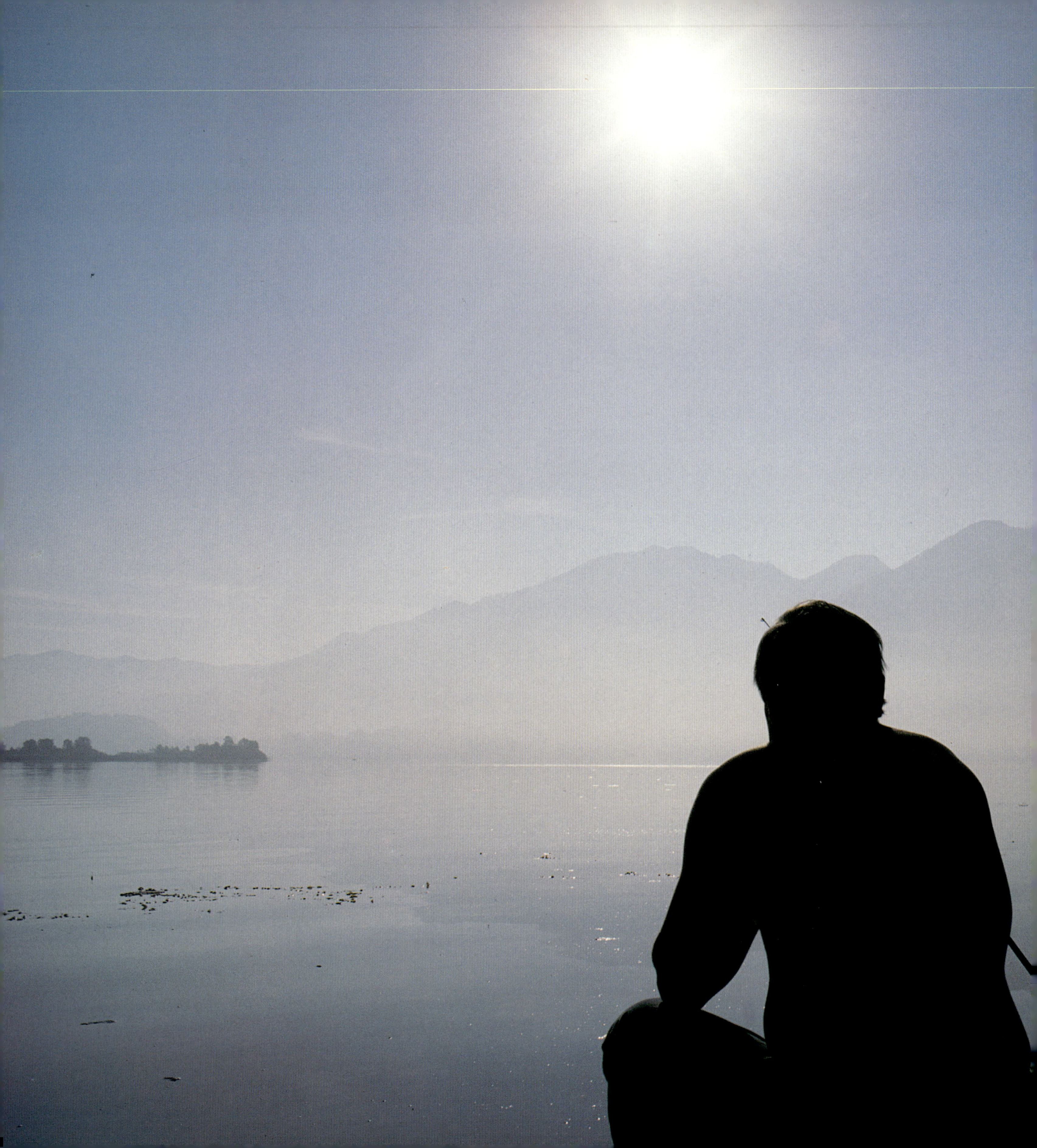

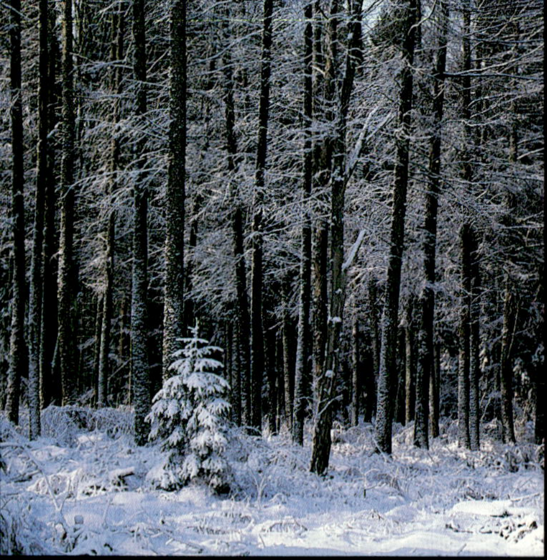
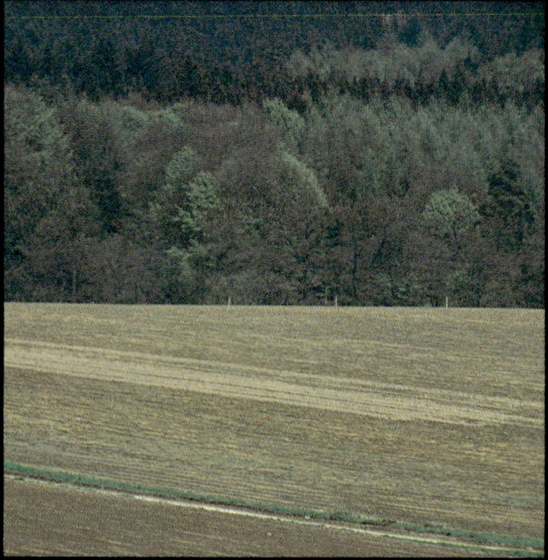
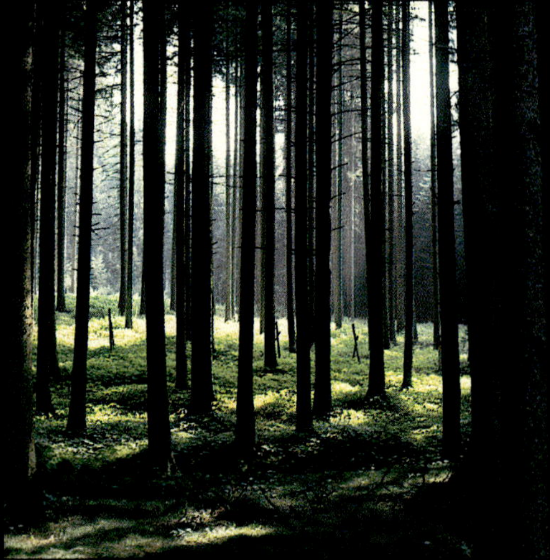
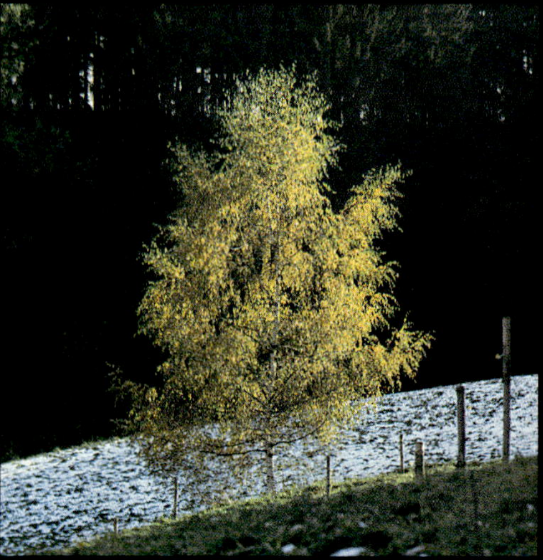
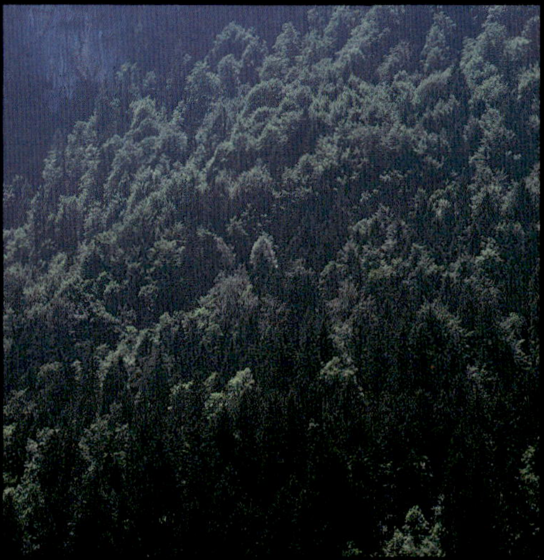
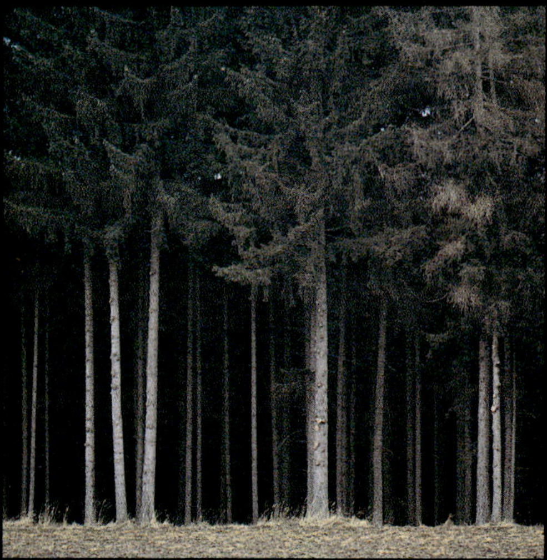
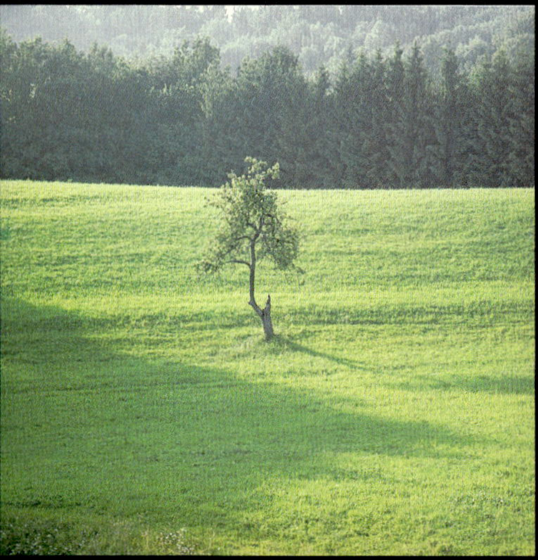
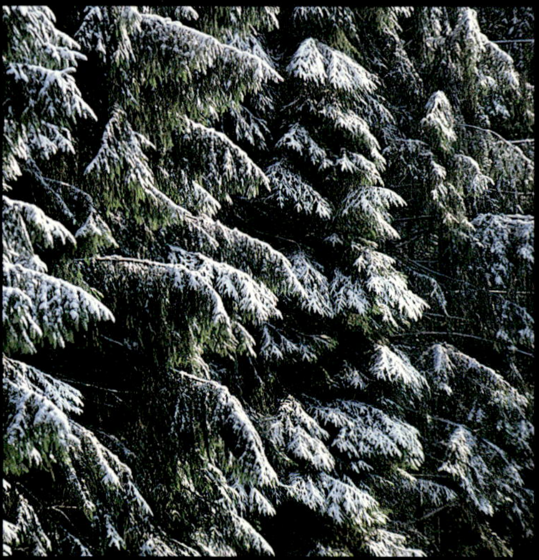
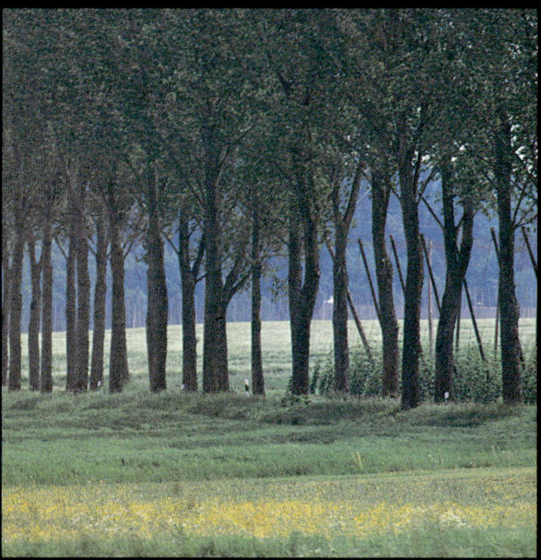

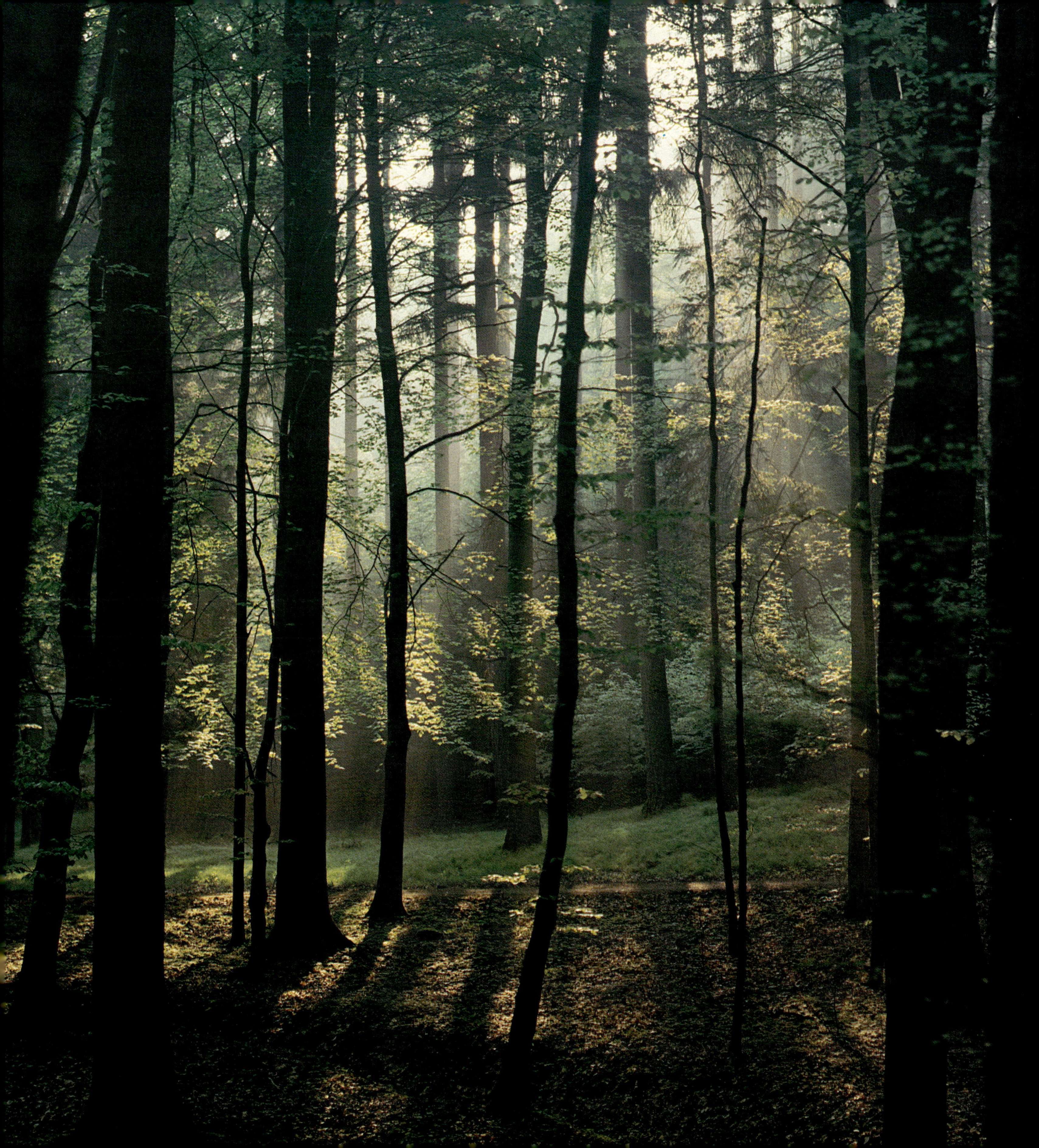

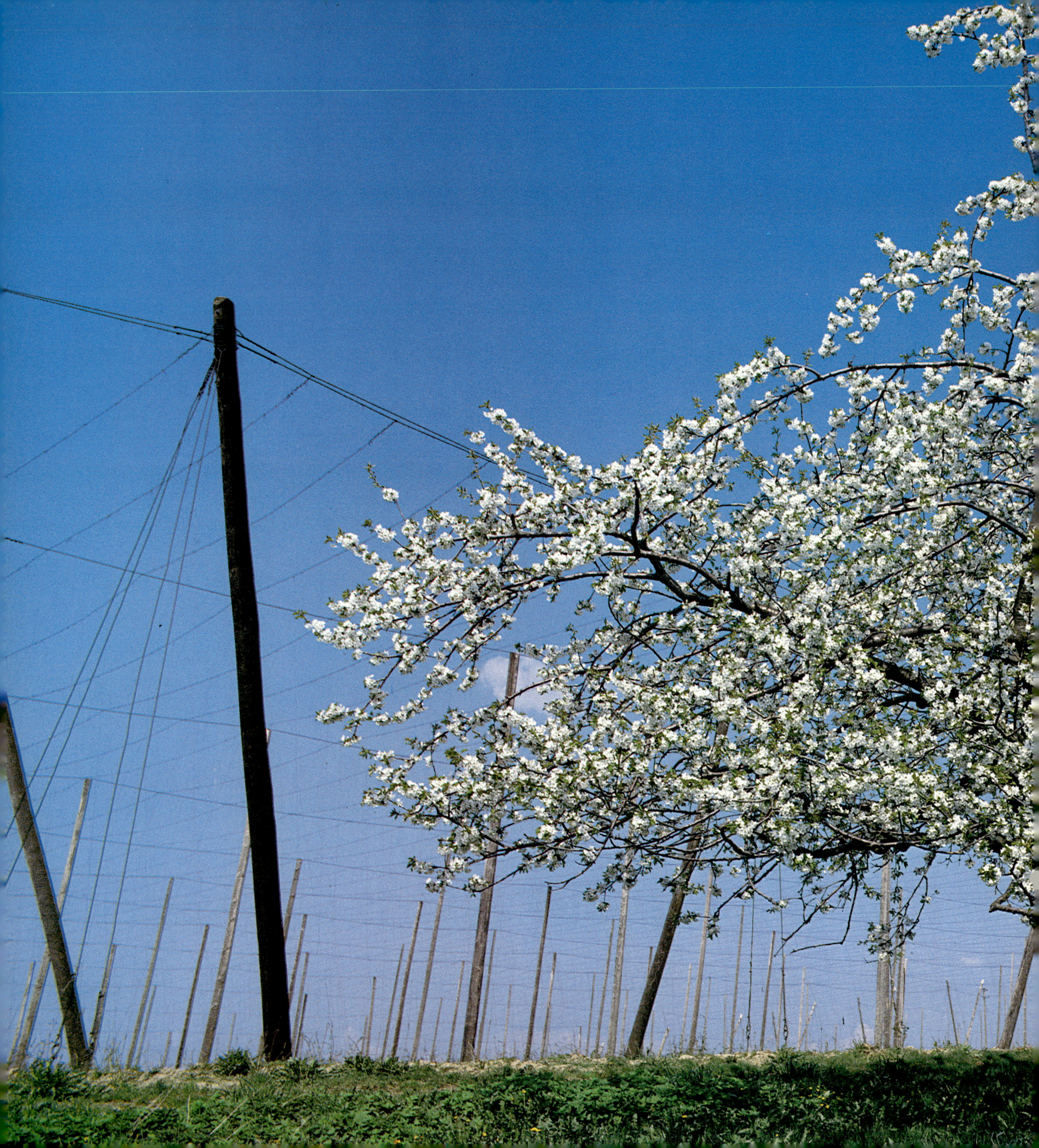

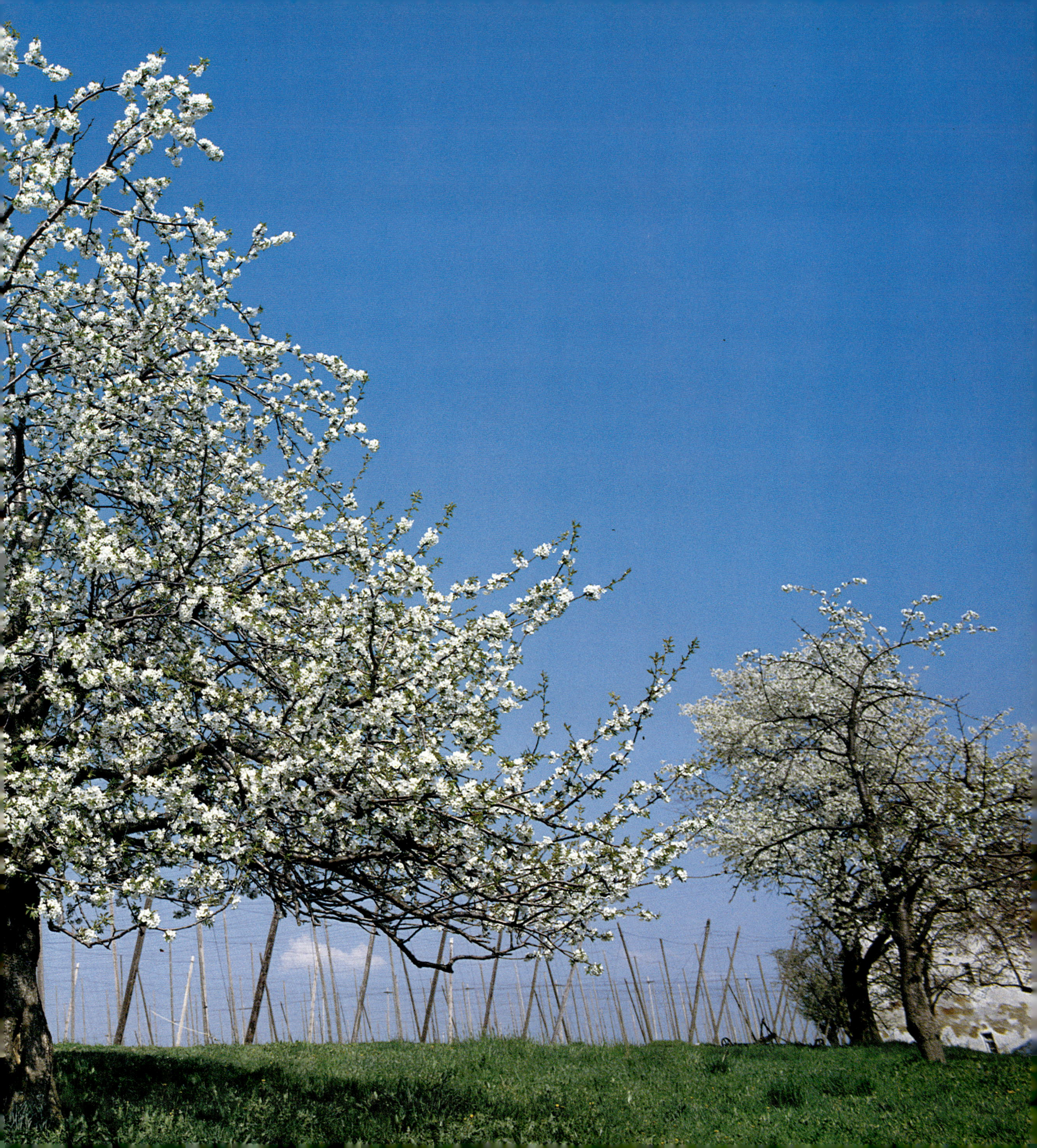

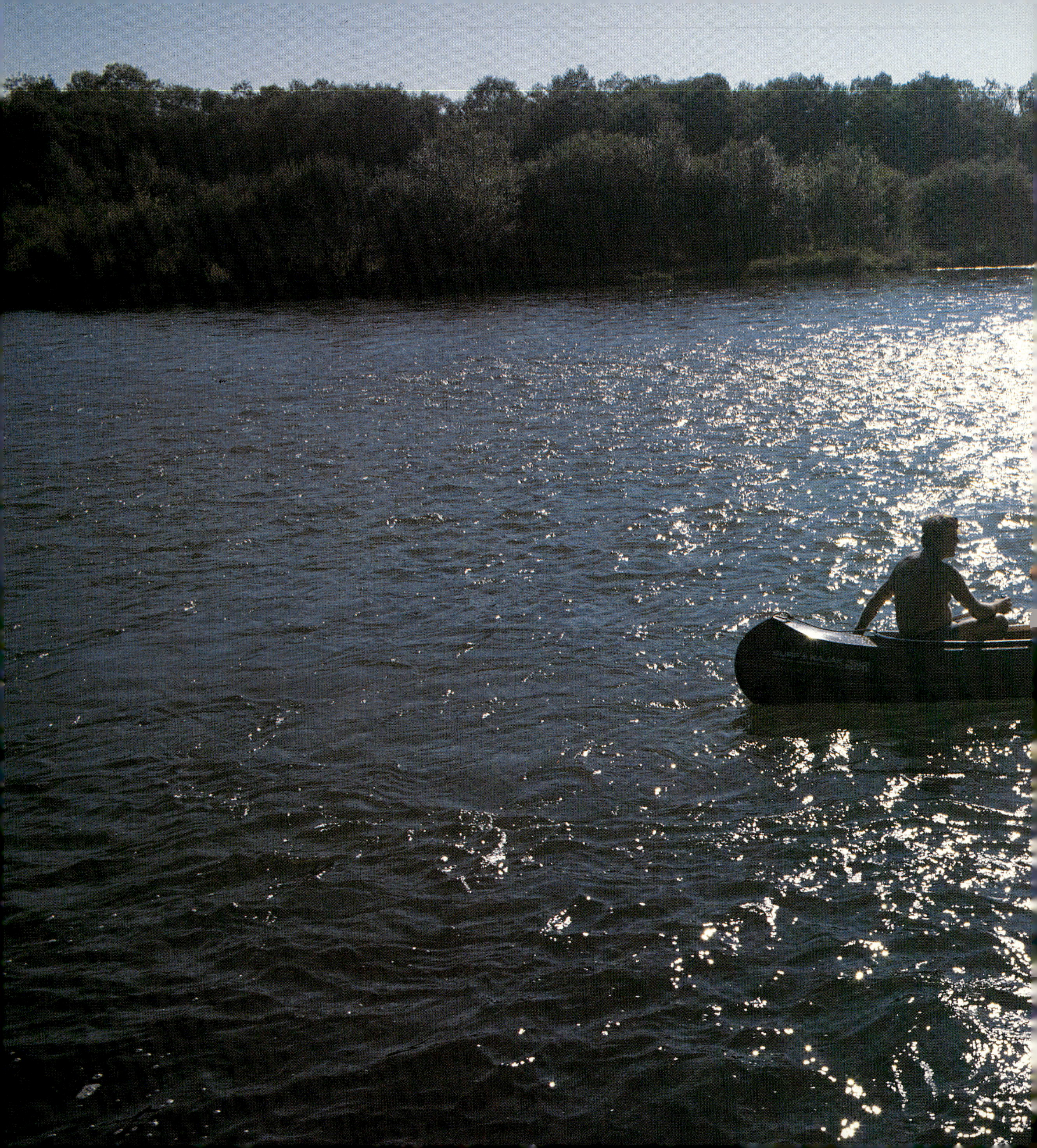

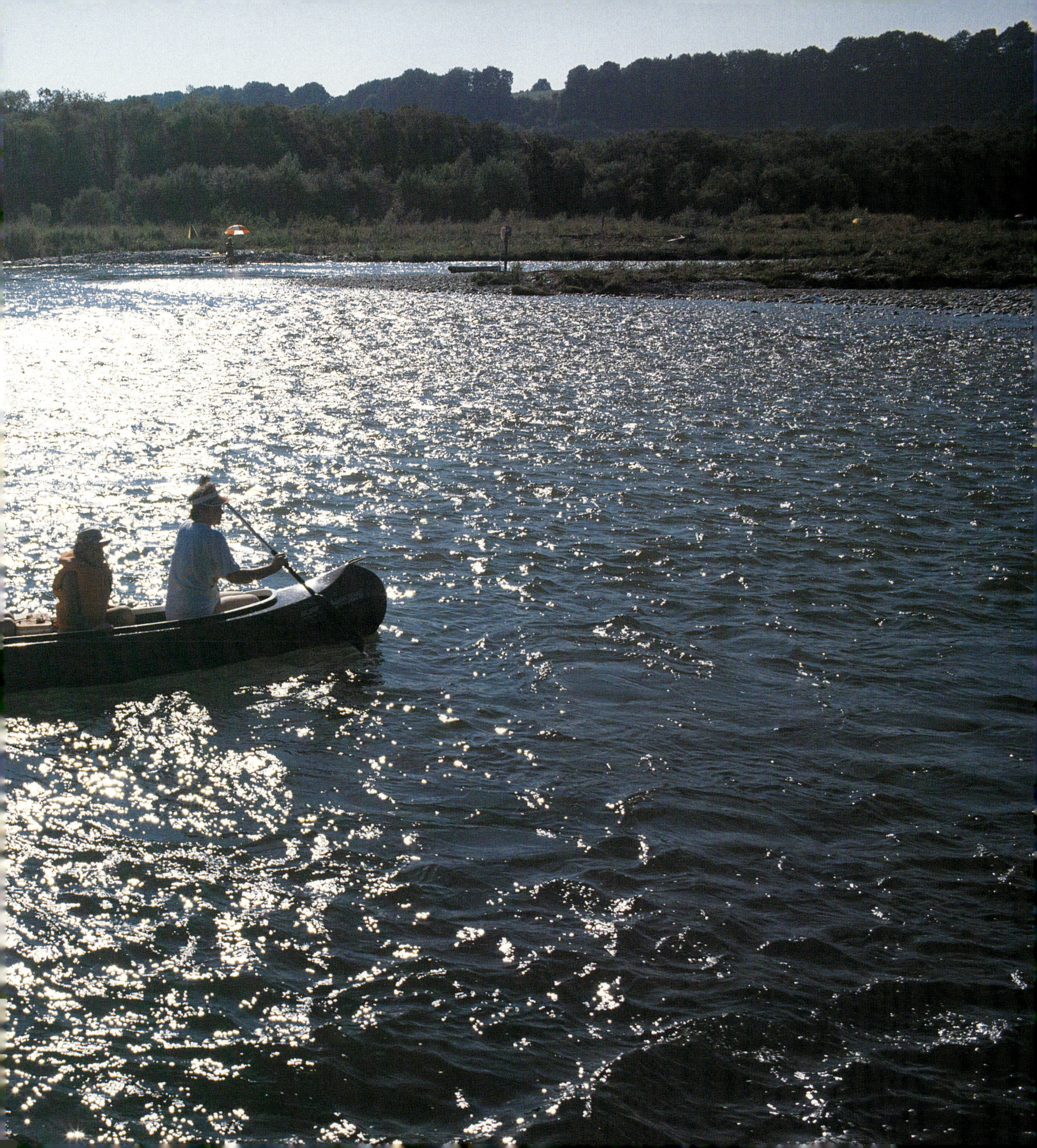

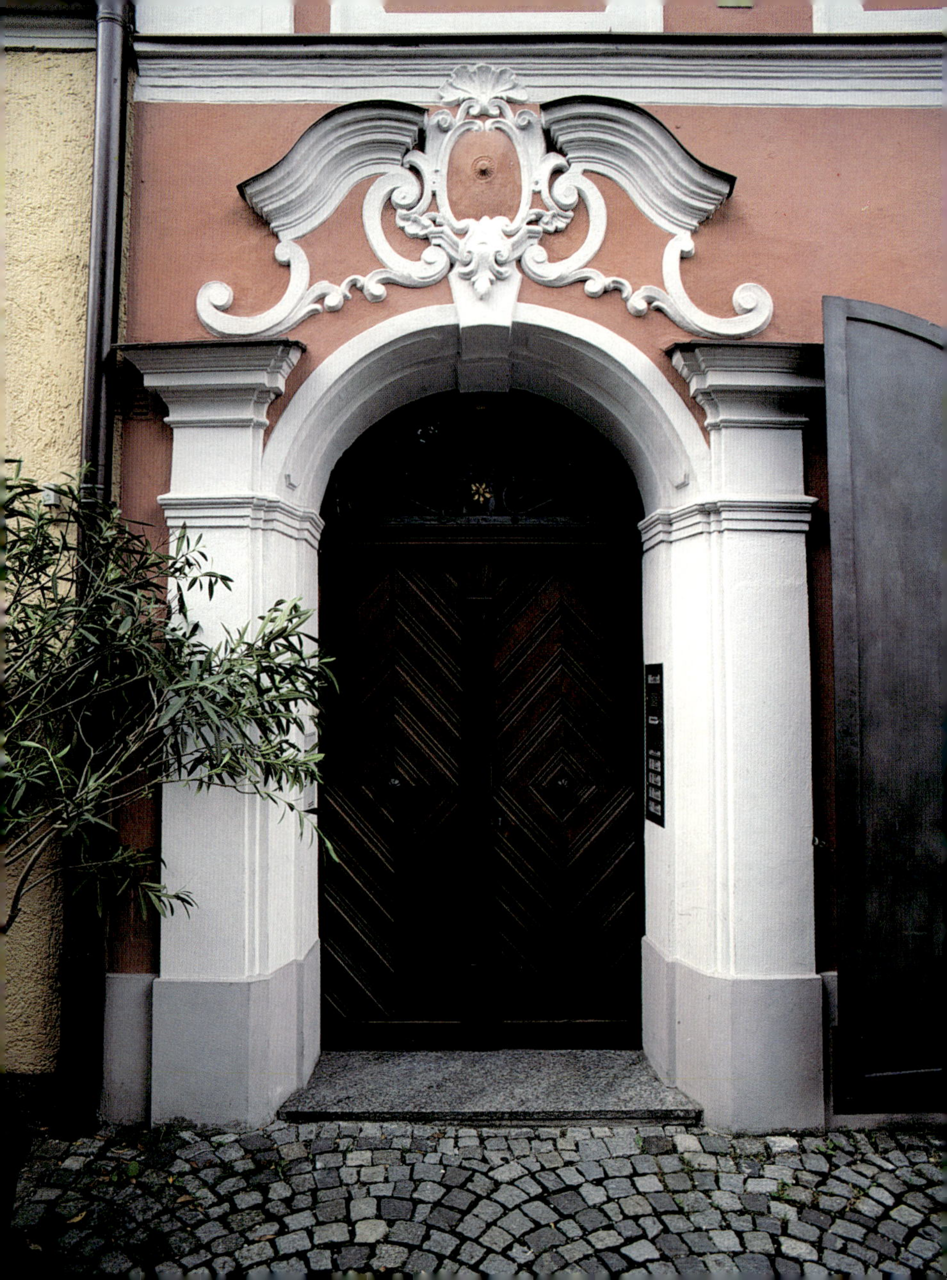

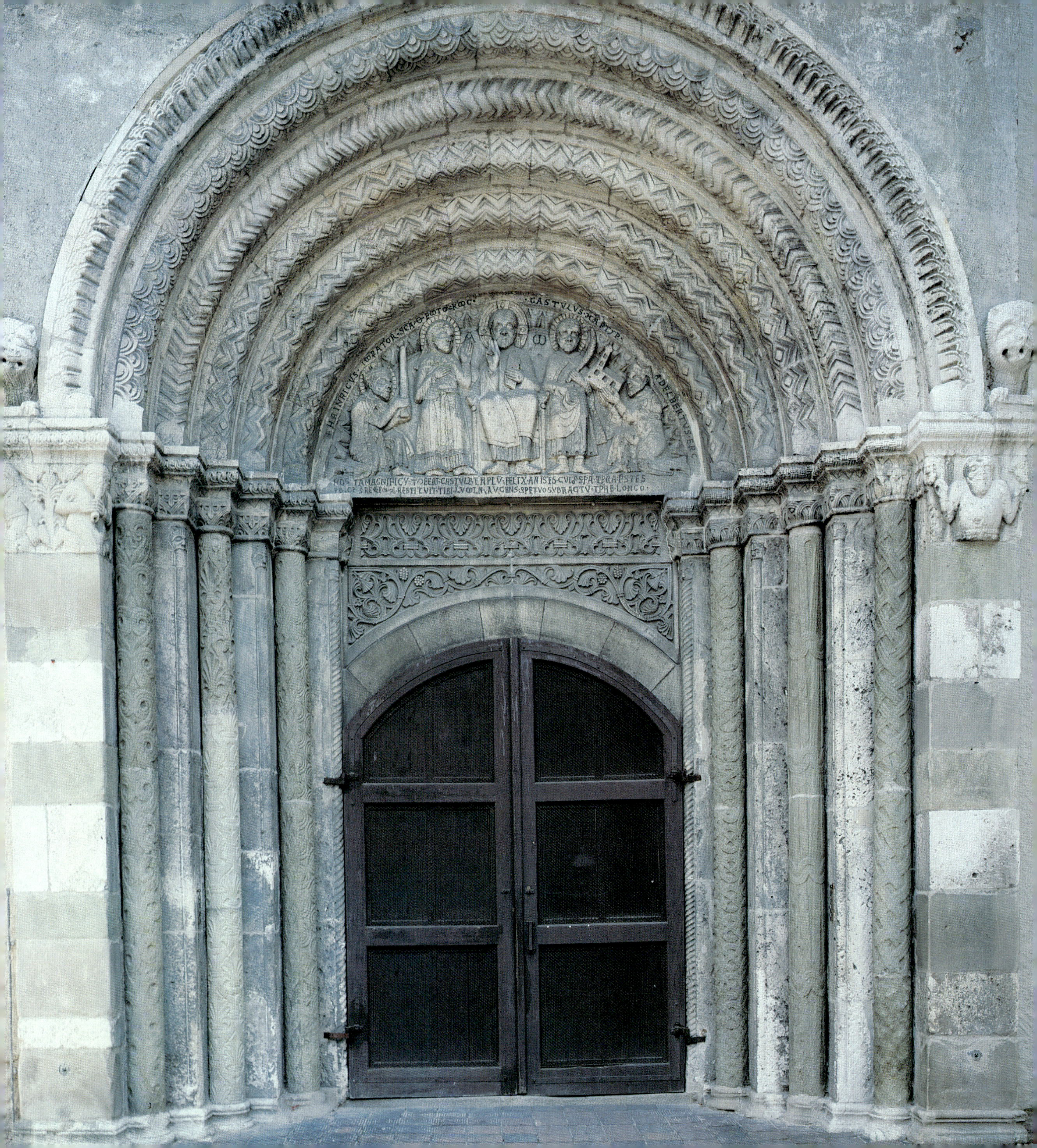

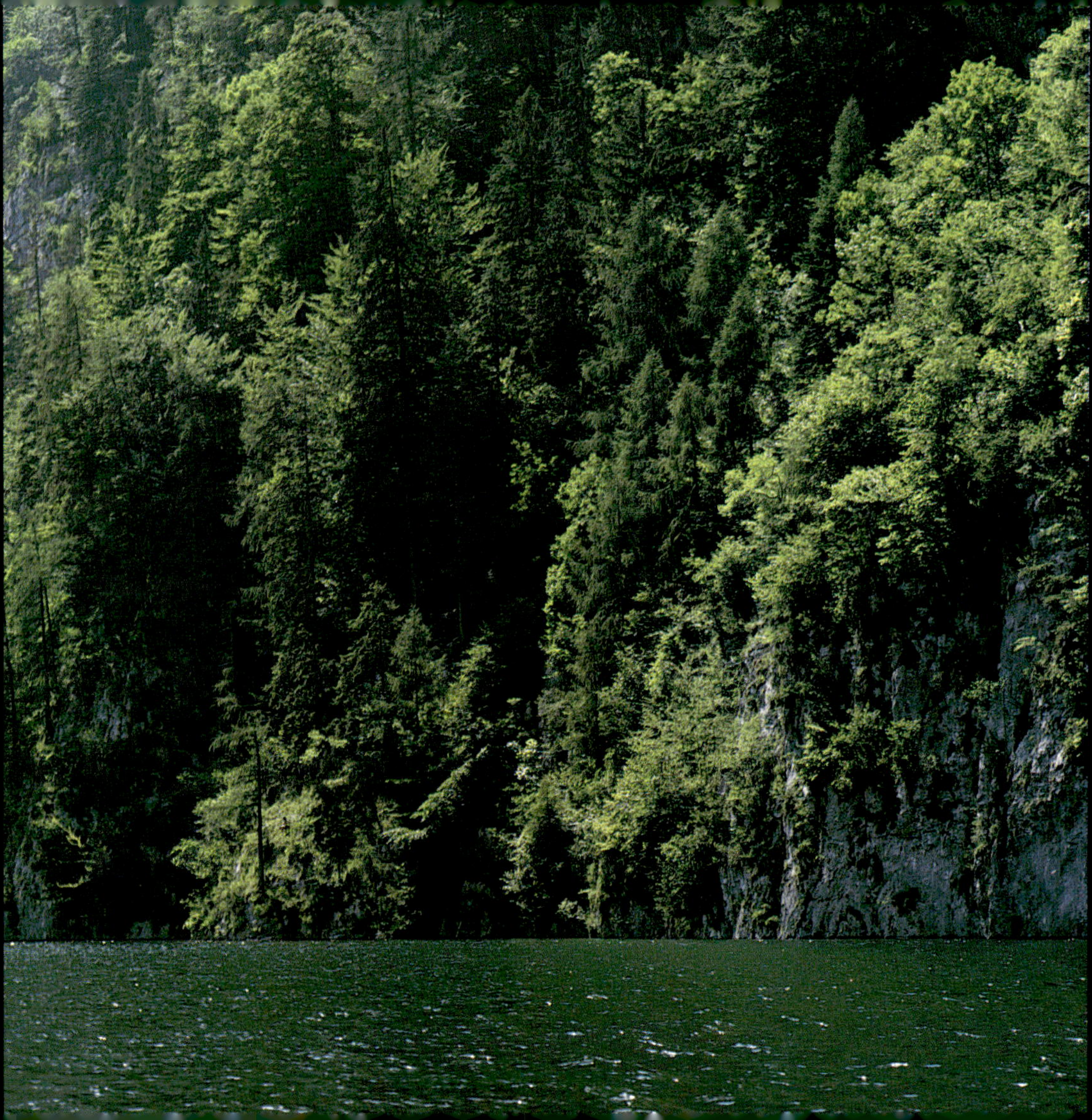

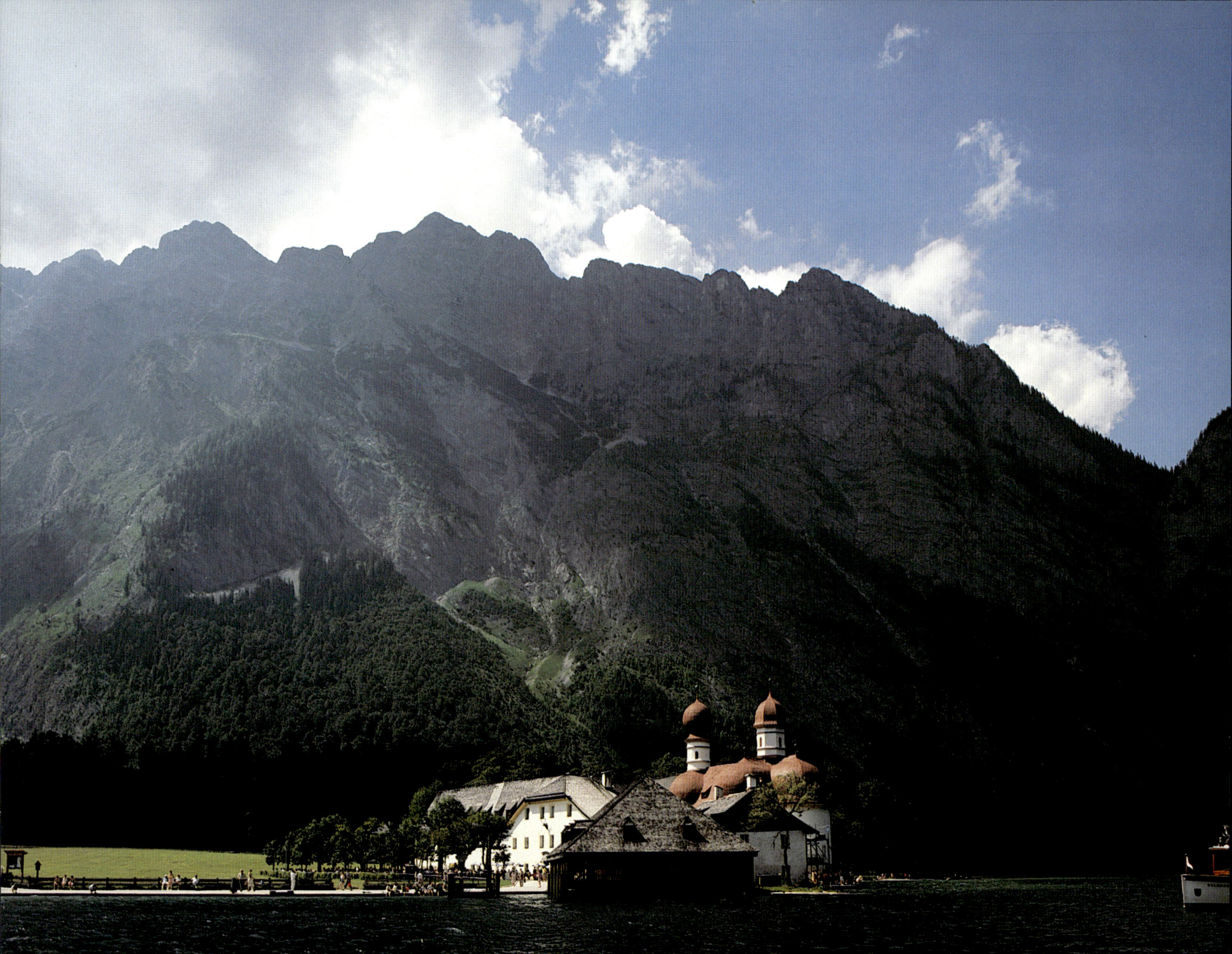

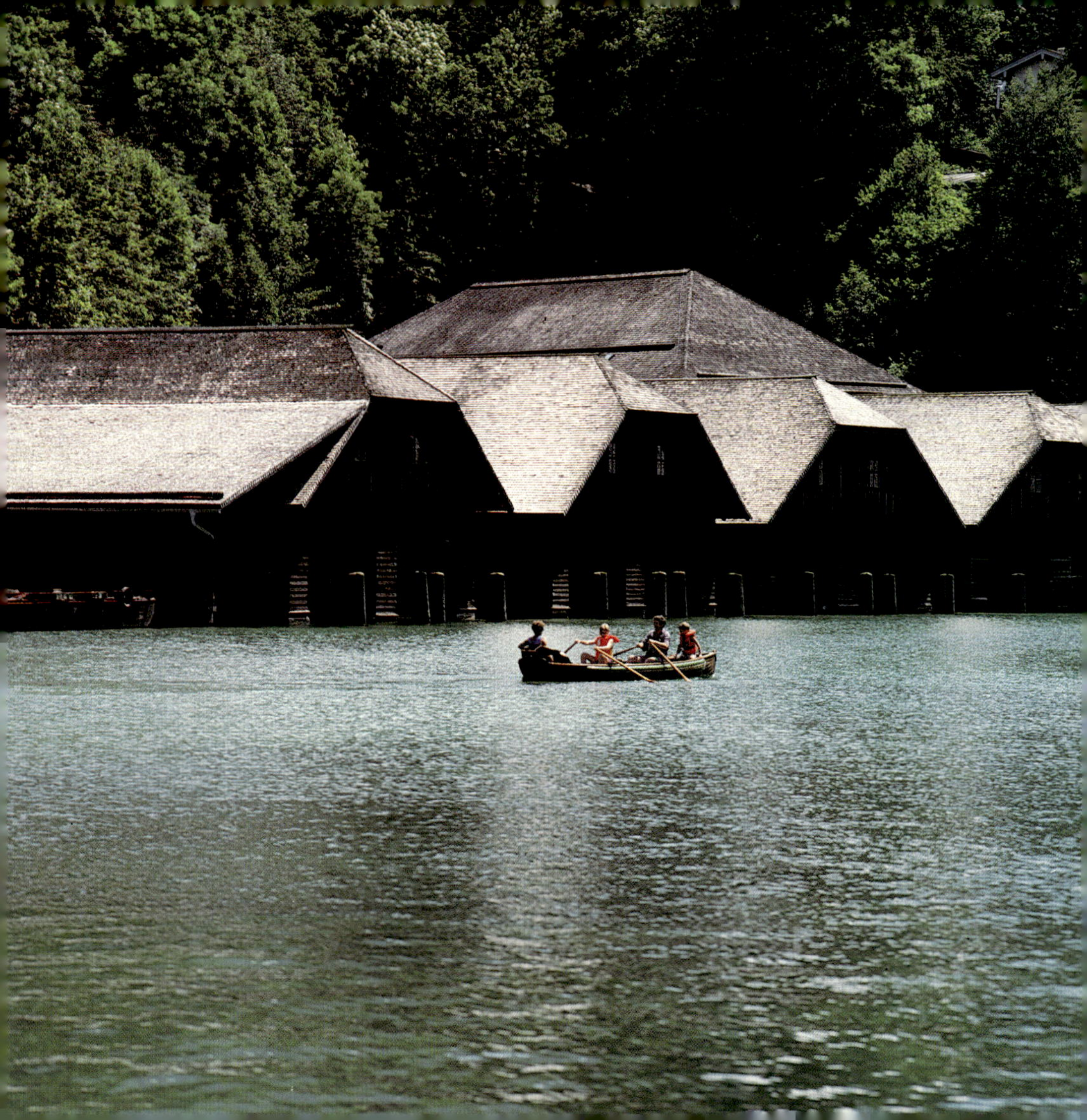

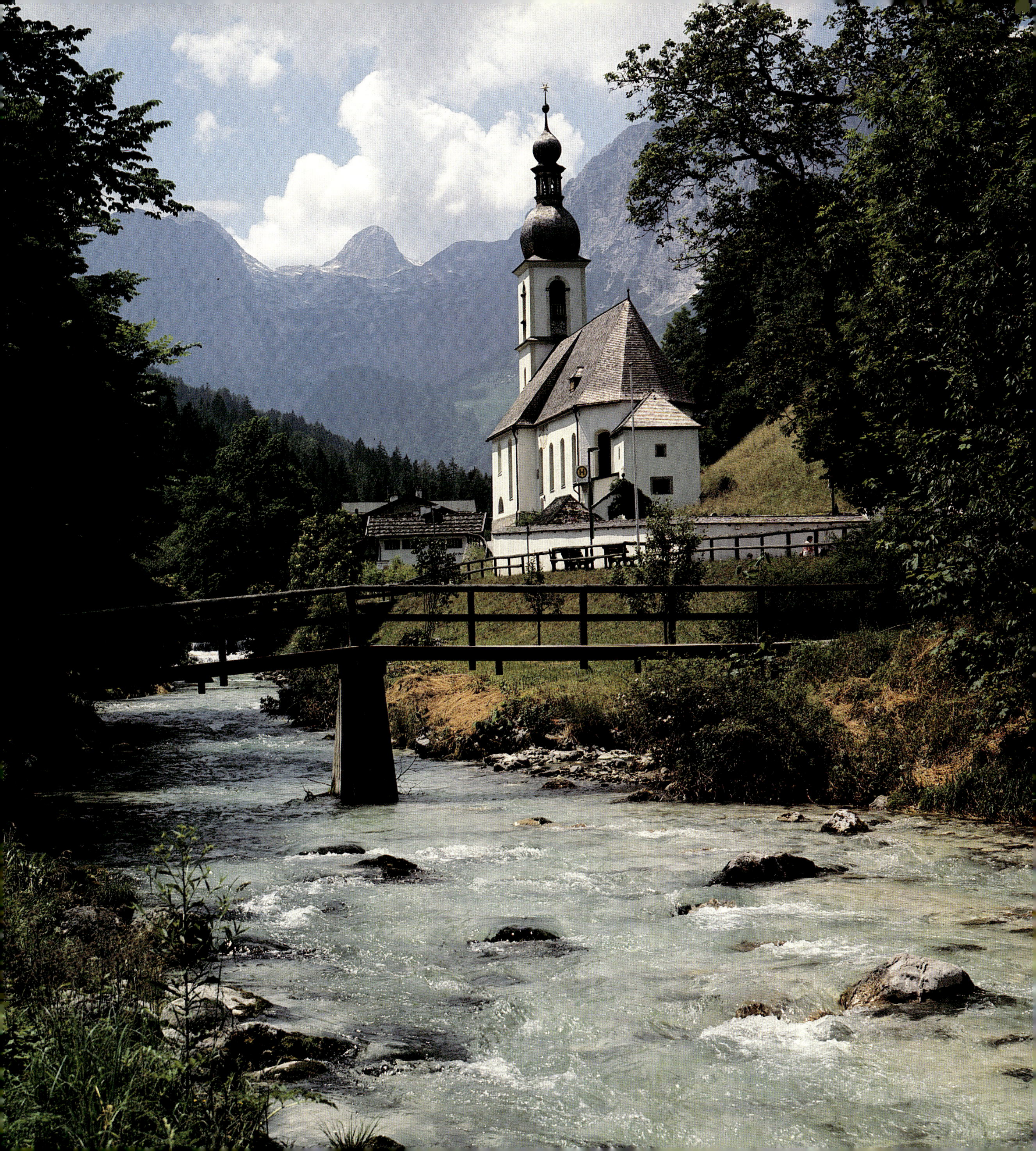

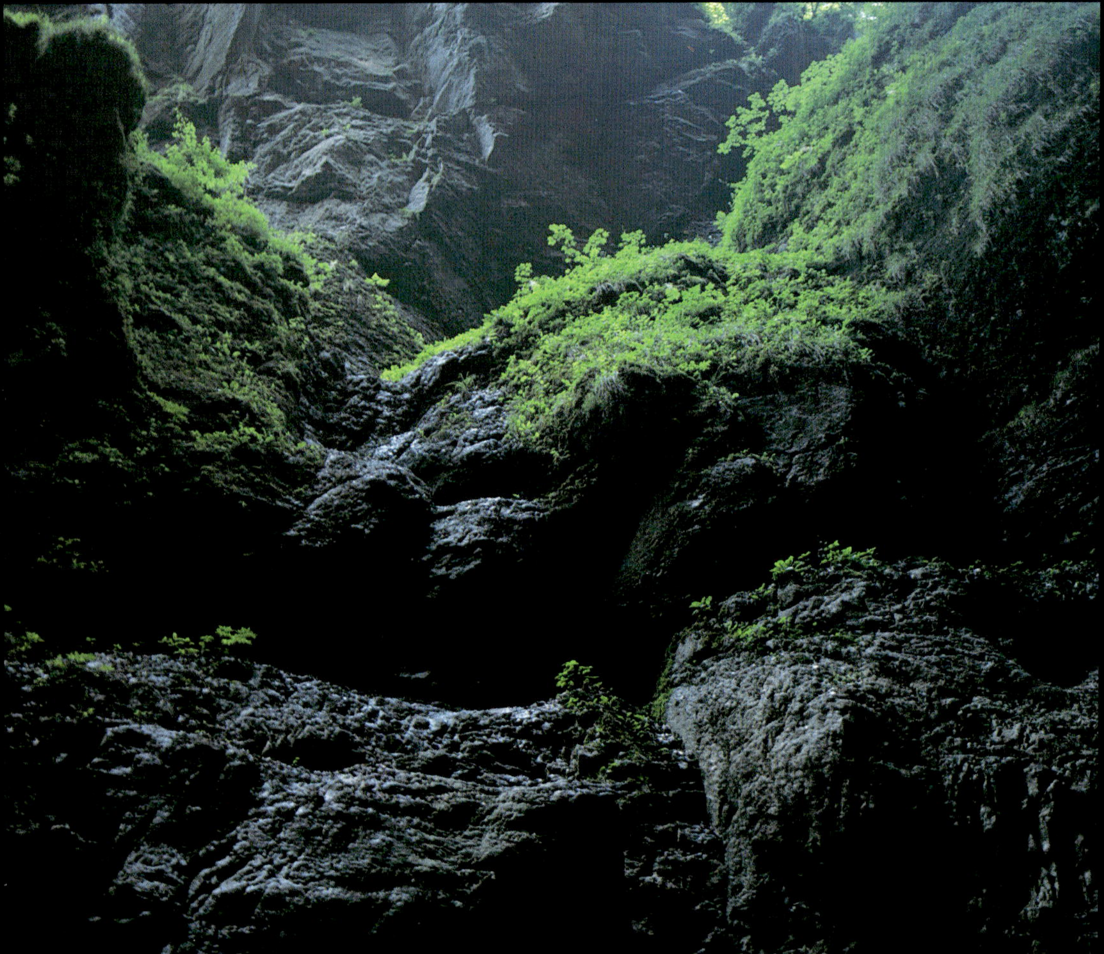

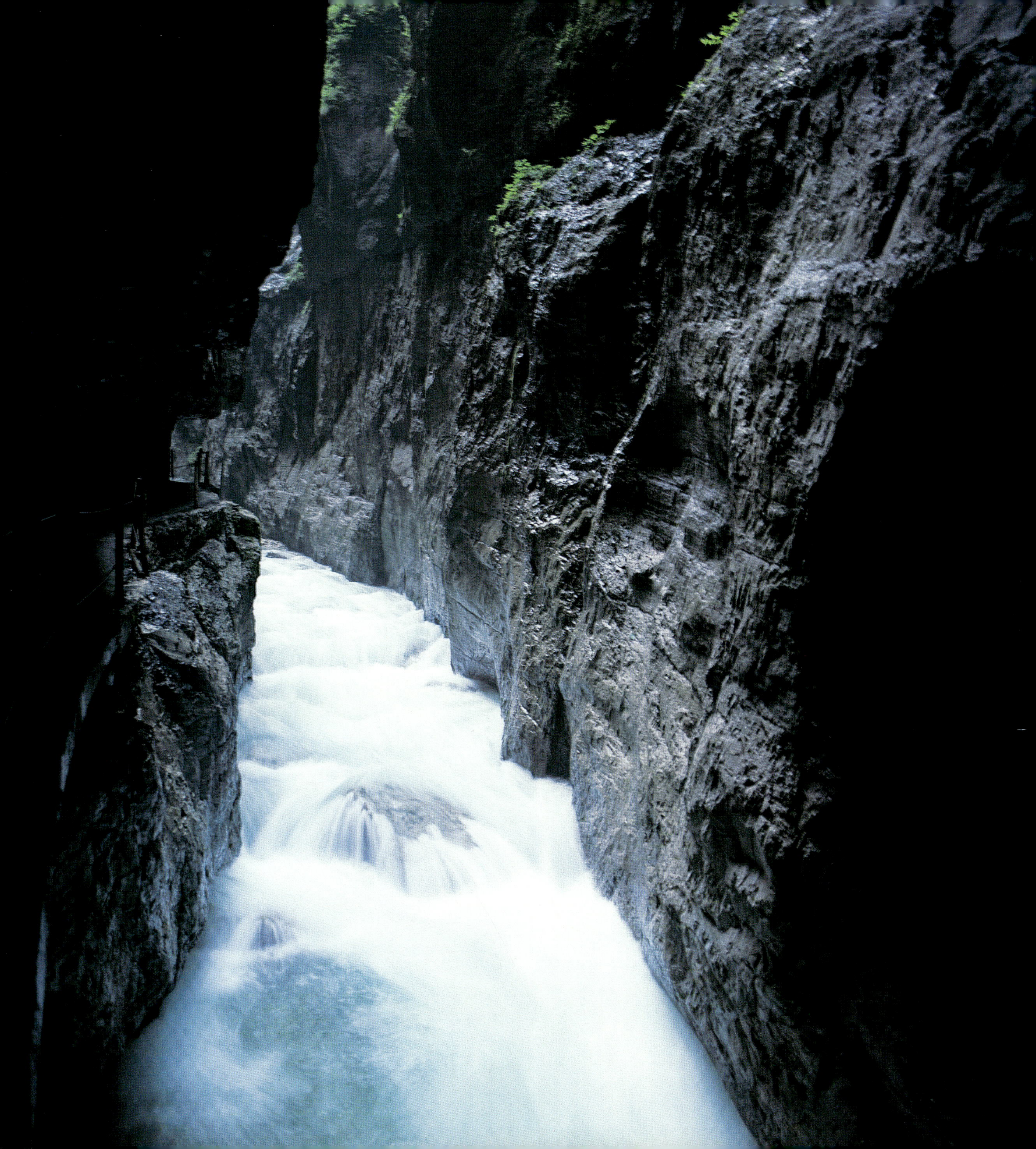

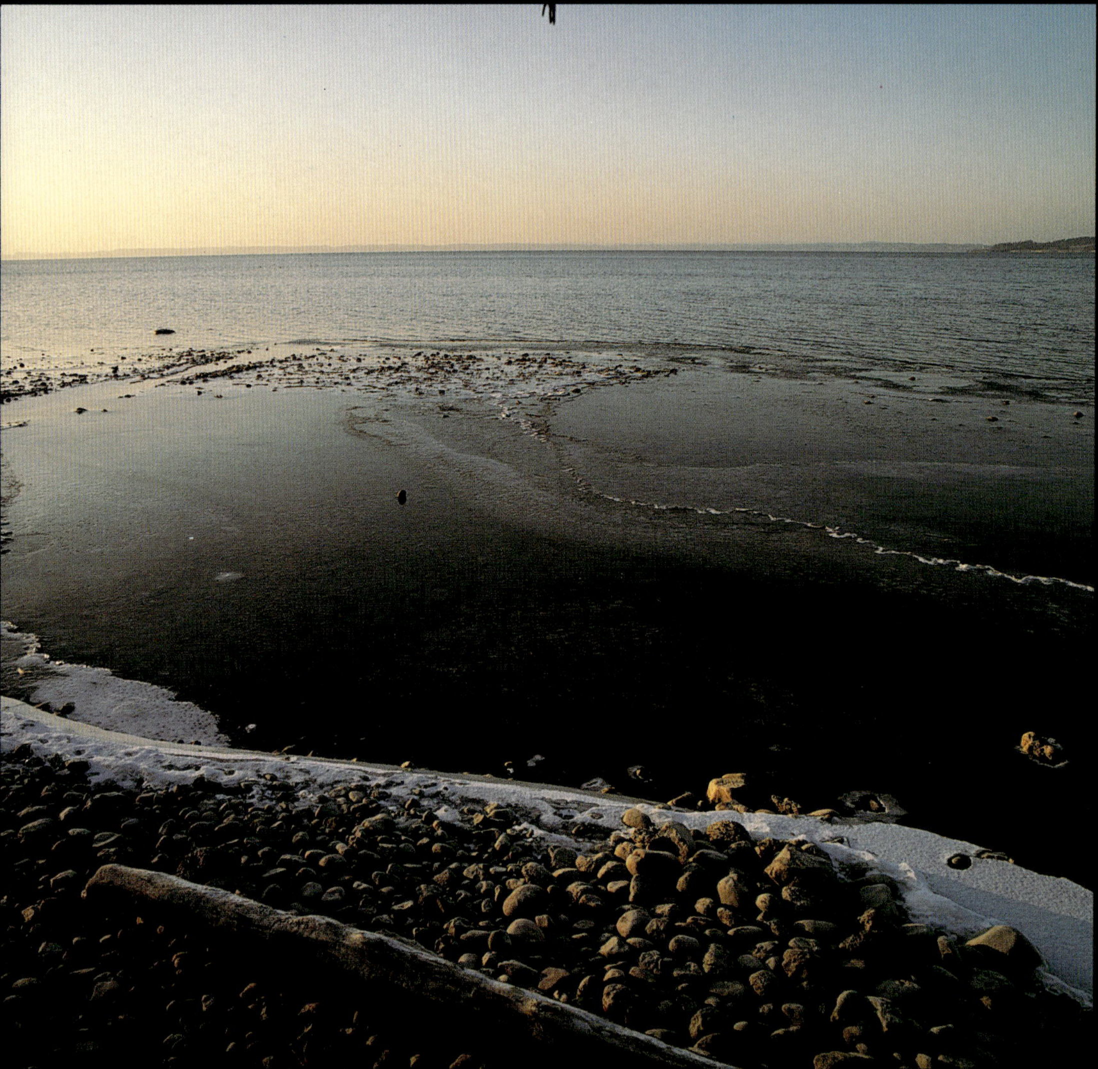

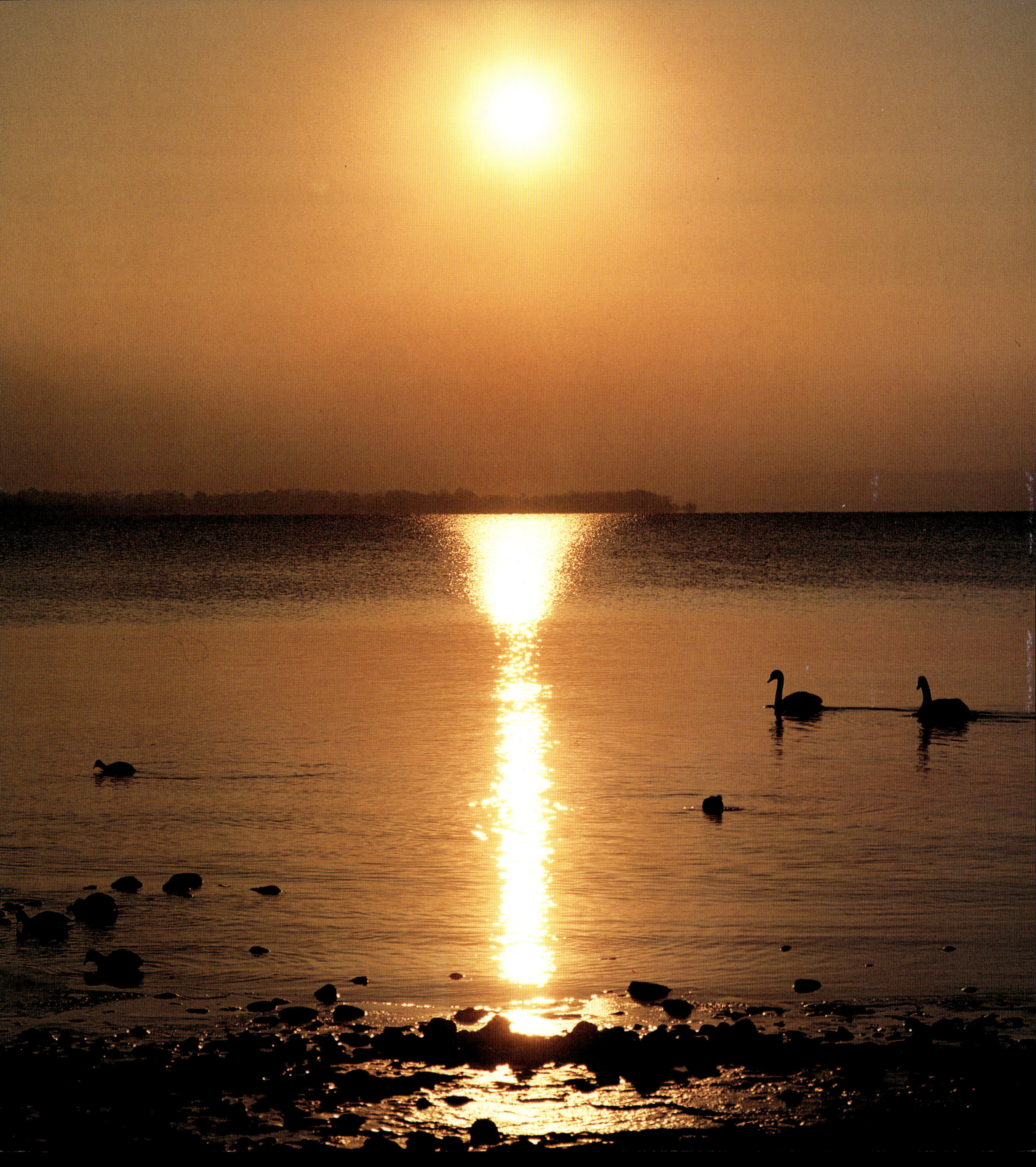

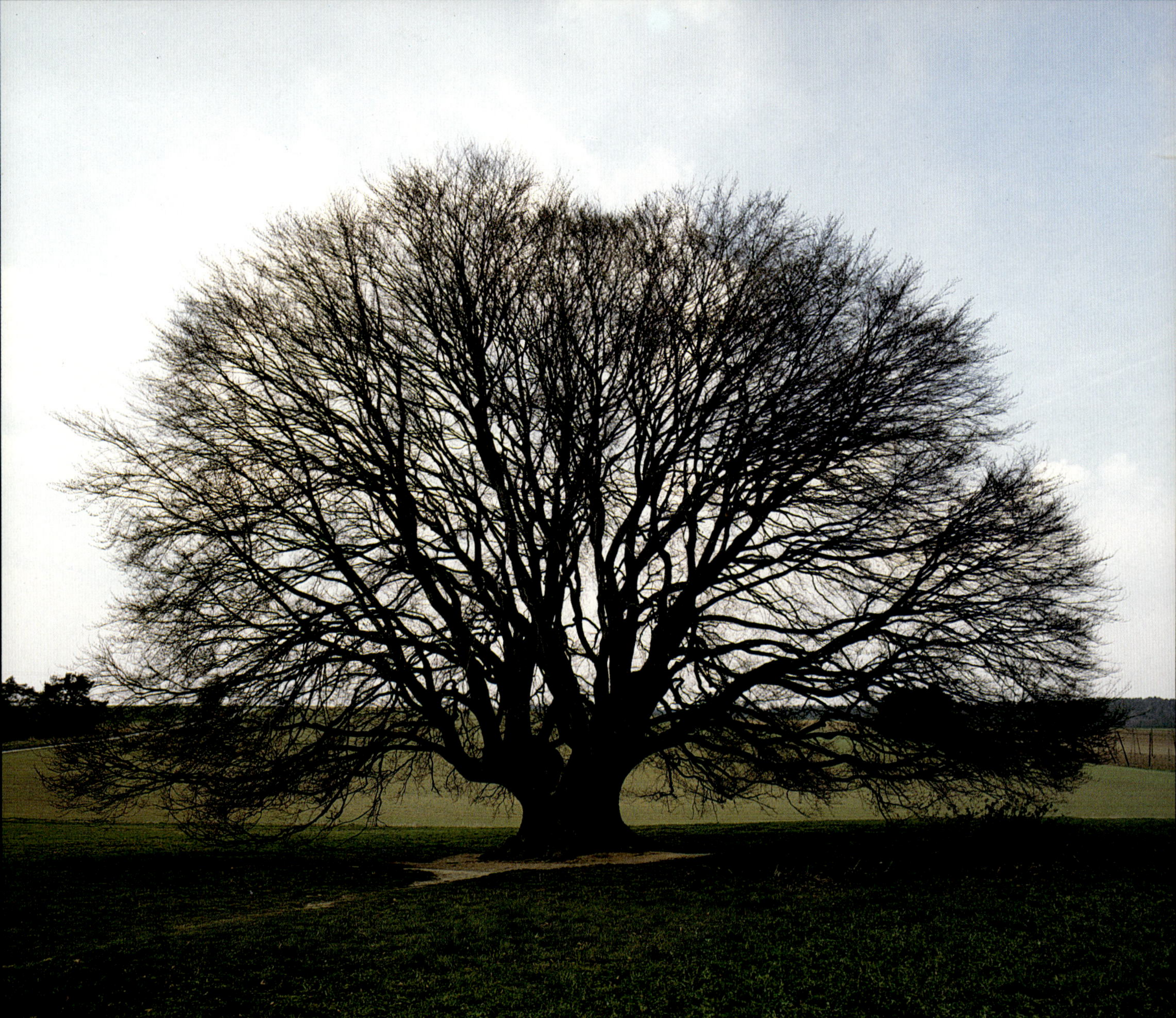

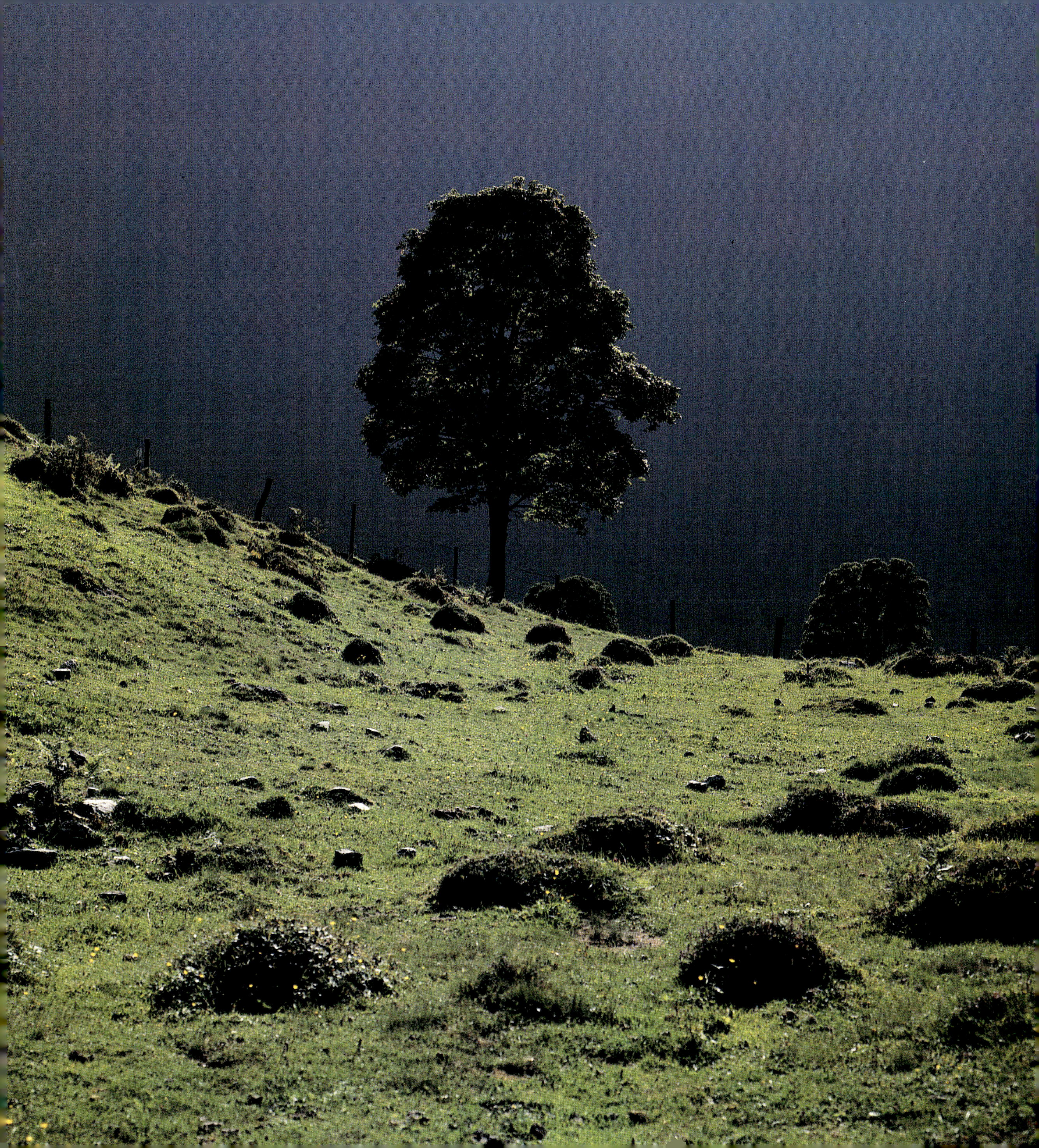

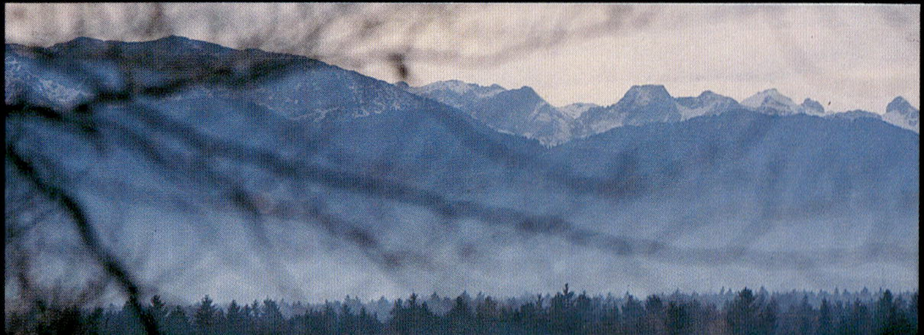

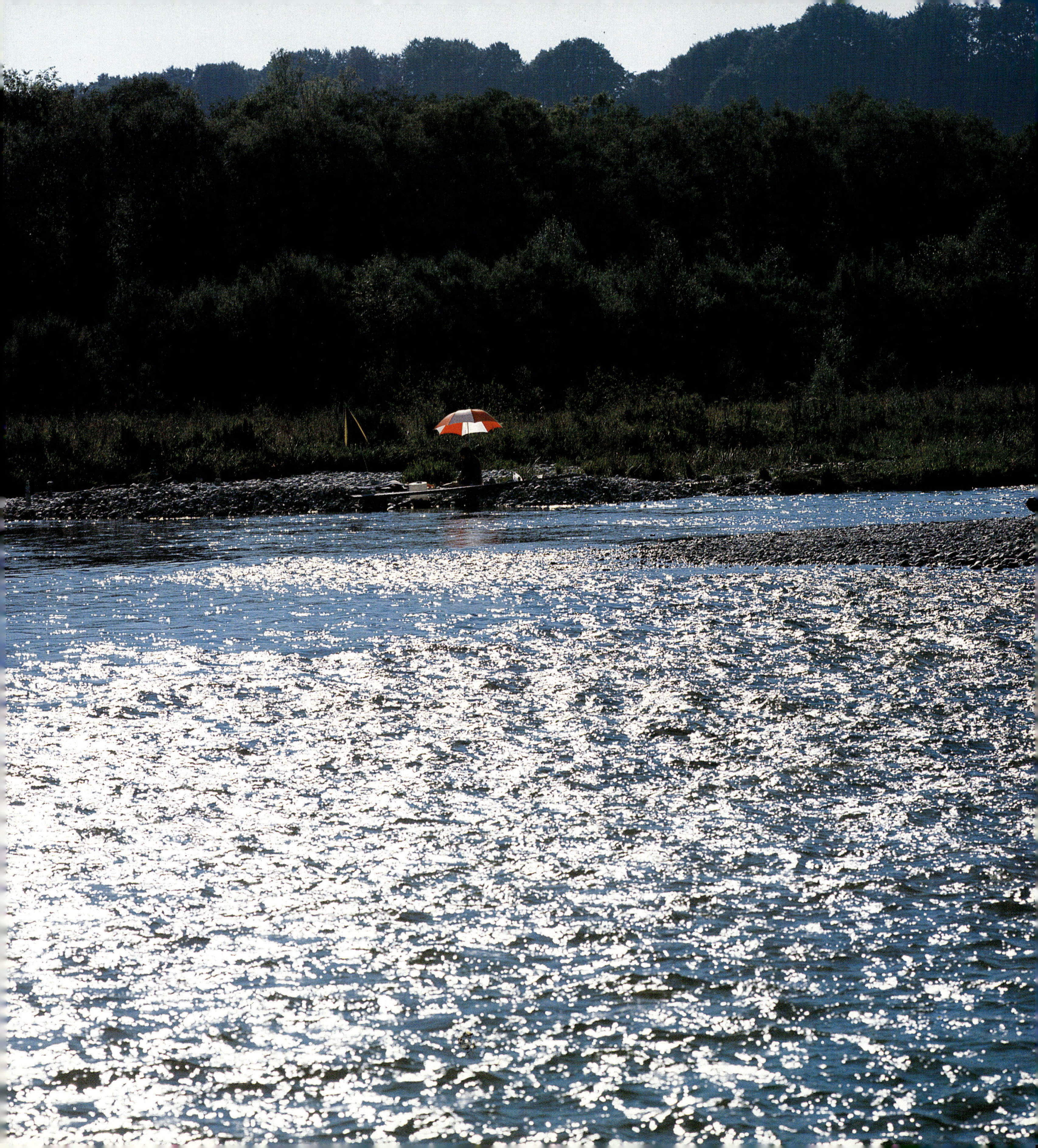

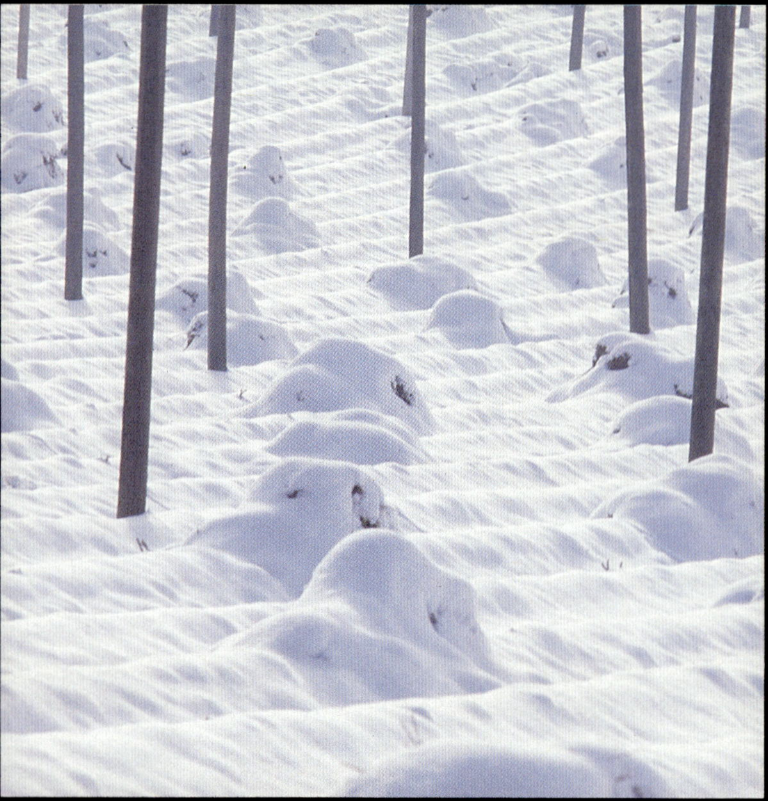
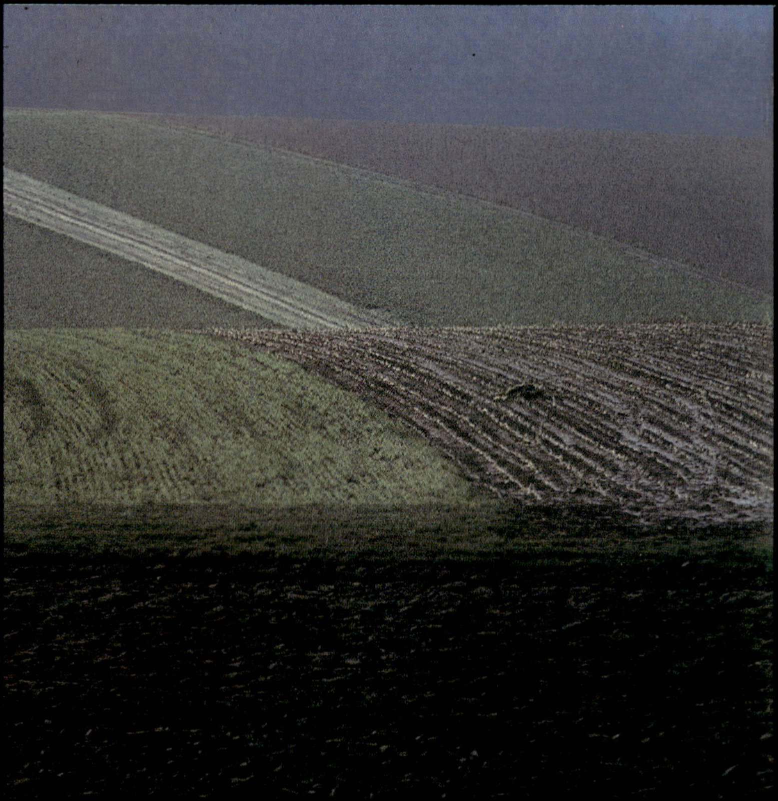
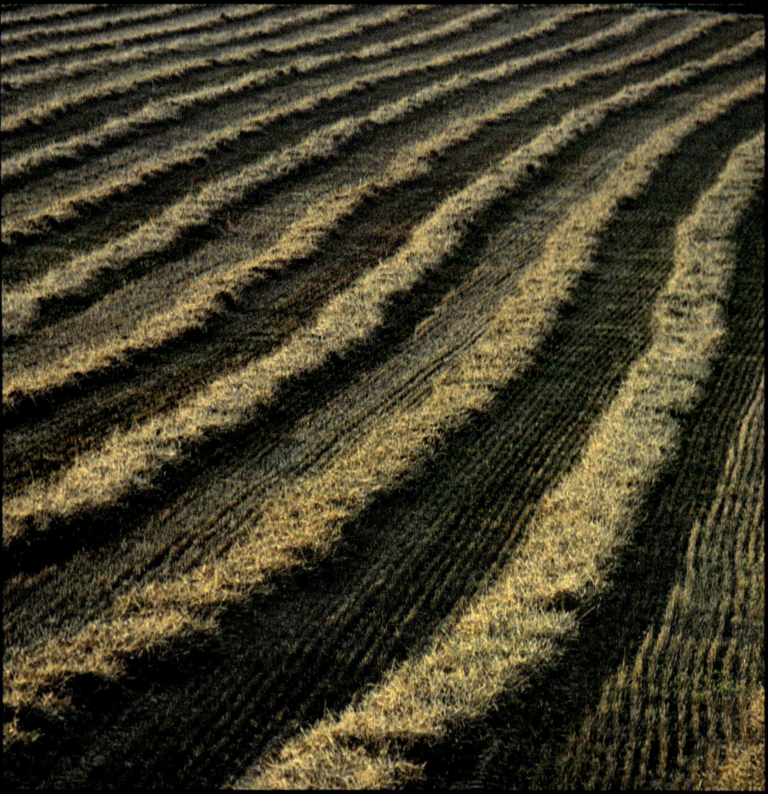

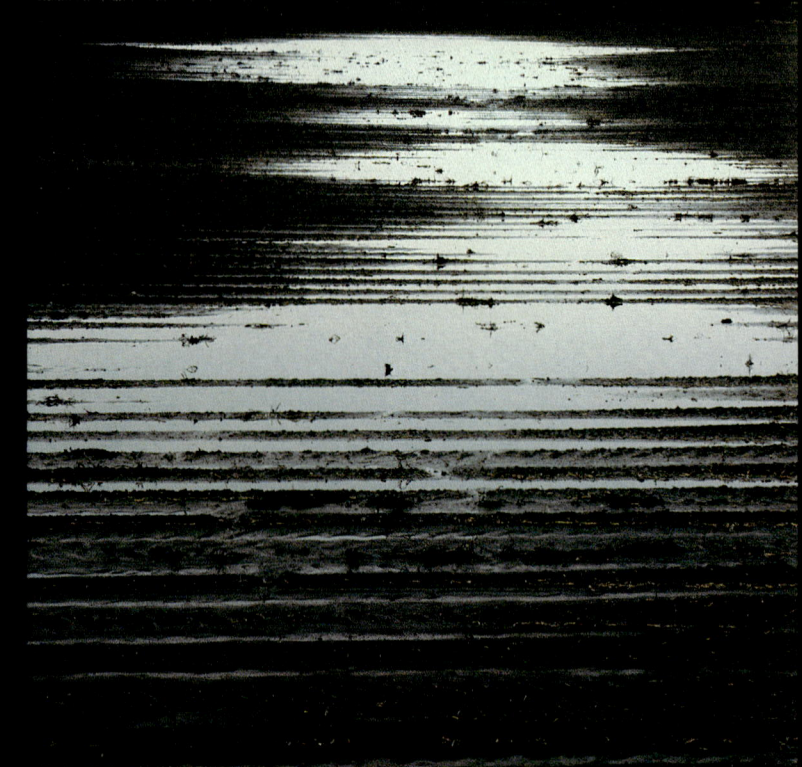

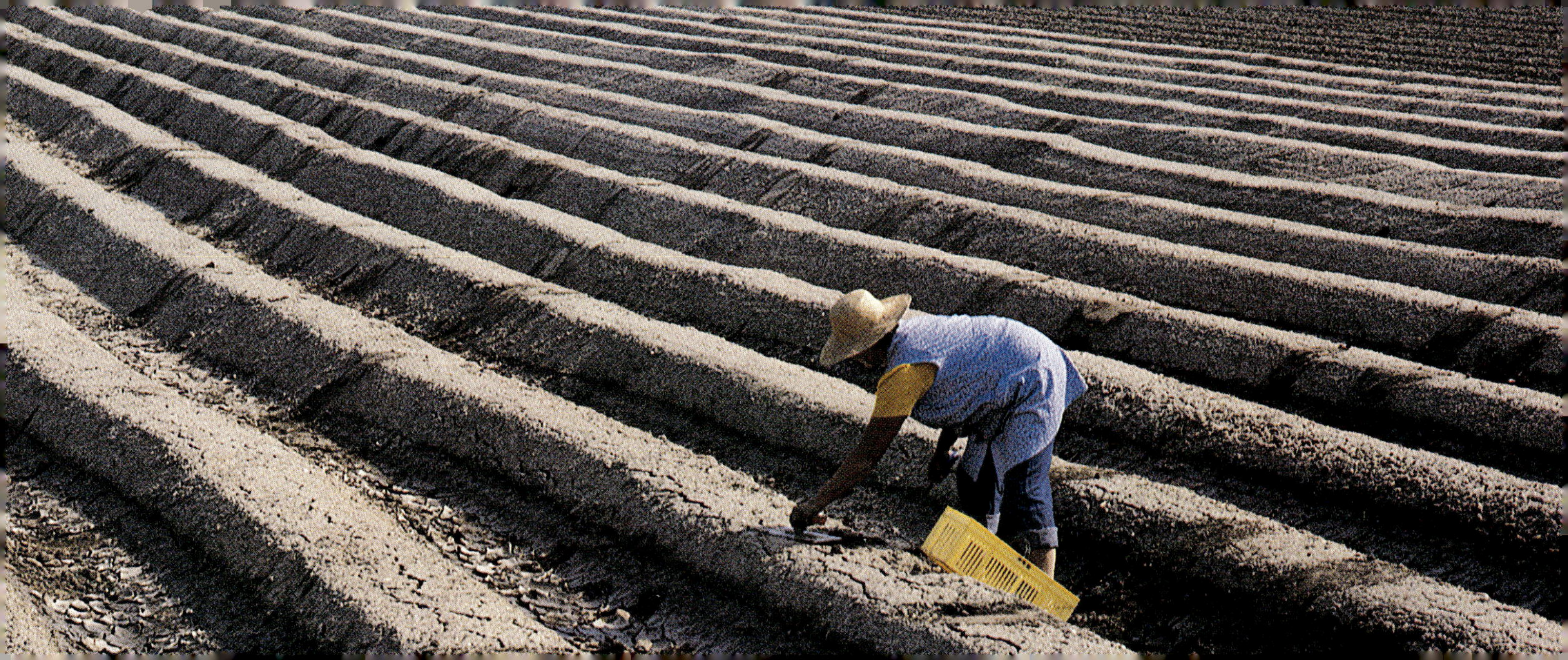

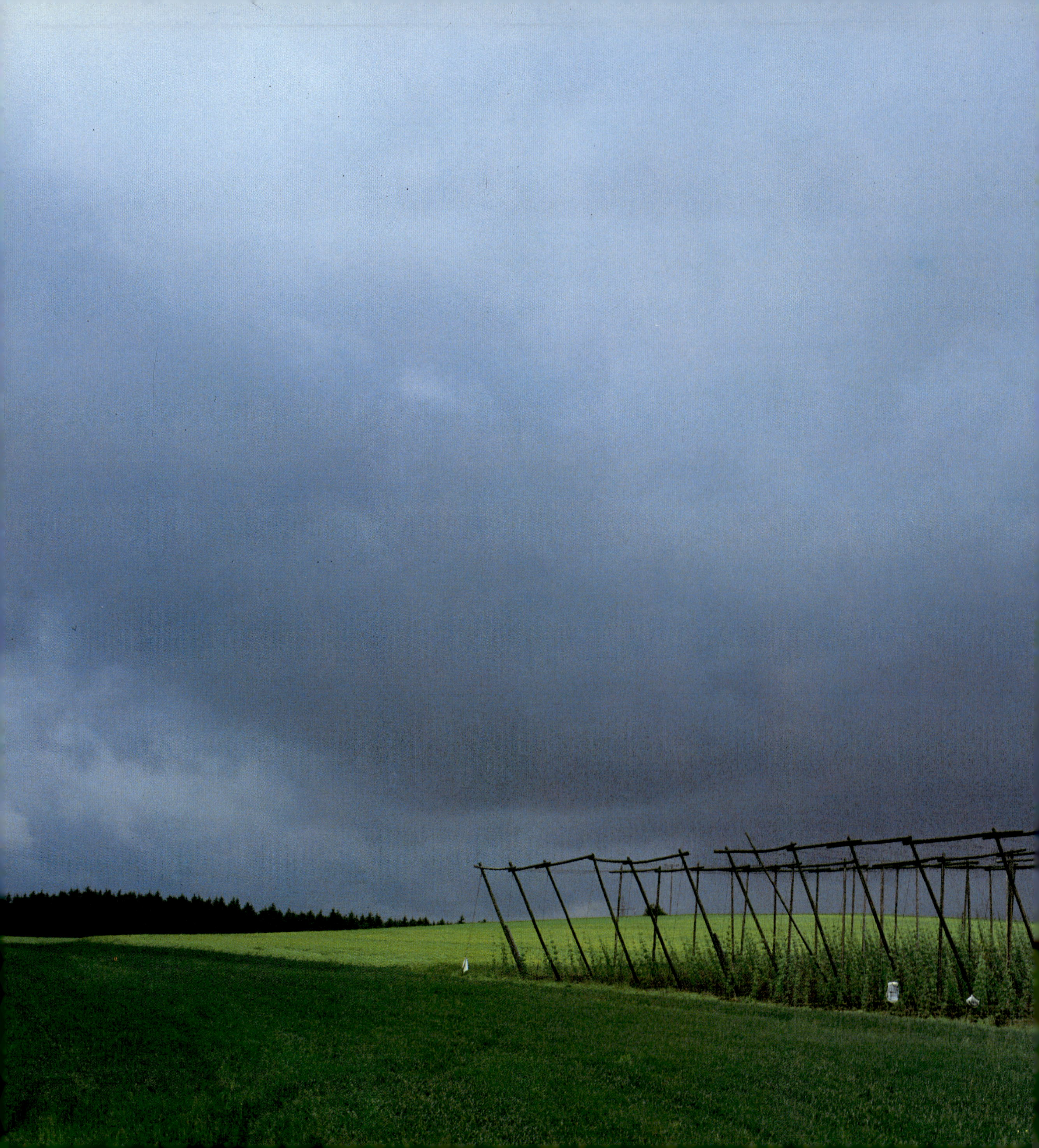

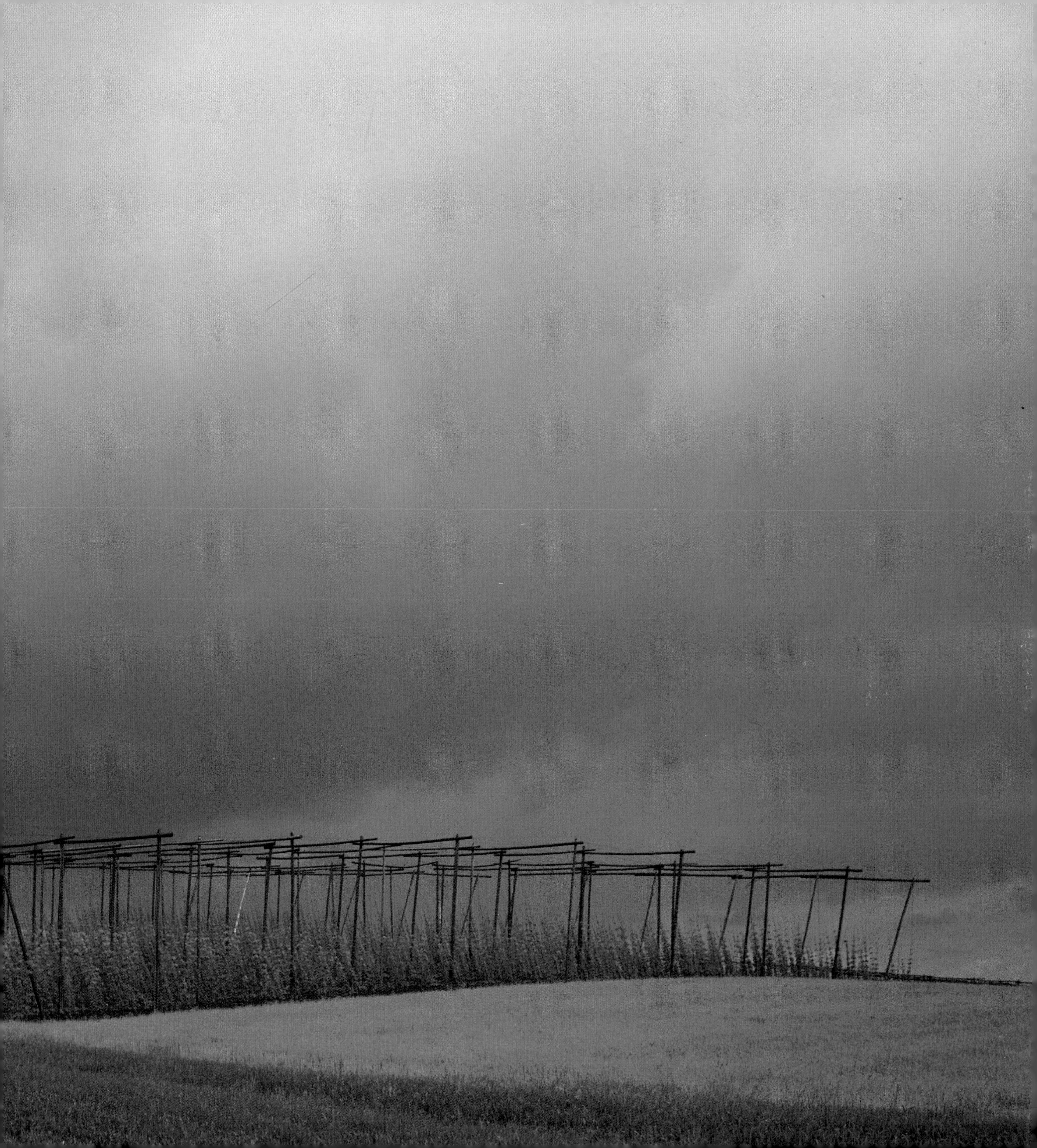

48

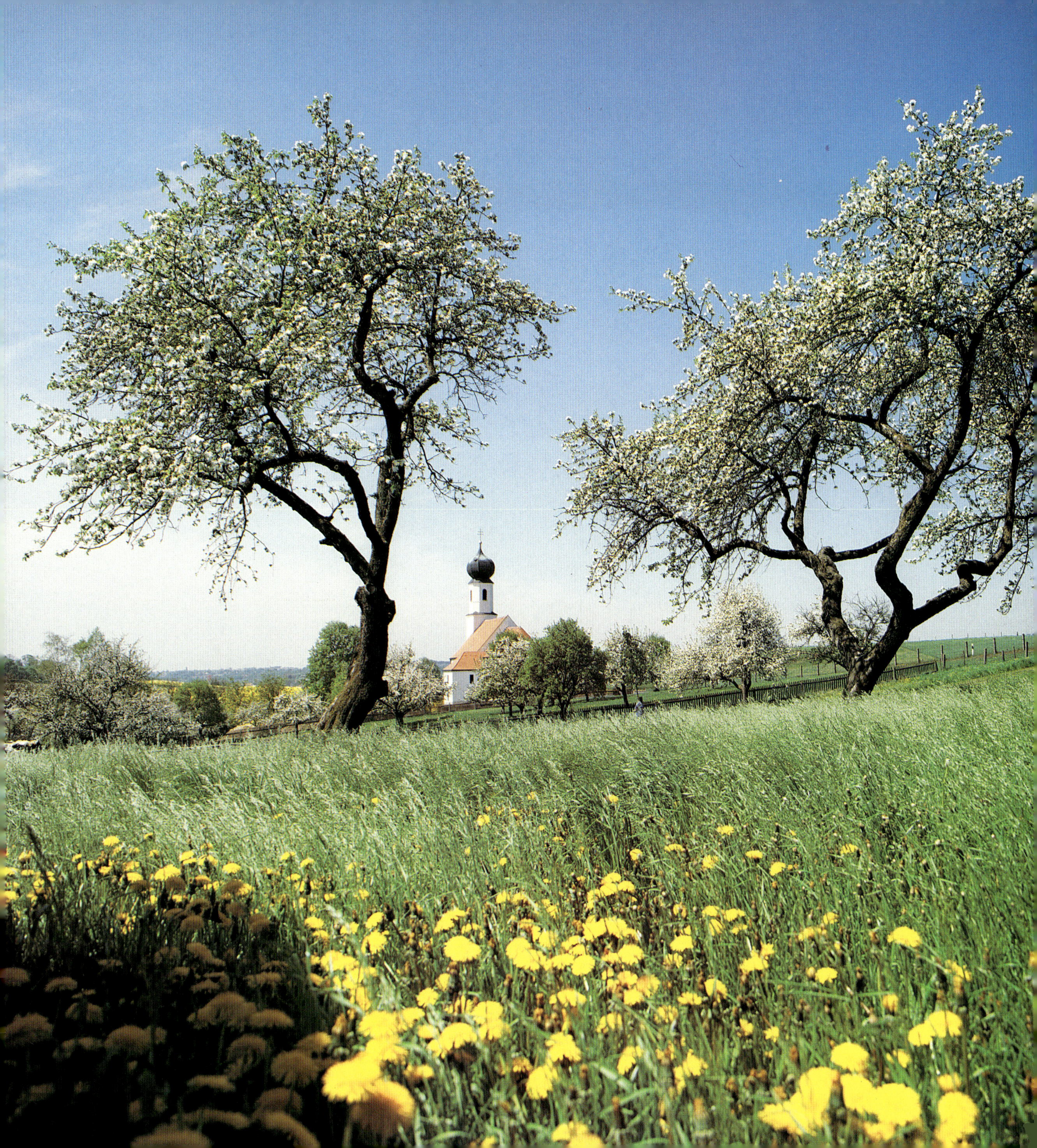

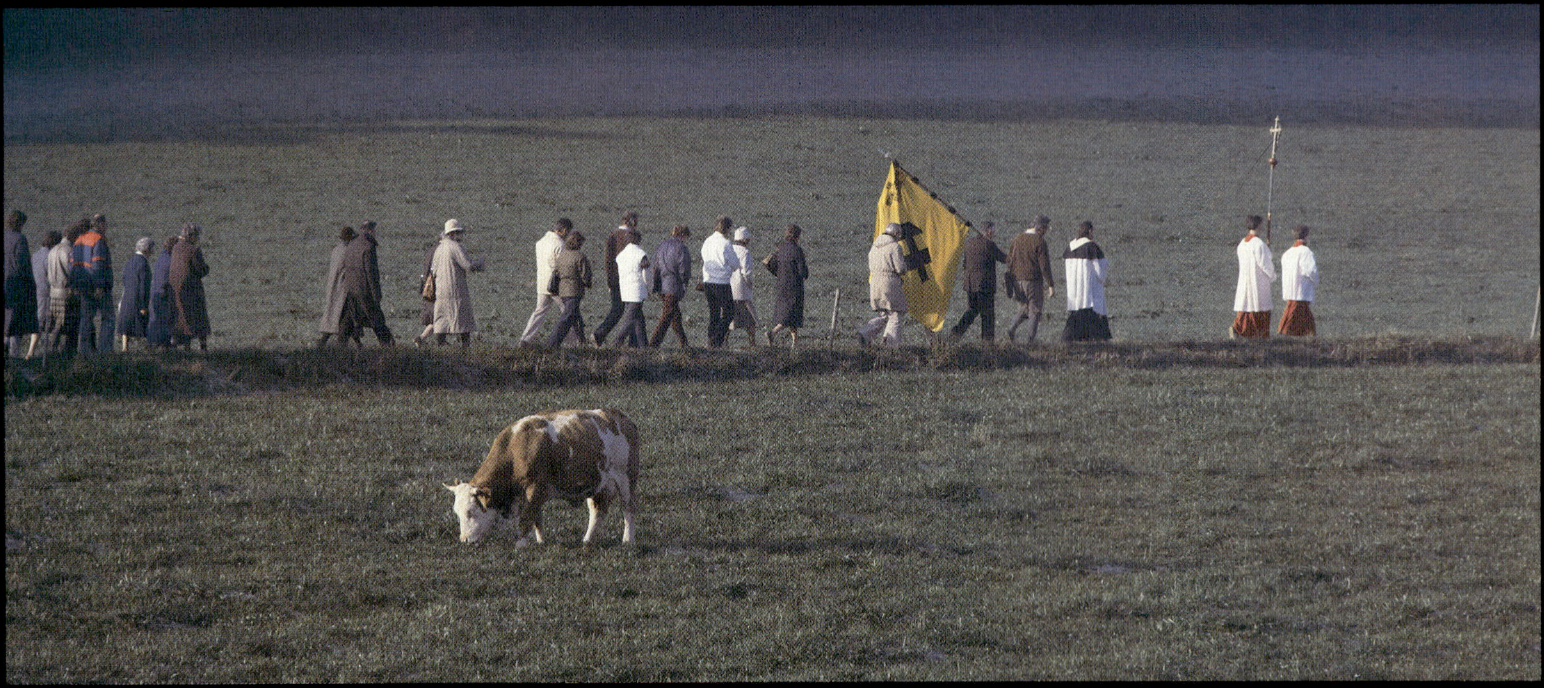

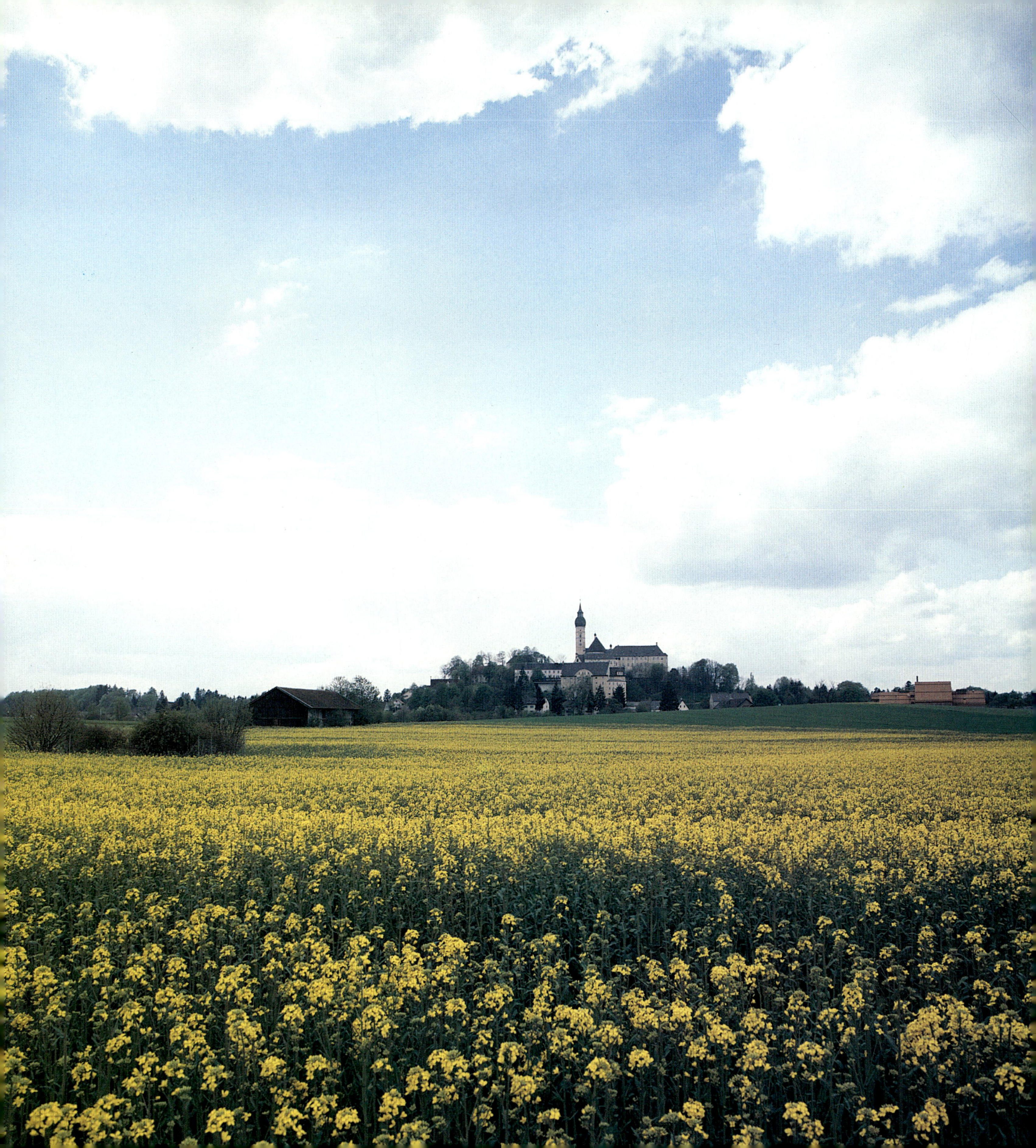

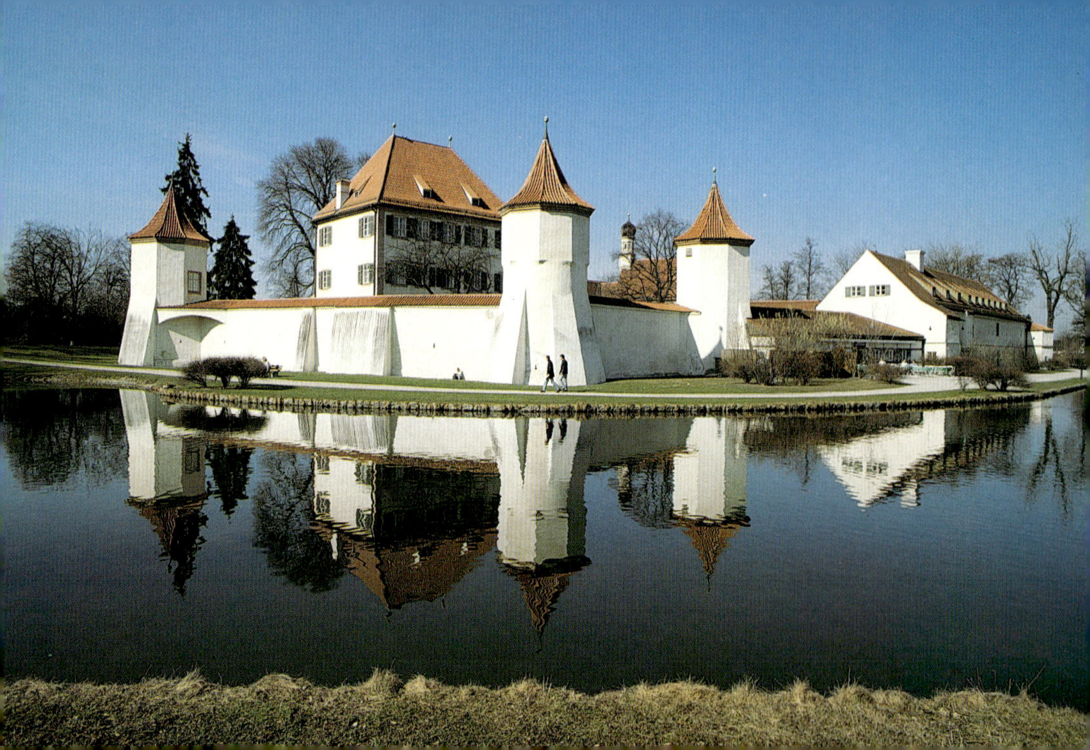

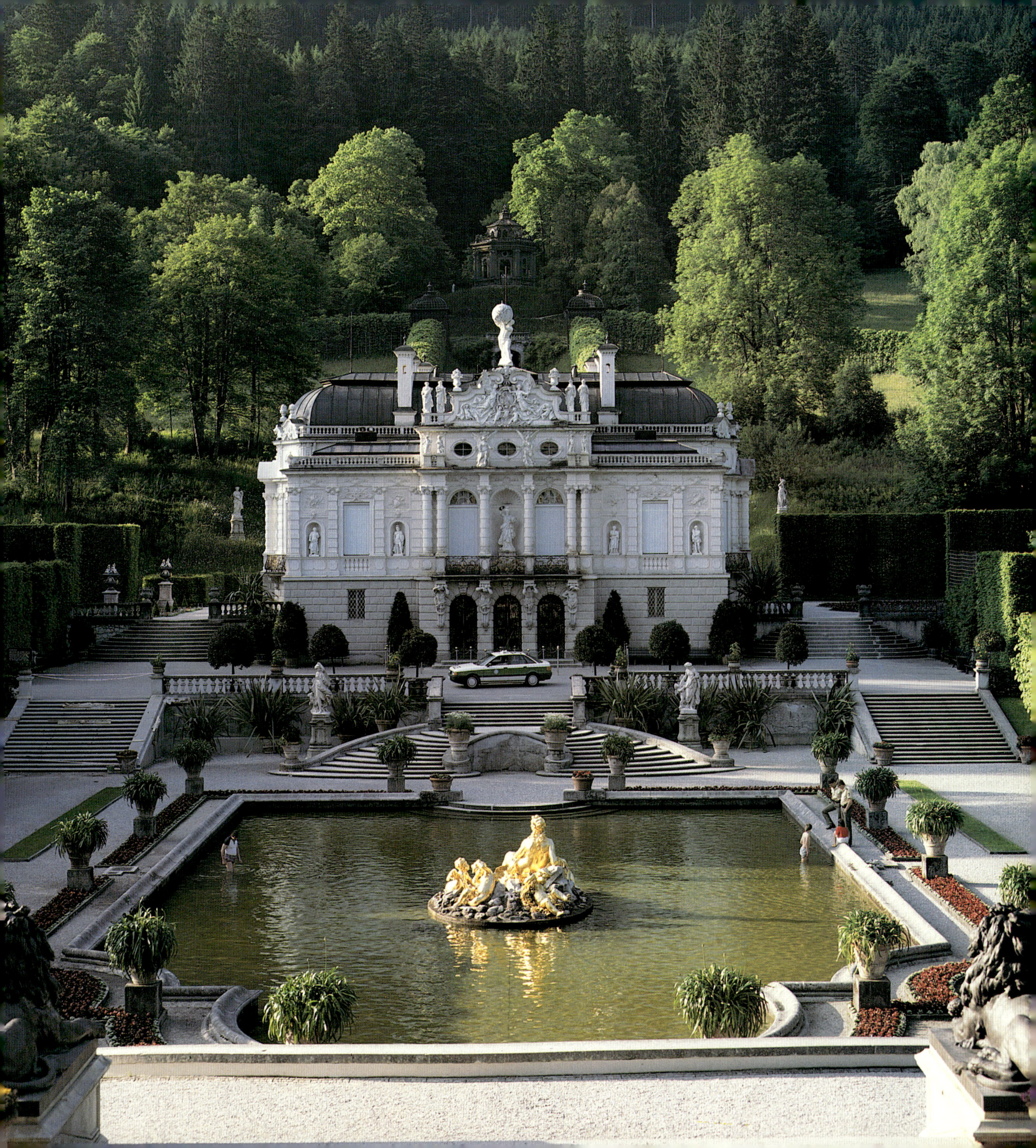

"Typisch bayerisch"?

Die Gegend um Traunstein, so sagte ein stolzer Landrat vor ein paar Jahren in einem Interview, sei ein gesegnetes Fleckchen Erde mit herrlicher Landschaft, sauberen Gewässern, hübschen Dörfern und wertvollen Kulturdenkmälern. Zudem verfüge es über ein vielseitiges Freizeitangebot. Hier könne man Skifahren, Wandern, Baden, Segeln und auch das Reiten erhalte als Breitensport immer größere Bedeutung. Hallen würden gebaut, Reitwege angelegt, Vereine entstünden und schließlich gebe es das „neue oberbayerische Freizeitpferd, den Arabo-Haflinger".

Wo es sogar ein eigenes oberbayerisches Freizeitpferd gibt, kann wahrhaftig niemand mehr sagen, es werde nicht genug für den Fremdenverkehr getan. Eher zu viel. Jedenfalls ist der Tourismus im Chiemgau zum wohl wichtigsten Wirtschaftszweig geworden. Den Besuchern gefällt es hier, mitten in Oberbayern - weil alles so „typisch bayerisch" ist ...

Typisch bayerisch? Was ist das eigentlich? Und wie äußert es sich - außer darin, daß in einer bestimmten Sorte von Witzen immer der typische Bayer dem typischen Preußen eins auswischt. Was ist etwa am Chiemgau so typisch bayerisch? Wer diesen Fragen nachgeht, bekommt erstaunliche Antworten.

Besiedelt war das Land zwischen Inn und Isar schon vor drei- oder viertausend Jahren. Von wem, weiß keiner so genau, aber auf keinen Fall waren es Bayern, die die regen Handelsbeziehungen bis hinauf an die Nord- und Ostsee und hinunter zum Mittelmeer unterhielten. Um 500 vor Christus kamen die Kelten und vermischten sich mit der ansässigen Bevölkerung. Kurz vor der Zeitenwende marschierten die Römer ein und machten das Land um den Chiemsee zu einem Teil ihrer Provinz Norica.

Die Anfänge von Traunstein fallen in diese Zeit; es ging aus einer kleinen Siedlung hervor, die an der Römerstraße von Salzburg nach Augsburg lag. Als der Verkehr auf dieser Straße weitgehend zum Erliegen kam, weil das Römische Reich zerbröckelte, erschienen - fast möchte man sagen: endlich - die Bajuwaren. Waren das die echten Bayern? Also, Germanen waren sie, Nachkommen der Markomannen; aber ihr Name weist auf eine Herkunft aus Böhmen hin. Aus Böhmen?.. das wird der typische Bayer nicht gern hören.

Die Wissenschaft versucht das Herkunftsproblem der Bayern neuerdings nicht mehr stammesgeschichtlich zu lösen, sondern sprachgeschichtlich. Irgendwann, spätestens nach der Mitte des ersten nachchristlichen Jahrtausends, so nimmt man an, müssen die Einwanderergruppen eine gemeinsame Sprache gesprochen haben.

Bayern wurden sie also, weil sie sich bayerisch unterhielten - zumindest in den altbayerischen Stammlanden, Oberbayern, Niederbayern und Oberpfalz. Überall vielleicht ein wenig anders, aber nach und nach immer ähnlicher - ein frühes Bayerisch.

Die Agilolfinger, das im achten und neunten Jahrhundert in Altbayern herrschende Adelsgeschlecht, lud den Bischof von Worms, den inzwischen heiliggesprochenen Rupertus, mitsamt seinen fränkischen Helfern ein, die bayerischen Untertanen zu missionieren. Rupert wurde zum Patron von Salzburg - und noch heute heißt ein Teil des Landkreises Traunstein Rupertigau, weil diese „typisch bayerische" Gegend nämlich bis ins hohe Mittelalter gar nicht zu Bayern gehörte, sondern zum ehedem fürstbischöflichen und heute österreichischen Salzburg.

Zweihundert Jahre nach Ruperts Mission überschwemmten die Ungarn das Land und sorgten erneut für eine Blutauffrischung. Und auch danach sind noch viele Auswärtige durchgereist und haben ihre Spuren hinterlassen. Oder sind sogar geblieben.

Zum Beispiel in Traunreut, der jüngsten Stadt des Chiemgaus. Sie wurde nach dem letzten Weltkrieg gegründet, als neue Heimat für die Flüchtlinge aus dem Sudetenland, aus Schlesien, von den Küsten der Ostsee, aus Siebenbürgen, aus dem Banat. Und ihre Kinder sind inzwischen auch Bayern. Sie arbeiten in der Industrie, in der Landwirtschaft, in der Viehzucht....

Ach so, richtig! Wenn man von der Viehzucht im Chiemgau spricht, darf man auf keinen Fall die Pferde vergessen. Sie sind zwar kein ausgesprochen wichtiger Geschäftszweig, aber zum Landschaftsbild tragen sie auf´s Schönste bei. Das typischste Perd für diese Gegend ist der blondmähnige, schwere Haflinger. Früher hat man ihn vor allem als Trag- und Zugpferd eingesetzt, aber inzwischen ist er in dieser Rolle fast ganz vom Traktor verdrängt worden.

Zum Reitpferd war er nicht unbedingt geeignet, dazu bräuchte er einen flotteren Gang, eine bessere Sattellage, einen schlankeren Hals. Also hat man ihn mit anderen Rassen gekreuzt, unter anderem mit Arabern.

Herausgekommen ist ein Pferd, das schlank und blond, temperamentvoll und gutmütig ist - eben der Arabo-Haflinger. Typisch bayerisch.   HB

Der reine Stoff

Der Sepp hat mit einem Preußen gewettet, daß er zwanzig Maß Bier nacheinander auf Ex austrinken kann. Wie er es aber vormachen will, hat er böse Schwierigkeiten. Ab der zehnten Maß wird er immer langsamer, bei der fünfzehnten verschluckt er sich, danach beginnt er zu schwanken und bei der achtzehnten gibt er mit den Worten auf: „Sowas... derweil hab ich´s grad vorher noch ausprobiert".

Ein blöder Witz. Nicht nur, daß verhältnismäßig wenige Oberbayern Sepp heißen, es gibt auch kaum welche, die ständig damit beschäftigt sind, Rivalitäten mit Norddeutschen auszutragen. Vor allem aber ist das unglaublich zünftige Bild von dem depperten Bayern, der immer mit der Lederhose herumläuft, schuhplattelt, Radi und Brezen in sich hineinwürgt und eimerweise Bier schluckt, ein Zerrbild. Es eignet sich halt für Witze und in (wohlgemerkt: für Touristen inszenierte) Bauernkomödien lassen sich damit immer wieder Lacher erzielen.

Der Bayer trinkt so gern Wein wie der Hesse, und dem Leipziger schmeckt eine Maß im Biergarten so gut wie dem Dachauer. Wahrhaft tröstlich ist es, zu erfahren, daß der Rekord im Bierschnelltrinken von einem Schweden gehalten wird, der im Münchner Hofbräuhaus eine gut eingeschenkte Maß in 4,4 Sekunden geleert haben soll. Grauenhaft! Das hat mit der Trinkkultur, die sich in einem Land mit einer so langen Brautradition wie Bayern, zwangsläufig entwickelt haben muß, rein gar nichts zu tun.

Zwar sollen auch die alten Ägypter schon irgendeine Sorte Bier hergestellt haben, aber das dürfte ein von dem unsrigen stark verschiedenes Getränk gewesen sein. Denn dazu braucht man Hopfen, und als Geburtsort des Hopfenanbaus gilt das oberbayerische Geisenfeld. Seit dem 7. Jahrhundert wird dort der "humulus lupulus" kultiviert. Es liegt im Norden Oberbayerns, in der Hallertau, dem größten Hopfenanbaugebiet der Welt. So viel wird dort inzwischen jedes Jahr geerntet, daß man, gäbe es keine Erntemaschinen, ungefähr 200.000 Hopfenzupfer einsetzen müßte.

Wo der Rohstoff vorhanden ist, dort wird man ihn auch verarbeiten. Zuerst vielleicht auf´s Geratewohl. Aber bald schon nach geregeltem Handwerksbrauch. Am Südrand der Hallertau, auf dem Klosterberg Weihenstephan bei Freising, steht "älteste, noch bestehende Braustätte der Welt". Im Jahr 1040 soll sie schon in Hochbetrieb gewesen sein. Zwar sind Urkunden, die dies bezeugen sollten, entweder nicht vorhanden oder höchst dreiste Fälschungen aus dem 17. Jahrhundert.

Doch allzuweit dürfte der Fälscher nicht daneben gelegen haben. Denn was hätten Weihenstephaner Klosterbrüder und Freisinger Bauern in ihren für das 9. und 10. Jahrhundert schon nachgewiesenen Hopfengärten anderes ernten sollen als die Würze für das bayerische Bier?

Das Kloster Weihenstephan ist verfallen, seine Brauerei hat überlebt und das Bier wurde akademischer Gegenstand: die Bayerische Staatsbrauerei ist der Lehr- und Musterbetrieb der berühmtesten Ausbildungsstätte für Braumeister auf der ganzen Welt, der Weihenstephaner Braufakultät der Technischen Universität München. Neben diesem Staatsbetrieb gibt es in Oberbayern noch über 300 private Brauereien, in denen über dreitausend verschiedene Biere hergestellt werden.

Ihr jährlicher Ausstoß beträgt über 15 Millionen Hektoliter. Rund 5000 davon werden allein auf dem größten Bierfest der Welt getrunken, auf der Oktoberwiese in München. Bei so vielen Superlativen kann natürlich das älteste Lebensmittelgesetz der Welt nicht unerwähnt bleiben: das Reinheitsgebot, das der Bayern-Herzog Wilhelm IV. anno 1516 zum Schutze seiner Untertanen in München erließ und das seit 1870 in ganz Deutschland gilt. Ihm zufolge darf Bier keine anderen Zutaten enthalten als Gerste, Hopfen und Wasser.

Ein Aufschrei ging durch Deutschland, als der Europäische Gerichtshof in Luxemburg vor wenigen Jahren entschied, daß das Einfuhrverbot für ausländisches Bier, das nicht nach den Vorschriften des Reinheitsgebotes gebraut ist, rechtswidrig sei. Erst recht jede Stammtischrunde in Oberbayern verwandelte sich in ein Expertengremium, jede Wirtshaussitzung in eine Protestveranstaltung. Unschuldige Gastwirte sahen sich wüsten Drohungen ausgesetzt. „Oa Tropfa von dem Zeigl, wenn mir ins Maul neikimmt, dann host mi´ do herin g´seng", rief zum Beispiel Franz K., ein langjähriger Gast des Lokals „Zum blauen Eck" in München dessen Inhaber entgegen.

Er hatte gelesen, daß die ausländischen Biere Reis, Mais, Hirse und Soja enthielten, daß als Färbemittel Karamel und Tatrazin sowie zur Schaumstabilisierung und Konservierung Phosphor-, Milch- und Essigsäure zugesetzt würden, des weiteren proteolytische Enzyme und Schwefeldioxid.

„Schwefe´dioxid - pfui Deife!" wetterte K. und betonte, daß er zwar kein Chemiker sei, „aber a Sondermülldeponie erst recht ned". Als der Wirt einwandte, daß auf jeder Flasche die Zusätze genau angegeben sein müßten, schrie der Gast: „Auf a Flaschen, wo so a Gsöff drin is´, g´hert außen a Dodenkopf drauf!"

In den Gasthäusern landauf, landab wurde das Thema so häufig angeschnitten wie warmer Leberkäs, und mit jeder Halben Bier kam es erneut auf den Tisch. Gelegentlich wurde sogar die Erinnerung an den Volkszorn wach, den König Ludwig I. durch die Erhöhung des Bierpreises auf sich gezogen hatte. Daß sich die Wogen inzwischen einigermaßen geglättet haben, liegt möglicherweise daran, daß Hopfen nachweislich eine beruhigende Wirkung hat. HB

Beschaulichkeit mit einem Schuß Anarchie

Wenn es einen, der aus München kommt, in eine andere Stadt verschlagen hat, mag es zwar sein, daß er sich dort zurechtfindet, sich sogar wohlfühlt. Doch eines wird er vermissen: die Biergärten. Besser gesagt: seinen Biergarten. Für den kann ihm das beste Gartenlokal keinen Ersatz bieten, denn irgendetwas wird ihm fehlen - und sei es jener Schuß Anarchie, den der Münchner Durchschnittsbürger gerade noch verträgt und den er sich im Biergarten von Zeit zu Zeit genüßlich zu Gemüte führen kann.

Damit ist bereits klar, daß der Biergarten nicht nur ein Ort der Stille und der Beschaulichkeit ist. Dazu ist schon die Zusammensetzung seiner Besucher viel zu komplex. Den typischen Biergartengast gibt es überhaupt nicht. Im Seegarten trifft sich ein anderes Publikum als am Chinesischen Turm, beim Aumeister ein anderes als im Hirschgarten. Und innerhalb der Biergärten sind noch einmal ziemlich genau abgrenzbare Bezirke auszumachen, in denen ein jeweils unterschiedlicher Menschenschlag vorherrscht. In der Nähe des Kinderkarussels ist der Treffpunkt der jungen Mütter; dort wo am meisten Betrieb ist, in der Nähe des Ausschanks etwa, stellt sich jene „scene" ein, die die Aufmerksamkeit durch extravagante Frisuren, exotische Accessoires und lautstarkes Balzverhalten auf sich zieht. An den ruhigeren Rändern versammeln sich Studenten, die dazu neigen, beim Weggehen ihre Taschen mit den halbfertigen Seminararbeiten liegen zu lassen, Schachspieler, die genervt sind, wenn sich ausgerechnet unter ihrer Bank zwei Hunde balgen, junge Paare, die sich abwechselnd auf und unter dem Tisch an den Händen fassen und aus einem Krug trinken, sowie Ortsfremde, die sich nicht tiefer ins Getümmel hineintrauen.

Dort aber, im Zentrum des Gesehens, im Auge des Sturms, haben sich die erfahrenen Biergartengänger niedergelassen. Natürlich sind auch sie keine einheitliche Gruppe, aber sie haben vieles gemein: Sie rechnen sich schon bei der Ankunft aus, wohin die Kastanie ihren Schatten in zwei Stunden werfen wird, sie achten darauf, daß sie weit genug von den Geräuschquellen Kinderspielplatz und Maßkrugwaschtrog entfernt sind und sie wollen auf jeden Fall noch eine gute Aussicht auf jene Leute haben, die nur deshalb gekommen sind, um sich anschauen zu lassen.

An diesen begünstigten Stellen also, die einerseits Ruhe bieten und andererseits gestatten, daß man sich unverhohlen seinem Voyeurismus hingibt, lassen sie sich nieder. Dorthin tragen sie ihre Maßkrüge, dort breiten sie die rot-weiß karierten Tischdecken aus, schrauben Kartoffelsalatbüchsen auf, salzen Radieschen und schichten Emmentaler und Leberkäs, in jüngerer Zeit auch Räucherlachs und Parmaschinken auf rustikale Holzbrettchen und machen Brotzeit.

Natürlich hätten sie sich auch an der Selbstbedienung neben der Schänke Schweinswürstl mit Kraut, ein halbes Hendl oder sonst etwas holen können. Aber das hätte nicht ihrer Einstellung zum Biergarten entsprochen. Die Älteren von ihnen wissen noch, daß früher die Bedienung mit dem Getränk unaufgefordert Teller und Besteck an den Tisch brachte - aber, wenn diese Zeiten auch vorbei sind, so bleibt der Biergarten für sie doch ein Ort, zu welchem man seine Brotzeit selber mitnimmt.

Eine Lokalität, die das nicht erlaubt, kann von noch so vielen Kastanien beschattet werden und so viel Bier ausschenken wie sie will - ein Biergarten ist sie nicht! Dementsprechend wird das Essen, das der Wirt anbietet, vorwiegend von den Computerfachleuten und Betriebswirten gekauft, die aus den nahegelegenen Büros auf einen Imbiß vorbeikommen, von den Jungmanagern mit den Aktenköfferchen, die auswärtigen Geschäftsfreunden etwas Originelles bieten wollen, oder - in seltenen Fällen - von ganz normalen Münchnern, die aber gerade Besuch aus Mecklenburg-Vorpommern haben.

Die Auswärtigen zeigen sich gewöhnlich sehr dankbar, essen mit großem Appetit die Spezialitäten, die ihnen vorgesetzt werden und versichern, daß sie alles wunderbar finden. Und dennoch: aus eigenem Antrieb kommen die wenigsten von ihnen in einen Biergarten zurück. Offenbar kann ein Mensch, der einer biergartenlosen Kultur entstammt, hier keine Wurzeln schlagen.

Das ist wohl der Grund dafür, daß ausländische Gäste in den Biergärten verhältnismäßig schwach vertreten sind - und zwar nicht nur die Moslems, denen die Religion den Alkoholgenuß verbietet, sondern auch die Amerikaner, die in hellen Scharen das Hofbräuhaus bevölkern. Wieso kommen sie nicht? Ganz einfach: Das Hofbräuhaus ist berühmt.

Dort, wenn man war - das zählt daheim in Texas oder Kalifornien so viel wie der Besuch des Eiffelturms oder des Vatikan. Die Inselmühle oder der Flaucher dagegen machen weniger her als eine x-beliebige McDonalds-Filiale, denn niemand zwischen Dallas und Pittsburgh hat je die Namen dieser Tratitionsplätze Münchner Bierkultur gehört. Die Ruhe, die der Münchner an diesen Orten sucht, stellt sich auf einer zweiwöchigen Europareise ohnehin nicht ein, und was das Leute-Anschauen betrifft, so gibt es für den Amerikaner im Biergarten viel zu wenig Exoten. Er will schließlich keine

Einheimischen sehen, sondern Eingeborene. Mit Lederhose und Gamsbart, bitte sehr.

Es ist überhaupt erstaunlich, was es im Biergarten alles nicht gibt: Man erlebt keine Raufereien, man sieht kaum Betrunkene und nur ganz selten schließt man neue Bekanntschaften.

Nicht einmal ein Stammgast hat große Chancen, hier ohne vorherige Verabredung Freunde zu treffen. Immer wieder kann man beobachten, wie Einzelwesen mit suchendem Blick durch die Tischreihen mäandern, in der irren Hoffnung, jemand könnte ihren Namen rufen. Gesehen wird höchstens der jungvereheiratete Ehemann mit seinem ersten Seitensprung, - und zwar von seiner Schwiegermutter, die normalerweise nie in den Biergarten geht.

Vielleicht ist das das Geheimnis, das die Menschen immer wieder wie Süchtige unter die Kastanien zieht und die Holzbänke drücken läßt: Eigentlich passiert gar nichts, es ist aber alles möglich.

HB

Warum geht es immerzu bergauf?

Bergsteigen: Aufstehen um viertel nach fünf Uhr früh am Sonntag. Brotzeit einpacken. Treffpunkt um sechs Uhr beim Erich. Ulli abholen. 76 Kilometer Anfahrt mit einem VW Käfer auf Landstraßen bis Einsiedl am Walchensee. Bergschuhe anziehen. Rucksack schultern. Los geht's.

1469 Meter Teerstraßen, 2694 Meter Forststraßen, 3682 Meter Wanderpfade gegangen. 8782 Bäume auf der linken Seite, 6277 Bäume auf der rechten Seiten gezählt; davon 425 Bäume mit einem weißen Ring, 276 mit zwei weißen Ringen und 172 mit drei weißen Ringen - je mehr Ringe, desto kranker ist der Baum und sollte gefällt werden. 2865 große und kleine Steine betreten, 52 Kuhfladen umlaufen - zwei zu spät entdeckt. Drei verschlossene Hütten angetroffen. Drei Ruhebänke ausgelassen. In eine Liebeslaube hineingeschaut. Sechs Leute sind uns entgegengekommen, zwei Mountain-Bike-Fahrer sowie vierzehn Bergsteiger und ein Hund haben uns überholt. Eine Statistik beim Aufstieg.

Am Gipfel des Simetsbergs, 1836 Meter über dem Meeresspiegel, sind noch zwölf andere Leute. Eine Salatgurke, zwei Salamibrote, drei Äpfel als Gipfel-Brotzeit gegessen. Kopfbedeckung vergessen. Folge: Sonnenbrand auf der Glatze. Das Gipfelbuch angeschaut. Schon drei Einträge an diesem Tag. Selber vier Seiten ins Gipfelbuch geschrieben. Bergsteigen?

Bergsteigen: Warum stehe ich denn so früh auf? Warum schlafe ich nicht aus? Warum habe ich gestern nicht Nein gesagt, als Erich mich anrief? Warum ist denn das Aufstehen so anstrengend? Habe ich auch nichts vergessen? Geld? Schuhe? Regenbekleidung? Brotzeit? Ist es richtig, daß wir mit dem Auto fahren? Wäre eine Anfahrt mit dem Zug nicht umweltbewußter? Warum hat die Bundesbahn so schlechte Zugverbindungen ins Gebirge? Warum bin ich so blöd und schleppe meine 66 Kilogramm Körpergewicht bis auf 1836 Meter hoch? Warum bin ich nicht daheim im Bett liegengeblieben? Warum ist das Aufwärtsgehen so anstrengend?

Warum geht es immerzu nur bergauf? Warum muß ich so schnaufen? Warum mache ich das? Warum bin ich nicht zum Baden gefahren? Warum liege ich jetzt nicht am Ostersee unter einem Baum im Schatten? Warum geht das immerzu bergauf? Warum mache ich das? Bergsteigen??

Bergsteigen: Eine Schnecke sitzt auf einem Blatt und streckt und räkelt sich. Eine junge Blindschleiche liegt in ihrer Morgenstarre da. Ein Murmeltier läuft über die Wiese. Blaue Enzianblüten am Wegrand strahlen mich an. Ein rotbrauner Schmetterling tanzt von einer Blüte zur nächsten. Ich rieche ununterbrochen reinste Bergluft, ein Gemisch aus Tannennadeln- und Moosgeruch, Blumen- und Kräuterduft. Welch himmlische Ruhe. Ein Kuckuck ruft. Ich trinke aus einer

Quelle glasklares Wasser. Es gibt keine schönere Brotzeit, als nach anstrengendem und kraftraubenden Anstieg auf einem Berggipfel.

Und der Ausblick. Oberbayern liegt mir zu Füßen. Gegenüber der Herzogstand. Und in der anderen Richtung sehe ich die mächtigsten Gipfel der Alpen, hochgewuchtete Felsmassen, Schnee, grausilber glänzende Gletscher und hellblau strahlendes Eis. Und dazwischen immer wieder das Grün von Tannen, Fichten und Latschen. Dort das Grün von Buchen und dort ein Eichenwald. Ich sehe das Karwendelgebirge und Deutschlands höchsten Berg, die Zugspitze. Ich sehe den Ammersee und den Starnberger See. Und ich sehe den Smog über München.

Ich schaue auf den tiefgrünblauen Walchensee herab und sehe weiße und rote und gelbe Miniaturen von Segelbooten und Surfern. Ich blicke in den Pfaffenwinkel, majestätisch überragt vom Peißenberg, dort eine Kirche und dort noch eine Kirche mit einem grünen Zwiebelturm. Dort am Hügel eine Ortschaft und dort ein Bauernhof. Dort eine weiß-gelb-lila-grüne Bergwiese mit braun-weißen und schwarz-weißen Kühen. Ganz leises Glockengebimmel. Rote Dächer, weiße Häuser und immer wieder grün unter strahlend blauem Himmel. In meinem Kopf sehe ich Bilder von Gabriele Münter und Franz Marc.

Das Murnauer Moos, das mit seinen 32 Quadratkilometern Deutschlands größtes Moorgebiet ist, glänzt in grünen Pastellfarbtönen, dunkelgrün und hellgrün und olivgrün und wiesengrün und moosgrün und tausenderlei grün, dazwischen gelbbraune und dunkelbraune Hütten. Und dort die Auenlandschaft der jungen Isar mit sattgrünen Weiden und Bäumen am Ufer. Dort ein Kapelle, dort ein Schloß. Schmale Wege, Pfade, Straßen. Mir fallen die Worte des Bergfex Werner Mittermeier ein: „Die Liebe zu den Bergen und der Natur ist es, die uns hinauslockt in den Wald und hinauf zu den Gipfeln. Was gibt es Schöneres, als auf einer schattigen Ruhebank im Wald zu dösen oder still nachzudenken, über die kraftspendenden Wunder der Natur und den, der sie mit Liebe für uns gemacht hat?"

Gipfelglück: ein weiter Blick ins oberbayerische Paradies. Bergsteigen! WP

Der Ober sticht den König

Der Charakter von Menschen in einer Gegend drückt sich in vielerlei aus: in der Kleidung, beim Essen, im Umgang mit Fremden und Tieren, in der Sprache, in der Organisation der Arbeit oder im Rollenverhalten in der Familie. Alleinige Seismographen für zutiefst verwurzelte Seelenzustände sind das aber nicht. Um Einblick in die wirklich echten Gefühlslagen von Menschen zu bekommen, werden auch Situationen wichtig, die nicht zum täglichen „Muß" gehören. Was machen Oberbayern, wenn sie Kurzweil, Spaß und Frohsinn suchen? Viele - Männer wie Frauen - spielen mit Karten.

Die beliebtesten Kartenspiele in Oberbayern sind Schaffkopf und Watten. Beide haben das gleiche aufmüpfige Mutterspiel namens „Karnöffel". Beim Schaffkopf - der Name kommt daher, daß früher auf Schaffen, also Fässern „gekofftert", also gespielt wurde - „stechen der Ober und der Unter den König und den Papst". Diese neue Regel, die Landsknechte um das Jahr 1500 herum erfanden, stellte die mittelalterliche Gesellschaft auf den Kopf und bedeutete: Revolution.

Nicht mehr der König war der Ranghöchste, sondern die Ober und die Unter, jene beiden Karten auf denen im „deutschen Blatt" (Eichel, Grün, Herz und Schellen) Offiziere- und Unteroffiziere in Rüstung oder Waffenrock prangen, standen über dem König. Und so war das Spiel nicht nur Spiel, sondern auch Politik und Volksbildung. Auf diese äußerst raffinierte Weise brachten die subversiven Landsknechte den Bauern,

Handwerkern und Knechten, die ja weder lesen noch schreiben konnten, unterhaltsam und spielerisch bei „wo's lang geht". Und aus dem Spiel wurde durchaus Wirklichkeit: Die neue „Spielregel" war mit ein Treibstoff für Bauernaufstände und frühe Demokratiebewegungen aller Art.

Bis heute - und da kommt das konservative Element der oberbayerischen Seele zum Tragen - haben die Spielkarten das alte Aussehen behalten. Wenn heute in einer Gastwirtschaft in Oberammergau, in Rosenheim oder Ingolstadt vier Spieler zum Schaffkopf zusammenkommen, schauen sie den langhaarigen Eichel-Ober mit Schwert und Schild bewaffnet an wie ehedem. Und auch der Gras-Ober mit Dreispitz und Trommel, der Herz-Ober mit dem Federbuschen oder den Schellen-Ober mit dem Schwert an der Hand erinnern an die einstigen Spiele-Erfinder.

Wirtshausgäste erkennen Gaststuben, in denen viel Schaffkopf gespielt wird, daran, daß an der Wand die vier Ober und vier Unter prangen, eingerahmt und mit Datum und Namen von jenen Spielern versehen, die das so seltene Glück hatten, in einem Spiel alle acht höchsten Trümpfe auf die Hand bekommen zu haben: nach der Wahrscheinlichkeitsrechnung alle zehn Millionen Spiele einmal - so oft wie ein Sechser im Lotto. Klar, daß die Glückskinder nach so einem Blatt die Schaffkopfrunde freihalten müssen.

Urig wie die Spielregel ist auch die blumige Schaffkopfersprache. Da ist von einem „Blumenstöckerl" oder einer „Blaukrautfrau" die Rede. Da wird die „Hur aus dem Pfarrhof rausgelassen" und ein „Brunzkarter" muß gelegentlich einspringen, wenn jemand zum Bieseln geht. „Der Hund stopft's", die „Kugelbauer-Theres" und „Oberpumpelmoser" sind alles Ausdrücke für ein und dieselbe Karte: die Schellen-As. Ähnlich geheimnisvoll ist Fachsprache beim Watten.

„Maxe", „Belli", „Spitz" oder „Soacher" heißen die drei ständigen und alles überragenden Trümpfe, also der Herz-König, der Schellen-Siebener und der Eichel-Siebener. Beim Karnöffel waren das einst der König, der Papst und der Gegenpapst.

Watten wird oft als „Bayerisch Poker" bezeichnet und dieser Ausdruck paßt. Denn bei diesem Spiel kommt es darauf an, den Gegner an der Nase herumzuführen. Fast alles ist erlaubt: bescheißen, in die gegnerischen Karten „luren", dumm daherreden oder Grimassen schneiden. Die gehören zur „nonverbalen" Fachsprache, mit der sich die Spielparteien über ihren Trumpfbestand informieren.

Der Herz-König wird mit einem angedeuteten Busserl bedeutet. Beim Schellen-Siebener gilt's das rechte Auge zu kneifen. Der Eichel-Siebener wird mit dem linken Auge geblinzelt. Die nächstfolgenden Trümpfe, „Schläge" genannt, bringen die Schultern ins Schaukeln. Und dann gibt's ja noch die Hand. Die geballte Faust bedeutet Trumpf-As und der abstehende Daumen Trumpf-König. Wer also in einem Wirtshaus vier Leute mit nervösen Zuckungen an Kopf und Gliedern beobachtet, weiß, da wird „gewatt".

Daß die Oberbayern so gern Watten als auch Schaffkopf spielen, mag ein Hinweis darauf sein, daß sie beim Kartenspiel und im richtigen Leben eigentlich eine feste Hierarchie mit einem „Ober" an der Spitze schätzen. Das erklärt ihren Respekt gegenüber der Obrigkeit, die Liebe und einstige Treue zum „Kini". Aber insgeheim leben hängen sie wohl immer noch einer aufmüpfigen und rebellischen Neigung nach, was sich in der Verehrung eines Wildschütz Jennerwein oder des Räubers Matthias Kneißl ausdrückt: zwei „Untern" die dem König und anderen „G'wappelten" zumindest Nadelstiche versetzten.

WP

„Typically Bavarian"?

The area around Traunstein, said a proud Landrat (District Administrator) a few years ago in an interview, is a blessed spot of earth with a magnificent landscape, pure bodies of water, pretty villages and precious cultural monuments. In addition it has a manifold offering of leisure activities. Skiing, hiking, swimming, sailing are possible and horseback riding is also gaining increasing importance as a popular sport. Riding halls are being built, bridle paths laid out, clubs are founded and finally there is the „new Upper Bavarian recreation horse, the Arabo-Haflinger".

Where Upper Bavaria has a recreation horse of its own, no one can truly say that not enough is being done for tourism. On the contrary too much. In any event, tourism has become the most important economic sector. Visitors like it in this environment, because it is „typically Bavarian"...

Typically Bavarian? What is that actually? And how is this expressed - except in a certain kind of jokes where the typical Bavarian plays a mean trick on the typical Prussian. How typically Bavarian is the Chiemgau, for example?

When one goes into these questions, one gets astonishing answers. The land between Inn and Isar was already settled three or four thousand years ago. No one knows exactly who the settlers were who maintained the lively trade contact up to the North Sea and the Baltic Sea and down to the Mediterranean, but they were certainly not Bavarians. Around 500 B.C., the Celts arrived and mixed with the population residing there. Shortly before Christ, the Romans marched in and made the land around the Chiemsee a part of their Province Norica.

The beginnings of Traunstein date back to this time; it grew out of a small settlement located on the Roman highway from Salzburg to Augsburg. When traffic on this highway largely stagnated because the Roman Empire was in the process of breaking up, The Bajuwarians appeared — one would like to say finally. Were they the genuine Bavarians? They were Germans, descendants of the Marcomanni; but their name points to their origin in Bohemia. Bohemia?.. the typical Bavarian will not like to hear this. Recent scientific research no longer attempts to solve this problem ethno-historically but rather linguistically. At some time or other, at the latest after the middle of the first millennium of the new era, it is assumed, the half-breeds from all sorts of ethnic groups must indeed have finally been able to understand each other. They thus became Bavarians because they spoke Bavarian. And since then, newcomers have had to learn how to speak Bavarian to become indigenous.

In Upper Bavaria a little differently than in Lower Bavaria. Experience proves that this can be mastered in the third generation. The mixing of the Bavarians continued through immigration. The Agilofingers, the ruling Bavarian dynasty in the eighth and ninth century, invited the then - in the meantime canonized - Bishop of Worms Rupertus, along with his Franconian helpers to missionize the Upper Bavarian subjects. Rupert became patron of Salzburg - and still today a part of Traunstein County is called the Rupertigau, because this „typically Bavarian" area did not belong to Bavaria at all until late in the Middle Ages, but rather to Salzburg, now Austrian. Two hundred years after St. Rupert, the Hungarians overran the land and again provided for introduction of new blood. And also afterwards many other foreigners passed through and left their traces. Or even remained here. For example in Traunreut, the youngest city of the Chiemgau.

It was founded after World War II as new home for refugees from the Sudetenland, Silesia, from the coasts of the Baltic Sea, from the Banat. And their children by now are also Bavarians. They work in industry, in agriculture, in cattle breeding. Oh, of course! When one speaks of cattle breeding in the Chiemgau, horses can by no means be forgotten. It is of course not a decidedly important branch of agriculture, but it does lend a beautiful note to the landscape image. The most typical horse for this region is the blond-maned, heavy

Haflinger. Formerly it was employed primarily as pack and draft horse, but since then it has been supplanted almost completely by the tractor. It is not absolutely suitable as a saddle horse, it would have to have a faster gait, a better saddle position, a slimmer neck. So it has been crossed with other breeds, including the Arabians. This has produced a horse, which is slim and blond, high-spirited and good natured - just the Arabo-Haflinger. Typically Bavarian. HB

The pure substance

Sepp bets a Prussian that he can drink twenty quart mugs of beer in succession „at a gulp". He has terrible difficulties demonstrating this, however. After the tenth mug he gets slower and slower, at the fifteenth he chokes, he then begins to stagger and he gives up at the eighteenth with the words: „Gosh, but I tried it out just before." A stupid joke. Not only that relatively few Upper Bavarians are called Sepp, there are also scarcely any who are constantly engaged in carrying out rivalries with North Germans. Above all, however, the incredibly „genuine" image of the dopey Bavaria, who always runs around with the lederhose, schuhplattelt, stuffs himself with radish and pretzels and gulps down beer by the bucket, is a distortion. It is good for jokes and in rural comedies (please note: staged primarily for tourists), it always brings laughs.

The Bavarian likes to drink wine as much as a Hessian (perhaps just not so often), and the Leipziger enjoys a mug of beer in a beer garden just as much as does a Münchner. It is really consoling to learn that the record in fast beer drinking is held by a Swede, who is said to have emptied a well filled mug in 4.4 seconds in the Hofbräuhaus. Horrible! That has nothing to do with drinking culture, which in a land with such a long brewing tradition as Bavaria must necessarily have developed, absolutely nothing. While it is true that the ancient Egyptians produced some kind of beer, it must have been completely different from our beverage, for which one needs hops, and hops culture was born in the Upper Bavarian Geisenfeld. The Humulus lupulus has been cultivated there since the 7th century. It is located in the Hallertau, the world's largest hops-growing area. Presently so much is harvested there every year, that 200,000 hops pluckers would be required if there weren't machines. Where the raw material is present, that is where it is processed. Consequently, right in the neighborhood, namely in the Weihenstephan Monastery, the oldest brewery in the world established in 1040. Documents that prove this either do not exist or are highly adventurous forgeries from the 17th century. But the forgers would not appear to have strayed too far from the truth. After all what would the Weihenstephan monks and Freising farmers have harvested from the hop fields that are proved to have been present in the 9th and 10th century other than the flavoring for the Bavarian beer?

The Weihenstephan Monastery has fallen into ruins, its brewery survives and the beer has become an academic object: The Bavarian State Brewery is the instruction and model establishment of the most famed educational institution for brewmasters in the whole world, the Weihenstephan Brewing Faculty of the Munich Technical University. In addition to this state establishment, there are still more than 300 private breweries in Upper Bavaria, in which over three thousand different types of beer are produced. Their annual output is more than 15 million hectoliters. Around 5,500 of them are drunk at the world's largest beer festival, the Oktoberfest in Munich.

With so many superlatives, the world's oldest pure food law naturally has to be mentioned: the Purity Decree, which Bavarian Duke Wilhelm IV issued in 1516 for the protection of his subjects in Munich and which has been in effect for all of Germany since 1870. It states that beer must contain no other ingredients than barley, hops and water. An outcry echoed throughout Germany when the European Court of Justice in Luxembourg decided that the import prohibition for foreign beer which is not brewed in compliance with the purity decree is illegal. More than ever before every group of steady guests in the taverns in Upper Bavaria turned into a board of experts, every inn session into a protest meeting.

Innocent innkeepers were exposed to wild threats. „Just let one drop touch my tongue, and you will never see me here again", bellowed, for example, Franz K., a longstanding guest of the inn „Zum blauen Eck" in Munich against its proprietor. He had read that the foreign beer brands contained rice, corn, millet and soya, that caramel and tartrazine were added as coloring agents and phosphoric, lactic and acetic acid for stabilizing the foam and preservation, and also proteolytic enzymes and sulfur dioxide. „Sulfur dioxide, that chokes me!" ranted K. and emphasized that although he was no chemist, „I ain't a dump for dangerous wastes either". When the innkeeper intervened that the additives had to be accurately listed on every bottle, the guest yelled: „On any bottles where such junk is in, there has to be a skull and crossbones also!"

In taverns all over, the subject was served up as frequently as warm leberkäse, and with every pint of beer it came back to the table.

Occasionally, memory of the popular rage revived which King Ludwig I had provoked when he raised the beer prices. The fact that the waves of indignation have calmed down somewhat in the meantime is possibly due to the proved soothing effect of hops.

HB

Tranquillity with a touch of anarchy

Whenever someone from Munich has been transplanted to another city and feels at home there and is satisfied, he will nevertheless miss one thing: the beer gardens. Or rather: his beer garden. The best open-air restaurant can be no substitute for it, for a little something will be missing - even if it is that touch of anarchy, which the average citizen just puts up with and which from time to time he enjoys tremendously in the beer garden. This proves that the beer garden is not just a place of quiet and tranquillity. The composition of its guests is much too complex for that. There is no such thing as the average beer garden guest.

In the Seegarten, the guests are completely different from those at the Chinesischer Turm, the guests at the Aumeister differ from those in the Hirschgarten. And within the beer gardens themselves, there are rather clearly differentiated areas, in which differing types of people set the tone. Young mothers congregate around the children's merry-go-round; where the most activity is, let us say in the vicinity of the bar, the „scene" makes its appearance attracting attention with extravagant hairdos, exotic accessories and extremely loud flirting behavior; students gather at the quieter edges, who are prone upon departure to leave their bags with half-finished term papers; chess players, who get nervous when just under their bench, two dogs tussle; young couples, who clasp hands alternately on and under the table and drink from one mug; as well as strangers who don't dare to get more involved in the general hurly-burly.

But there in the center of activity, in the eye of the storm, the experienced beer garden habitués have taken their place. Naturally, they are not a uniform group, but they have a lot in common. As soon as they arrive, they figure out where the chestnut tree will be casting its shadow two hours from now, they make sure that they are far enough from the noise sources, the children's playground and the mug wash trough, and under all circumstances they want to have a good view of those people who have come because they want to be viewed. They take their places at those favored spots which on the one hand offer quiet and on the other hand permit them to indulge unconcealedly in voyeurism. They carry their beer mugs there, spread out red and white checkered tablecloths, screw open potato salad jars, salt radishes and pile up Swiss cheese and meat loaf, lately also smoked salmon and Parmesan ham on rustic wooden platters and take their snack.

Naturally, they could have picked up pork sausages and sauerkraut, half a chicken or something else from the self-service counter next to the bar, but that wouldn't have satisfied their concept of the beer garden. The older among them still remember that formerly the waiters and waitresses brought plates and tableware with the beer to the table without asking — and even though those days are gone forever, the beer garden remains for them still a place where you bring your snack with you - and any place that doesn't permit this is not a beer garden regardless of how many chestnut trees cast their shadows and no matter how much beer is served.

Consequently the food offered by the host is bought primarily by the computer experts and business school graduates who come from the nearby offices for a snack, by the young managers with their briefcases, who want to offer their out-of-town business friends something original, or - in rare cases - by quite normal Munich citizens, who just now have visitors from Mecklenburg-West Pomerania. People from out of town usually display great gratitude, eat the specialities that are placed in front of them with good appetite, and find everything just wonderful. Nevertheless: only a few of them come back on their own initiative. Apparently anyone originating from a culture without beer gardens cannot take root here. That is certainly the reason why foreign guests are relatively poorly represented in the beer gardens — that is, not only the Moslems, whose religion forbids them from enjoying alcohol, but also the Americans, who throng into the Hofbräuhaus in great numbers. Why don't they come? It's quite simple: The Hofbräuhaus is famous. Having been there, back home, in Texas or California, just as much as visiting the Eiffel Tower or the Vatican.

The Inselmühle or the Flaucher make no more impression than just any McDonald's branch, since no one between Dallas and Pittsburg has ever heard the names of these traditional sites of Munich beer culture The peace which the Munich citizen seeks at these places, doesn't occur on a two-week tour of Europe, and as far as gazing at people is concerned, there are much too few exotics in the beer garden. After all, Americans do not want to see locals, but natives. With lederhose and gamsbart, if you please.

It is really astonishing what does not occur in the beer garden. There are no fights, scarcely any drunks and only very rarely does one make new acquaintances. Not even a steady guest has a good chance of meeting friends here without a previous agreement. One can constantly observe how individuals wander through the rows of tables with searching look, in the crazy hope that someone could call their name. At the most the newlywed husband with his first extramarital escapade is seen - by his mother-in-law who usually never visits a beer garden. Perhaps that is the secret which attracts people over and over again like addicts under the chestnut trees and seats them on wooden benches: Actually nothing happens, but everything is possible. HB

Why does it always have to be uphill?

Mountain climbing: Get up at five fifteen on Sunday. Pack lunch. Meeting place at Erich's. Pick up Ulli. 76 kilometers drive with a VW Beetle on country roads to Einsiedl on the Walchensee. Put on mountain shoes. Shoulder rucksack. Off we go. Over 1469 meters of tarred roads, 2694 meters of forest roads, 3682 meters of hiking paths. Counted 8782 trees on the left side, 6277 trees on the right side; 425 trees with one white ring, 276 with two white rings and 172 with three white rings — the more the rings, the more diseased the tree and it should be felled. Stepped on 2865 large and small stones, gone around 52 cow pats—discovered two of them too late. Passed by three closed huts. Left out three benches. Looked into a lovers' bower. Six people passed us going down, two mountain bike riders and fourteen mountain climbers and a dog overtook us. Statistics for the climb.

On the peak of the Simetsberg, 1836 meters above sealevel, met twelve other people. Ate one salad cucumber, two salami sandwiches, three apples for peak lunch. Forgot head covering. Result: Sunburn on the the bald spot.. Looked into the peak book. Already three entries today. Wrote four pages in the peak book myself. Mountain climbing?

Mountain climbing: Why do I get up so early. Why don't I sleep my fill? Why didn't I say no when Erich called me up? Why is getting up so strenuous? Have I forgotten anything? Money? Shoes? Rain apparel? Lunch? Is it right that we drove with the car? Wouldn't traveling by train have been more environmentally conscious? Why does the Bundesbahn (Federal Railway) have such poor train connections to the mountains? Why am I so stupid and carry my 66 kilograms of body weight up to an elevation of 1836 meters? Why didn't I stay home in bed? Why is climbing so strenuous?

Why does it always go uphill only? Why must I puff and pant so much? Why didn't I go swimming? Why am I not lying now on the Ostersee under a tree in the shade? Why does it always go uphill? Why do I do this? Mountain climbing??

Mounting climbing: A snail sits on a leaf and inches and stretches. A young blindworm lies there in its morning rigidity. A marmot runs over the meadow. Blue gentian blossoms on the edge of the path blink radiantly toward me. A red-brown butterfly dances from one blossom to the next. I smell continually the purest mountain air, a mixture of fir and moss scent, flower and herb aroma. What heavenly quiet. A cuckoo calls. I drink from a spring of crystal clear water. There is no lovelier lunch than one after a strenuous and strength-robbing climb to a mountain peak. And the view.

Upper Bavaria lies at my feet. Opposite the Herzogstand. And in the other direction I see the mightiest peaks of the Alps, tremendously stacked rock masses. Snow, grayish silvery glistening glaciers and ice shining light blue. And in between over and over again the green of fir, spruce and dwarf pine. Over there the green of beeches and again an oak forest. I see the Karwendelgebirge and Germany's highest mountain, the Zugspitze. I see the Ammersee and the Starnberger See. And I see the smog hovering over Munich. I look down on the deep greenish blue Walchensee and see white and red and yellow miniatures of sailboats and surfers.

I glance into the Pfaffenwinkel, majestically towered over by the Peißenberg, there a church and again a church with a green onion tower. There on the hill a village and there a farm. Over there a white-yellow-pink-green mountain meadow with brown-white and black-white cows. Very light sound of bells. Red roofs, white houses and over and over again green under a radiantly blue sky. In my imagination I see pictures from Gabriele Münter and Franz Marc. The Murnauer Moos, which with its 32 square kilometers is Germany's largest moor area, shines in green pastel hues, dark green and light green and olive green and meadow green and moss green and thousands of kinds of green, in between yellowish brown and dark brown huts. And there the meadowground landscape of the young Isar with deep green willows and trees on the bank.

There a chapel, there a castle. Narrow ways, paths, roads. I recall the words of the mountain fan Werner Mittermeier: „The love for the mountains and nature is what entices us into the forest and up to the peaks. What is lovelier than to doze on a shadowed bench in the woods or to meditate quietly on the strength-giving wonder of nature and on Him who made it with love for us?" Peak happiness: a further view into the Upper Bavarian paradise. Mountain climbing! WP

The jack trumps the king

The character of people in an area is expressed in many different ways: in the clothing, meals, relations with outsiders and animals, in language, in organization of work, in role playing in the family. They are not the sole seismographs for deeply rooted frames of mind. To obtain an insight into the really genuine emotional state of people, situations are also important, which do not belong to the daily „must". What do Upper Bavarians do when they seek entertainment, fun and merriment? Many - women and men — play cards. The most popular card games in Upper Bavaria is „Schaffkopf". Its defiant mother game is called „Karnöffel". In Schaffkopf - the name comes from the original practice of „koffern", that is playing, on „Schaffen" (casks) — „the 'Ober' (literally, the 'upper', meaning in this case the officer) and the 'Unter' (the lower, that is the soldier or jack or knave) trump the „König" (king) and the „Papst" (literally 'pope', but here the ace).

This new rule, which mercenaries introduced around 1500, turned medieval society upside down and meant: revolution. The king was no longer the highest in rank, but rather the officer and the jack, those two cards on which in the „German card suits" („Eichel" or acorn = clubs, „Grün" or green = spades, „Herz" = hearts and „Schellen" or little bells = diamonds) officers and soldiers are resplendent in armor or uniform, ranked above the king. And so the game was not just a game, but also politics and popular education. In this extremely clever manner, the subversive mercenaries convinced peasants, craftsmen and farmhands, who could neither read nor write, entertainingly and „playfully" what really counted. And reality actually developed from the game: The new „rules of the game" were one of the fuels for farmers' rebellions and early democratic movements of all kinds. Even today, and this is where the conservative element of the Upper Bavarian mentality is apparent - the playing cards have retained their old appearance.

Whenever four players come together in a tavern in Oberammergau, in Rosenheim or Ingolstadt they see the long-haired club officer armed with sword and shield, as in the old days. And the spade officer with cocked hat and drum, the heart officer with the plumes or the diamond officer with sword in hand recall the earlier game inventors.

Tavern guests recognize tavern rooms in which Schaffkopf is played a lot because the four officers and four jacks adorn the wall., framed with date and names of those players, who had the rare fortune of holding all eight highest trumps in their hand; according to the laws of probability this happens once in ten million games -- as often as all six right numbers in Lotto (lottery).

Since Upper Bavarians like to play Schaffkopf, this may be an indication that in playing cards as well as in real life, they like to have a firm hierarchy with an „Ober" at the top. This explains their respect toward the authorities, their love and onetime loyalty to the „Kini" (King Ludwig II, as he is still affectionately called). But secretly they still tend toward a defiant and rebellious attitude as is evidenced in their admiration for the poacher Jennerwein or the robber Matthias Kneißl: two „knaves" who were able at least to pinprick the king. WP

Menschen

Musikgruppe	68	Hallertauer Trachten	74/75
Mittenwald	69	Kanufahrer auf der Isar	76
Trachtentreffen	70	Surfen am Eisbach, München	77
Isartaler Tracht	71	München, Biergarten und Oktoberfest	78/79
Schnablerrennen in Gaißach	72	Bestiensäule, Krypta im Freisinger Dom	80
Bad Tölz, Marktstraße	73	Perchten aus dem Berchtesgadener Land	81

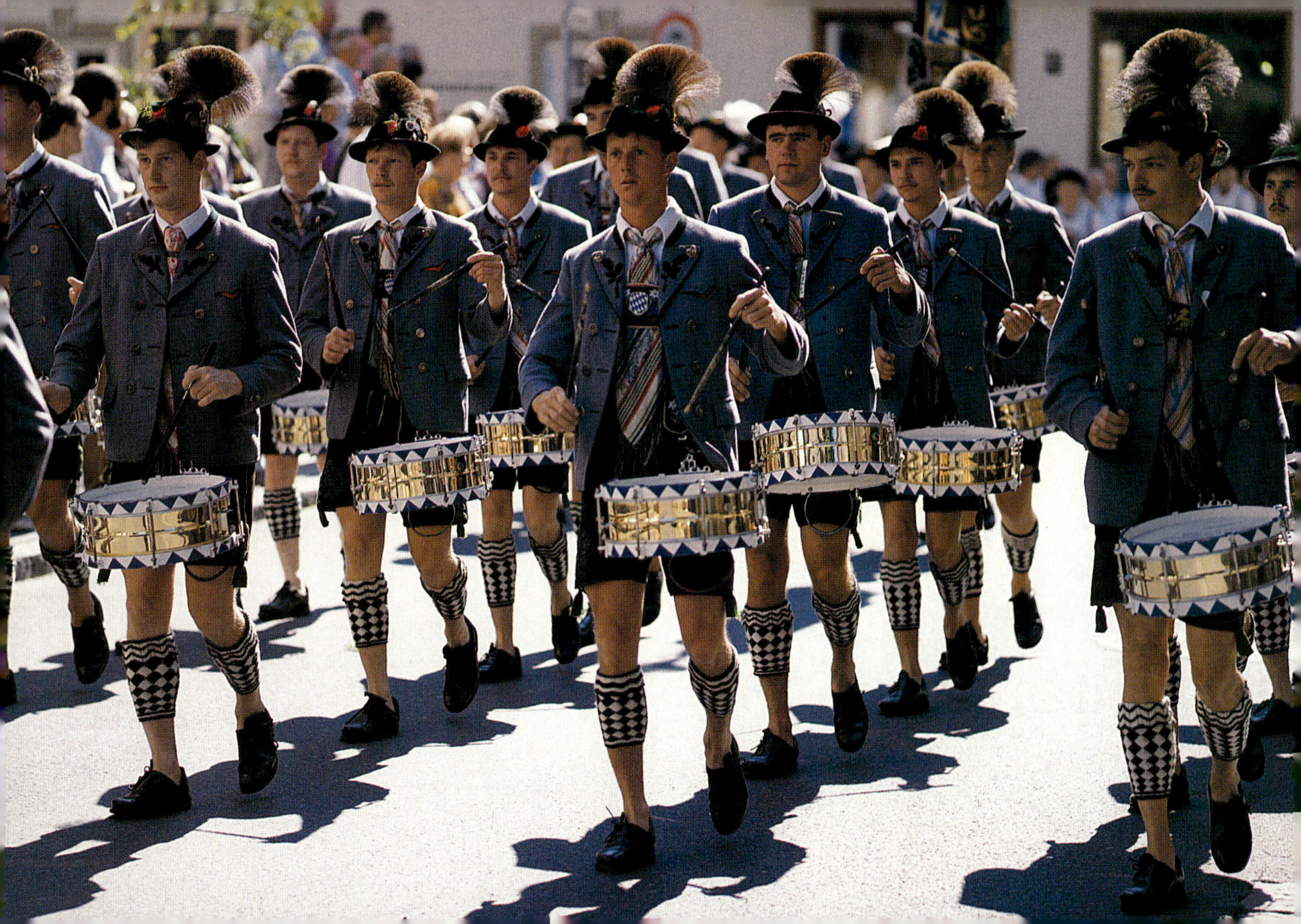

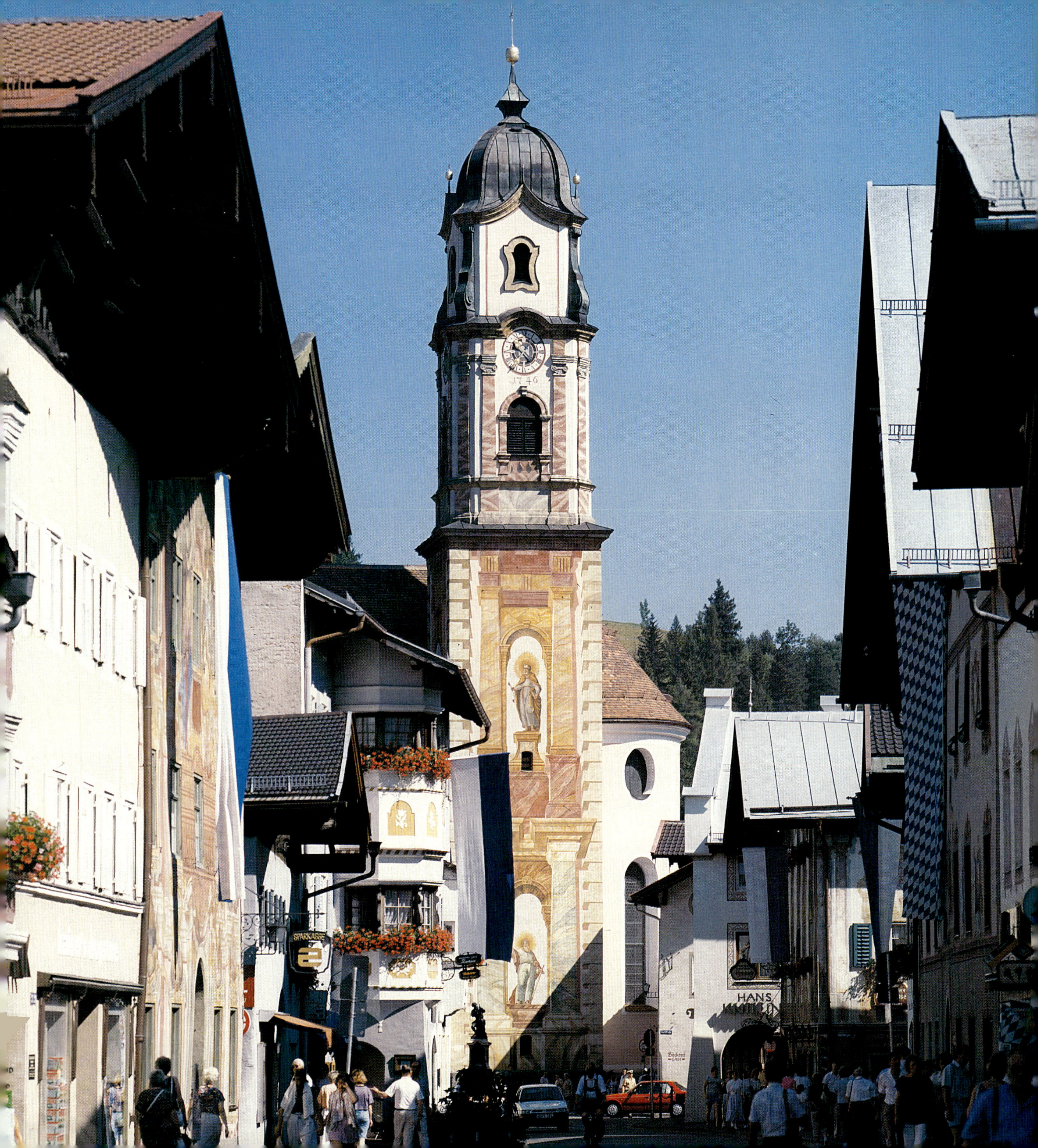
1746
SPARKASSE
HANS

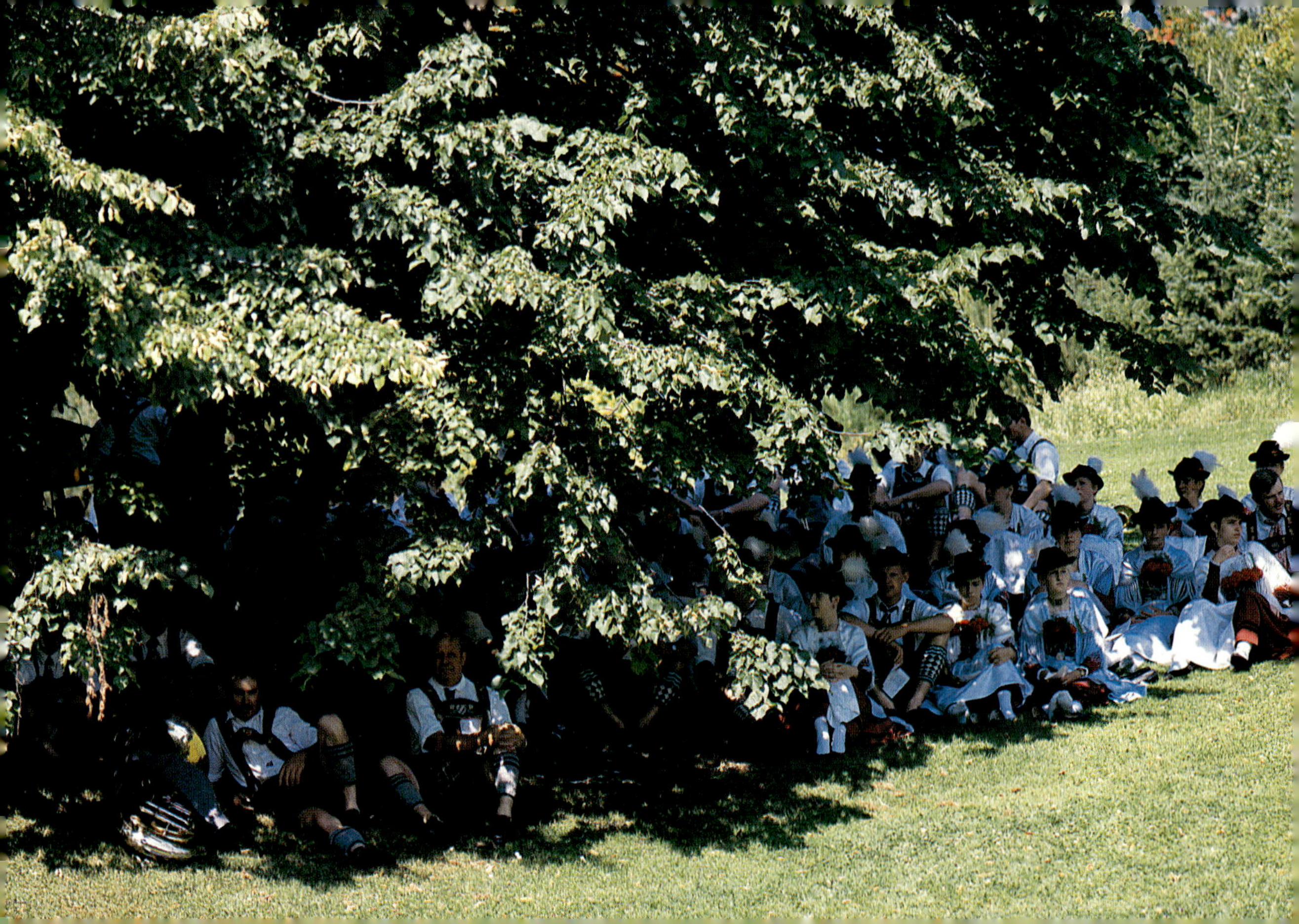

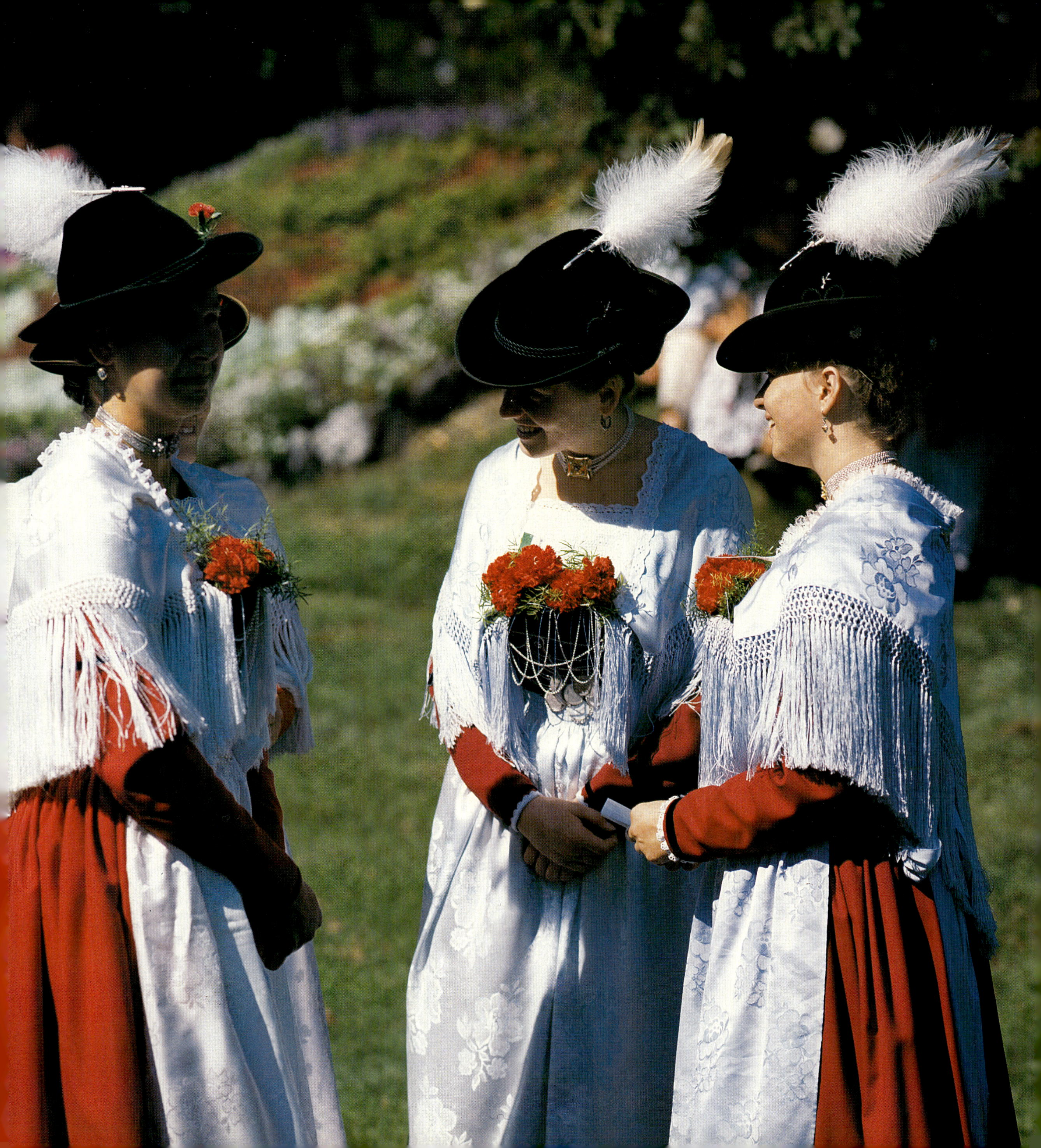

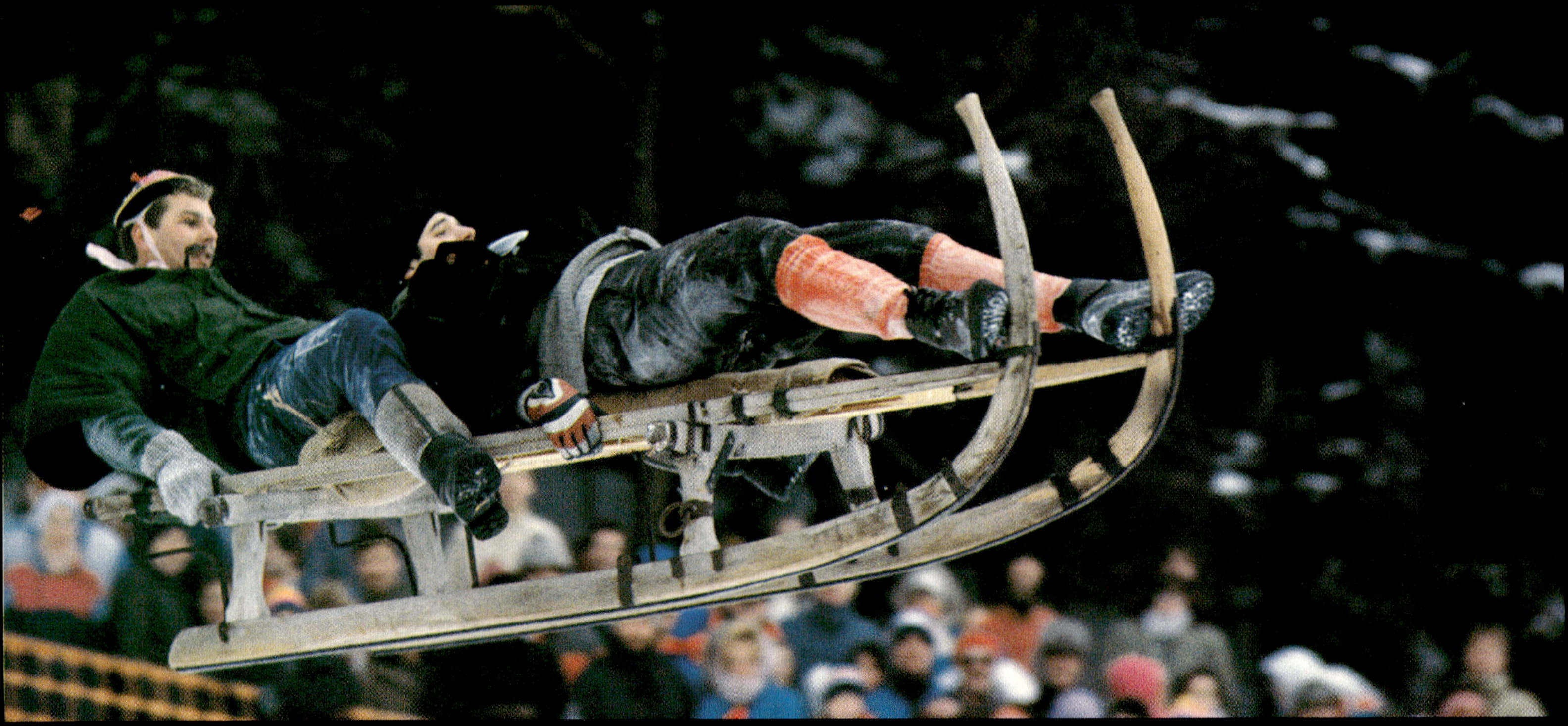

ZONE
Lieferverkehr
von 6 - 9 h
und 18 - 20h frei
Zufahrt zu den
Gottesdiensten
frei

74

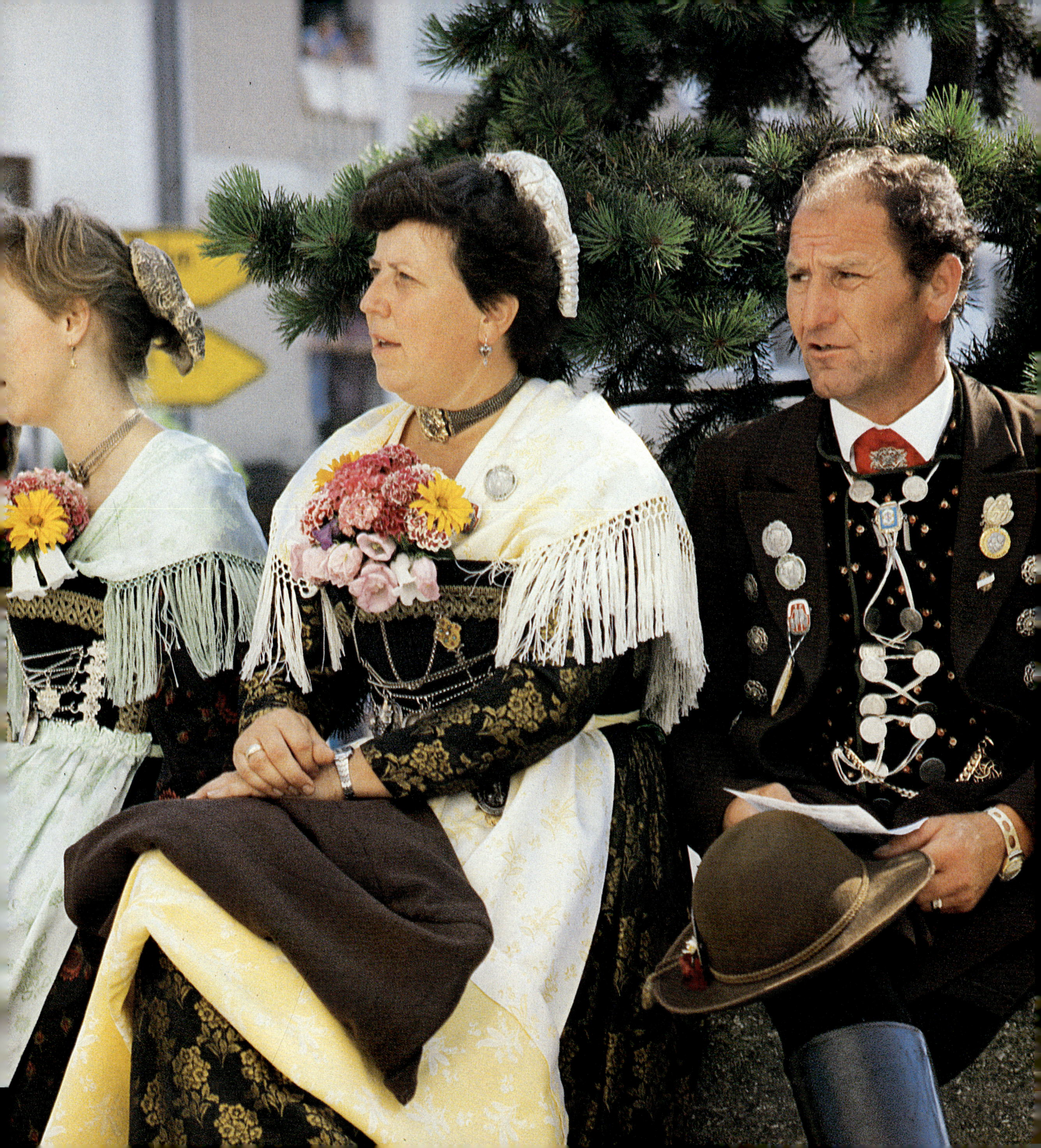

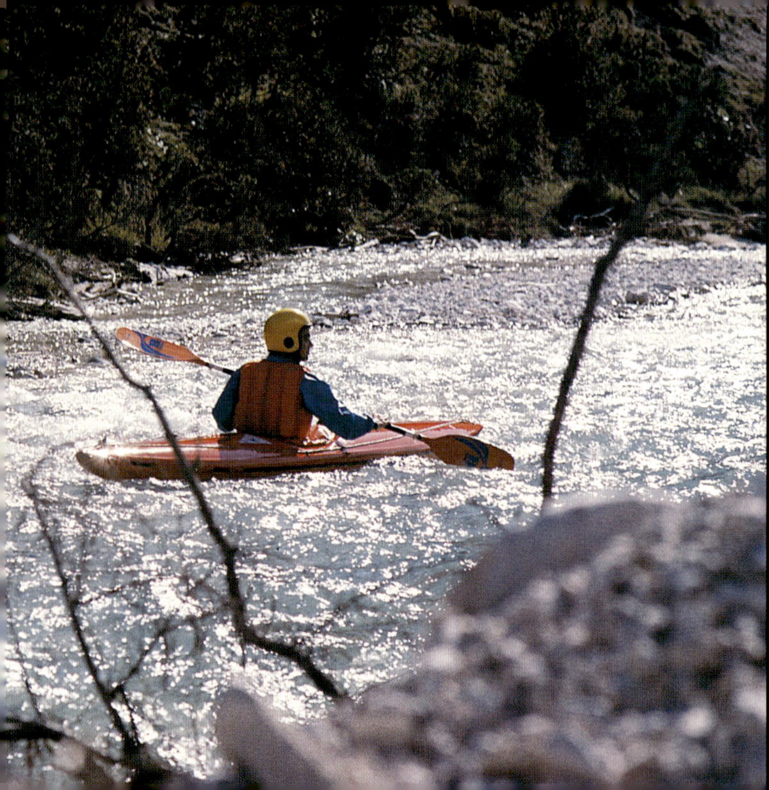

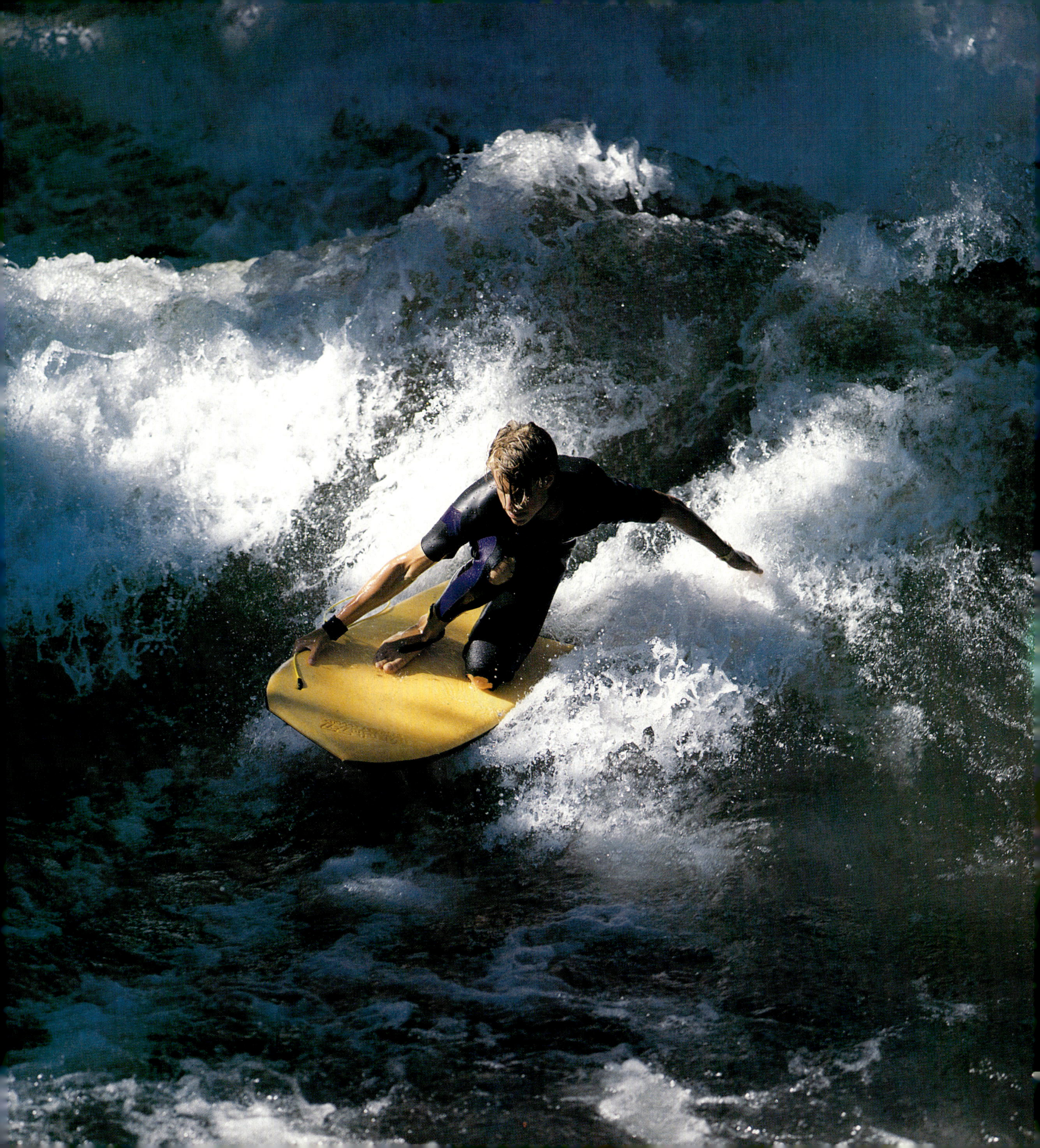

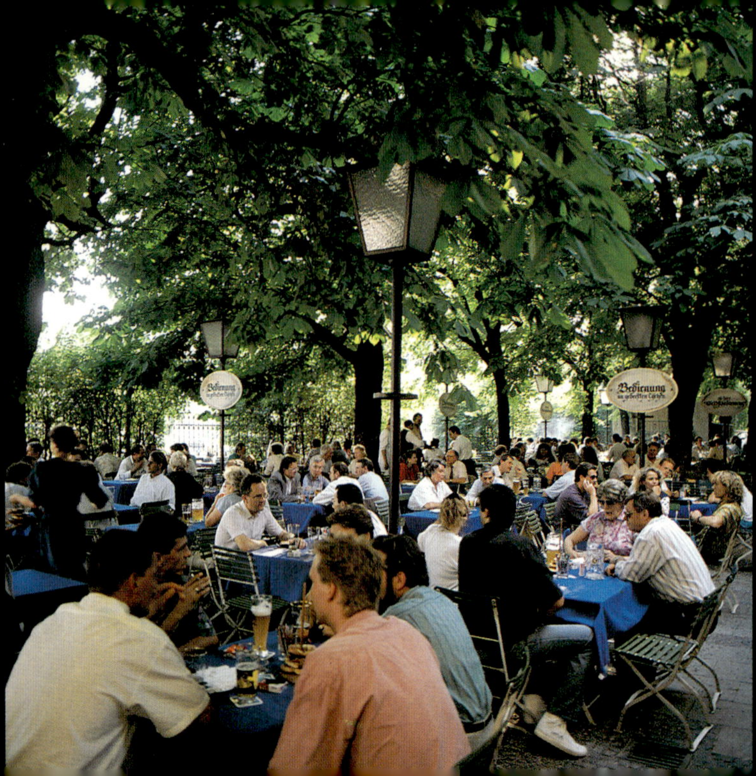
Bedienung

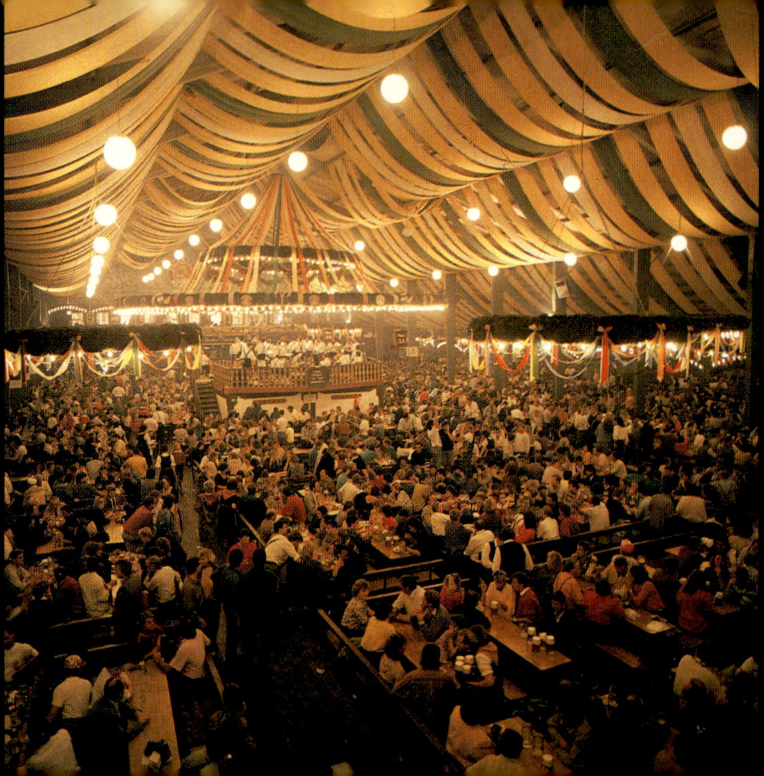

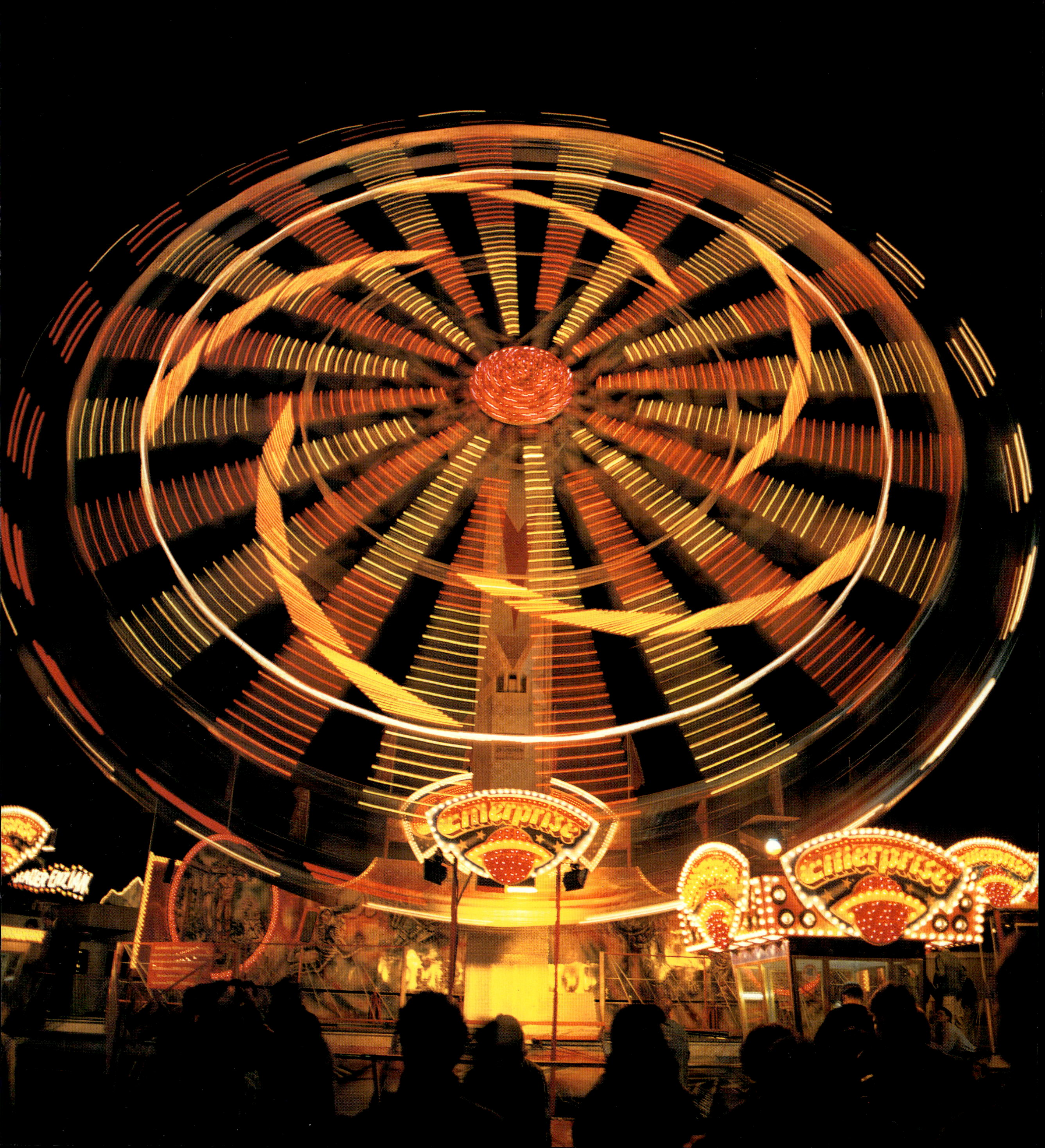
Enterprise
Enterprise

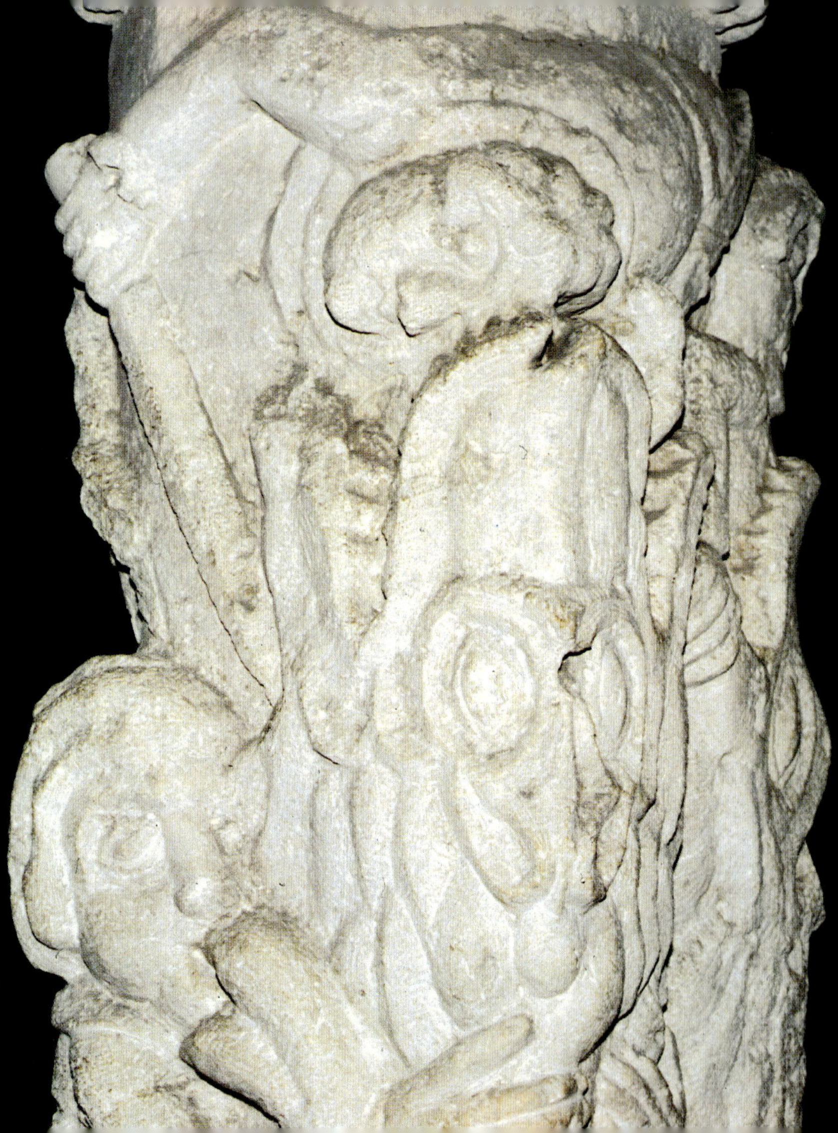

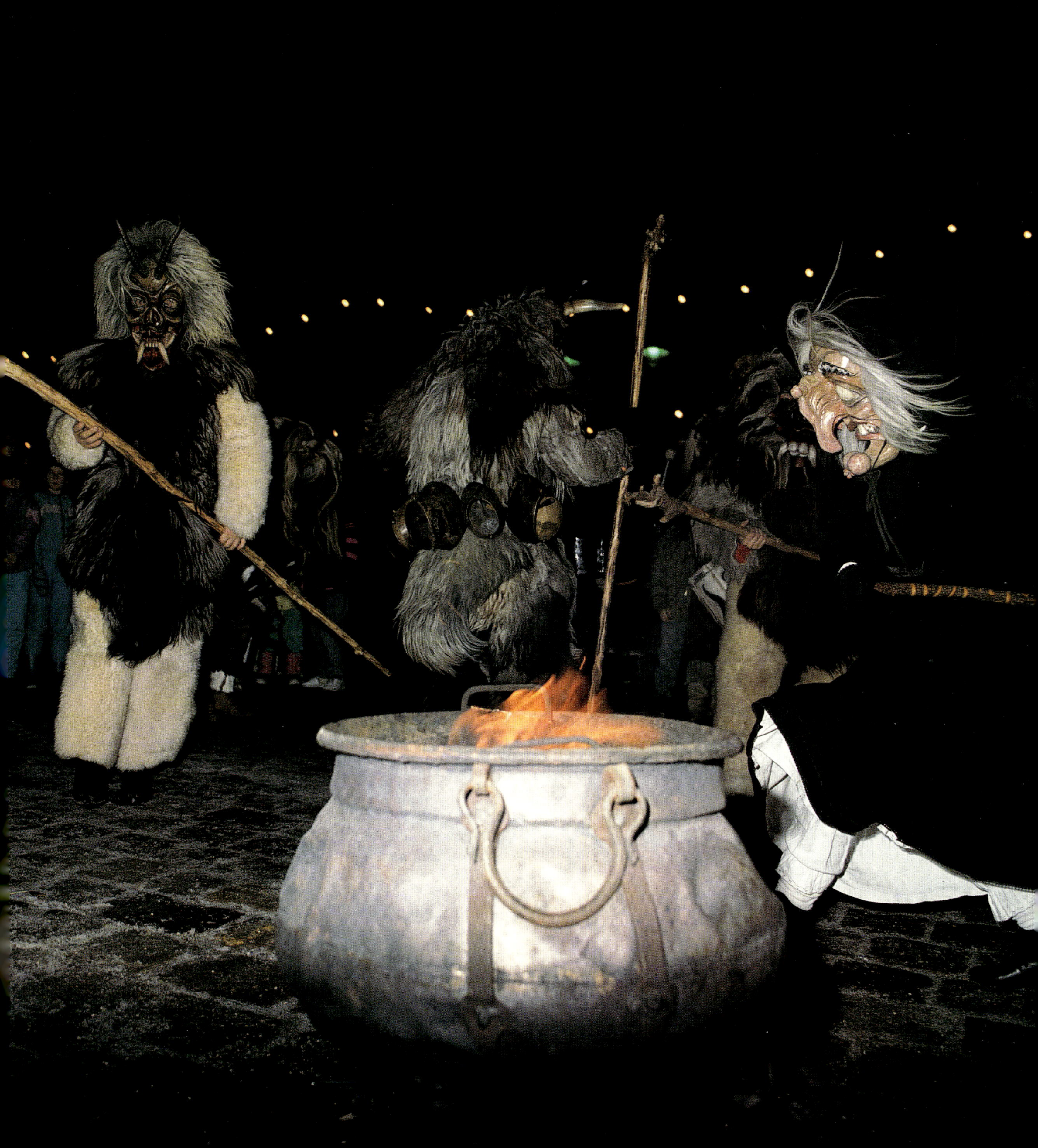

Von Daubn, Ski- und Schneekanonen

„A Maß bitte". Der Biereder Karl gestikuliert mit den Händen und zeigt die Stelle direkt vor der „Daubn" an, auf die der Maier Sepp zielen soll. Der Sepp nimmt kurz Anlauf, zieht am ausgestreckten Arm seinen Stock nach hinten hoch und schleudert ihn mit mächtigem Schwung nach vorne. Mit dem linken Bein knickst er dabei ein und mit dem rechten Knie rutscht er einen knappen Meter weit über die glitzernde Eisfläche des Tegernsees.

Kenner der oberbayerischen Sportszene haben sofort erkannt, daß es sich bei der „Maß" nicht um einen Liter Bier handelt, sondern um ein zielgenaues Anspiel.

Der Stock ist auch kein Hackelstecken zum Aufstützen beim Wandern, sondern ein Eisstock, der unter seinem kurzen Stiel eine schwere kreisrunde Gleitpfanne hat. Mit der „Daubn" ist keine Brieftaube gemeint, sondern ein Holzwürfel mit einer Kantenlänge von zehn Zentimetern.

Und die Sportart, um die es geht, ist das Eisstockschießen, eine der typischen und am weitesten verbreiteten in Oberbayern. Es gewinnt, wer seinen Eisstock näher als alle anderen an der „Daubn" plazieren konnte.

In Oberbayern kann es im Winter empfindlich kalt werden - in der Nacht werden mitunter Temperaturen von minus 15 bis 20 Grad Celsius gemessen. So frieren die zahlreichen Gewässer zu.

Da es in Oberbayern vom Ammersee bis zum Königssee über 200 große und kleine Seen gibt, ist es kein Wunder, wenn bei oberbayerischen Eisstockschützen-Clubs die Pokale die Trophäenschränke meterweise füllen.

Und weil darüber hinaus neben Seen und Weiher auch zugefrorene Kanäle, wie der Nymphenburger Schloßkanal oder die Floßlände in Thalkirchen - beide in München - für diesen Sport geeignet sind, gibt es auch kein allzu großes Stadt-Land-Gefälle, was die Trainingsmöglichkeiten betrifft. Bei einer anderen massenhaft von und in Oberbayern ausgeübten Wintersportart dagegen sind die Ausgangsvoraussetzungen deutlich verschieden: Beim Skifahren.

In den Alpen wachsen die Kinder, wie die Ski-Olympiasiegerin Rosi Mittermaier von der Winklmoos-Alm bei Reit im Winkl, oder der Slalom-Weltmeister Armin Bittner aus Krün, schon mit "Brettl'n an den Füßen" auf. Die oberbayerischen Flachlandkinder haben es halt schwer und müssen sich ganz schön anstrengen, um diesen Vorsprung wieder aufzuholen.

Manche wollen eine Ski-Kanone werden, andere haben einfach Spaß am Brettl-Schwingen den Hang hinunter und ihre Eltern, Freunde und Bekannte auch. So ist in den Wintermonaten, wenn „a gführiger Schnee" liegt, Wochenende für Wochenende ein Skifahrer-Treck Richtung Alpen unterwegs. Wenn allerdings Hunderttausende wie die Heuschrecken in den Spitzing, das Sudelfeld, am Brauneck bei Lenggries, in Garmisch-Partenkirchen, Berchtesgaden, Mittenwald oder Reit im Winkl einfallen, wird das ganze ein Problem: Massen-Skitourismus.

In einer sich ständig hochschaukelnden Entwicklung haben die Einheimischen für ihre Ski-Gäste immer bessere, schönere, rasantere oder familienfreundlichere Pisten mit den dazugehörigen Seilbahnen und Liften in die Bergwälder geschlagen und die Skifahrer sind in immer größeren Scharen gekommen. 34 Bergbahnen und über tausend Lifte mit einer Förderkapazität von mehr als zwei Millionen Menschen in der Stunde gibt es heute im oberbayerischen Gebirge.

Und wenn schon solche Kapazitäten da sind, muß auch der Schnee her. Da die Natur den Ski-Narrischen gelegentlich ein Schnippchen schlägt und den Schnee verweigert, werden an etlichen Abfahrtshängen sogar Schneekanonen aufgestellt, die aus dem Grün ein Weiß machen. Dahinter steckt ein Riesenaufwand.

Für einen Quadratmeter Vollbeschneiung braucht man etwa 130 Liter Wasser.

Doch bei manchen beginnt es langsam zu dämmern, daß etwas falsch läuft. Der Bund Naturschutz in Bayern meint: „Die Natur darf nicht entsprechend der technischen Machbarkeit beliebig manipuliert werden, vielmehr muß der Mensch sich den natürlichen Gegebenheiten anpassen". Und nicht nur beim Deutschen Alpenverein oder bei den „Naturfreunden", die viele Berghütten unterhalten, wird über „sanften Tourismus" heftig diskutiert. Sogar Fremdenverkehrsdirektoren sind aufmerksam geworden.

Ein Hauptproblem ist vor allem, daß vielen Leuten noch nicht klar ist, wie sehr schon die An- und Abreise mit dem Auto die Umwelt belastet. In der Schweiz hat man festgestellt, daß die Stickoxid-Belastung in den Wintermonaten bis zu zwei Drittel auf den Ski-Tagestourismus zurückgeht. Aus den Stickoxiden der Autoabgase entsteht unter Mitwirkung von Kohlenwasserstoffen und Sonnenlicht Ozon, das beim Menschen zu Asthma, Husten, Augenreizung und Kopfschmerzen führen kann, bei den Pflanzen den Stoffwechsel stört und sie anfällig macht für Krankheiten. Ozon gilt im Gebirgsraum als einer der Hauptverursacher für das Waldsterben.

Und stirbt erst der Bergwald, bleiben die Gäste weg. Und noch schlimmer - herabstürzende Erd- und Gesteinsmassen könnten ganze Täler und Gegenden mit Tausenden von Bewohner gefährden. Der Berg kommt ... so, wie am 10. August 1991.

Eine Mure, eine Gesteinslawine mit etwa 70000 Kubikmeter Geröll bewegte sich langsam und stetig vom Teisenberg Richtung Inzell und über hundert Bewohner des Ortsteils Hutterer mußten evakuiert werden. Diesmal ging es noch glimpflich aus. Die Natur hatte bloß "Sachschaden" angerichtet. Aber das nächste Mal?

„A Maß bitte!" - ein gutes Augenmaß bei der touristischen Nutzung.
WP

Im Nebenberuf Milchbauer - ein feiner König

Leute mit fundierten Kenntnissen in bayerischer Geschichte sind selten. Sehr selten. Sogar das in anderen Bereichen übliche Halbwissen ist eine Rarität. Die Zahl derer dagegen, die sich berufen fühlen, Auskunft über das Liebesleben des Märchenkönigs Ludwig II. zu geben oder Spekulationen über sein tragisches Ende anzustellen, ist Legion.

Seine Schlösser Neuschwanstein und Linderhof sind so bekannt, daß man unter Umständen Stunden anstehen muß, wenn man sie besichtigen will - doch schon die Feststellung, daß Ludwig II. nicht der Sohn Ludwigs I., sondern Maximilians II. war, löst immer wieder Erstaunen aus. Ludwig I.? Maximilian II.?

Vom einen weiß man allein, daß er eine Liebschaft mit einer Tänzerin namens Lola Montez hatte, der Name des anderen - "Max Zwo" - ist hauptsächlich deshalb ein Begriff, weil es in ein paar Sädten Denkmäler gibt, in München sogar eines, an dem die Straßenbahn hält.

Restlos aus dem öffentlichen Erinnerungsvermögen verschwunden aber ist Ludwig III., der letzte bayerische König. Dabei ist es erst eine Generation her, daß alte Münchner erzählten, sie selber hätten ihn noch gesehen: In seiner Kutsche sei er die Nymphenburger Straße hinuntergefahren und wie sie ihren Hut gelüpft hätten, habe er sogar zurückgegrüßt. Ein feiner Herr sei das gewesen....

Vorstellen kann man es sich, wenn man Bilder von ihm sieht, zum Beispiel sein Porträt, gemalt von Franz von Lenbach; es zeigt einen Mann von kanpp fünfzig Jahren, mit heiteren, intelligenten Augen, der einen optimistischen und unternehmungslustigen Eindruck macht und dem nichts Herrisches oder Weltfremdes anhaftet.

Oder Fotos, die um die Zeit des Ersten Weltkrieges aufgenommen wurden: Da ist er bereits als älterer Herr zu sehen, mit weißem Bart und runder Brille - eine Persönlichkeit, die sich nur durch ihre Amtswürde, nicht durch räumliche Distanz von den Landleuten abhebt, mit denen er auf dem Pferdemarkt oder im Weinberg steht.

Ludwig III. war der Enkel Ludwigs I.. Als dieser abdanken mußte, folgte ihm sein ältester Sohn, der erwähnte Max Zwo auf den Thron, diesem wiederum Ludwig II.. Nach dessen Absetzung wäre eigentlich sein Bruder Otto mit der Übernahme der Krone an der Reihe gewesen.

Der aber war geisteskrank und so kam Prinz Luitpold - auch ein Sohn Ludwigs I. - an die Regierung. Da der reguläre Thronfolger noch lebte, nannte sich Luitpold nicht König, sondern Prinzregent. Seinen Sohn, den Prinzen Ludwig von Bayern, den späteren König Ludwig III., betraute er schon bald mit allen möglichen wichtigen Aufgaben - einerseits, weil er bei der Übernahme der Regentschaft selber schon in fortgeschrittenem Alter war, andererseits, weil der Prinz eine hervorragende Bildung besaß und sich gewandt zeigte im Umgang mit Menschen.

Prinz Ludwig war so erzogen worden, wie es sich für einen zukünftigen Herrscher ziemte. Er hatte an der Universität studiert und auch die übliche soldatische Ausbildung erhalten. Aber im Alter von einundzwanzig Jahren war er in einer Schlacht so schwer am Oberschenkel verwundet worden, daß eine weitere militärische Laufbahn nicht in Betracht kam. Zu einer solchen hatte es ihn auch nie gedrängt. Seine Interessen lagen viel eher auf geisteswissenschaftlichem Gebiet, er beschäftigte sich ferner mit der Entwicklung von Handel und Industrie und setzte sich unter anderem für den Bau eines Kanals ein, der den Rhein mit der Donau verbinden sollte. Vor allen anderen Dingen aber lag ihm die Förderung der Landwirtschaft am Herzen, speziell in Oberbayern.

Er machte das Schloß Leutstetten zwischen München und Starnberg zu seinem Landsitz und richtete dort ein Mustergut ein. Da die Gegend für den Getreideanbau nicht geeignet war, konzentrierte er sich auf die Milchwirtschaft.

Der eine oder andere Bauer mag dem König einen übertriebenen Reinlichkeitsfimmel unterstellt haben, wenn er hörte, daß die Leutstettener Kühe vor dem Melken gebadet wurden und daß die Molkerei gekachelt war. Aber die Vorteile einer sauberen Tierhaltung sprachen sich herum und regten die Landwirte zur Verbesserung ihrer eigenen Betriebe an - und das war es, was Ludwig III. bezweckt hatte. Voller Anerkennung nannten sie ihn „den Millibauern" - den Milchbauern.

Doch dann, im Jahre 1918, kam die bayerische Revolution. Ein Zeitalter ging zu Ende und im neu anbrechenden war ein König nicht mehr vorgesehen. An Ludwig III. lag das nicht. Von ihm sagte sogar der Sozialist August Bebel: „Wenn wir eine Reichsverfassung hätten, nach der der Kaiser vom Volk gewählt würde, ... Prinz Ludwig hätte die größte Aussicht, Kaiser zu werden". HB

Frau Salbaders Leiden

In einer mittelgroßen Stadt in Oberbayern einen Schreibwarenladen zu betreiben, ist nicht ganz einfach. Man muß praktisch alles vorrätig haben, was verlangt werden könnte, denn sonst fahren die Kunden in die nächstgrößere Stadt und gehen ins Kaufhaus. Und man muß die richtige Art haben, mit den Leuten umzugehen, so daß sie schon allein deshalb kommen, weil sie es als Unrecht ansähen, ihr Geld woanders zu lassen als im ortsansässigen Geschäft.

Die Salbaders haben so einen Schreibwarenladen in einer oberbayerischen Stadt mittlerer Größe. Er ist hervorragend sortiert, denn der Herr Salbader ist ein guter Geschäftsmann. Aber die richtige Art, mit den Kunden umzugehen, die hat seine Frau Lotte. Er findet einfach keinen Anklang.

Schon als er nach dem Krieg aus Ostpreußen gekommen und mit Lotte, einer geborenen Staller, die Ehe eingegangen war, hatte das bei ihren Bekannten und Verwandten bestenfalls Verständnis, aber bestimmt nicht freudige Zustimmung hervorgerufen. Zwar hat er sich immer sehr bemüht, allen zu zeigen, daß er ein durch und durch ehrlicher, gewissenhafter Mensch sei. Aber daran hatte ohnehin keiner gezweifelt.

Fad fanden sie ihn, und tun es heute noch. Und, wirklich, neben seiner kraftvollen, zupackenden Frau kommt er tatsächlich äußerst blaß heraus. Im Geschäft trägt er immer einen grauen Anzug und eine dezente Krawatte, untadelig, korrekt - aber mehr nicht. Wenn er zu dem großen, farbenfrohen Angebot an Schreibwaren, Buntpapier, Kinderbüchern und Bastelmaterialien nicht in einem so scharfen Kontrast stünde, würde man ihn glatt übersehen.

Ständig rückt er seine Brille zurecht, und wenn er jemanden frägt, was es denn sein dürfe, dann faltet er die Hände und bewegt sie so, als würde er sie sich mit Kamillenkreme einreiben. Er legt den Kopf schief und bemüht sich, zu lächeln - aber alles ist vergeblich.

Der Name Salbader paßt haargenau zu ihm; zu seiner Frau paßt er nicht. Schon damals bei der Hochzeit hatte ihre beste Freundin ganz verzweifelt gesagt: „Meingott, Salbader heißt´s jetzt. Salbader. Mei-o-mei...". Nicht, daß er wegen seiner ostpreußischen Herkunft abgelehnt worden wäre, aber vieles, was man an ihm nicht mochte, wurde damit erklärt. Anders ausgedrückt: Niemand hätte gesagt: „Ich mag ihn nicht, weil er ein Preuß´ ist" vielmehr hieß es: „Jamei, wenn einer von da droben kommt, dann ist er halt anders ...". Oder es hieß: „Daß es grad ein Lutherischer hat sein müssen. Als ob sie nicht einen hiesigen hätt´ kriegen können". Im schlimmsten Fall nannte man ihn einen „Loamsiader" (Leimkocher) oder einen „Lätsch´nbene" (lahmer Hund).

Da die Lotte nicht nur eine resolute, sondern auch eine sensible Frau ist, entging ihr das alles nicht. Immer hat sie darunter gelitten, aber nie hat sie sich irgendetwas anmerken lassen. Sie hat es stets verstanden, ihren Kummer hinter einer erfrischenden Herzlichkeit zu verstecken. Und sie ist religiös - auf eine sehr oberbayerische Art.

Ihr Verhältnis zum Herrgott ist demjenigen zu einem zuverlässigen Vater nicht unähnlich, von dem man genau weiß, daß er einem schon helfen wird, wenn es drauf ankommt, die Suppe auszulöffeln, die man sich eingebrockt hat. Oder demjenigen zu einem großen Bruder, mit dessen Rache man drohen kann, wenn einem jemand Böses will. Und sie ist sich ziemlich sicher, daß er ihr es nicht verübelt, wenn sie eine Notlüge gebraucht. Schließlich geht sie ja zum Beichten. Auch in solchen Dingen ist sie viel geschmeidiger als ihr Ehemann - ein Protestant, wie gesagt....

Wie festgelegt er in manchen Dingen ist, das konnte man über Jahre hinweg am Faschingsdienstag beobachten. Da trug er nämlich beim Bedienen zu seinem grauen Anzug, der Krawatte, der randlosen Brille und dem vergeblichen Lächeln eine Kopfbedeckung. Und zwar eine, mit dem er termingerecht eine Art karnevalistischen Frohsinn zum Ausdruck bringen wollte. Man hat ihn mit Sombrero gesehen, mit Fes, Cowboyhut, Turban und Schiebermütze.

Für seine oberbayerische Kundschaft sah er damit freilich immer nur mitleiderregend aus. Es konnte seiner Frau nicht entgehen, wie die Kunden die Mundwinkel verzogen und die Kinder mit den Fingern auf ihn zeigten und sich draußen beutelten vor Lachen. Es gab Leute, die kamen am Faschingsdienstag in den Laden und kauften sich einen Radiergummi oder etwas derartiges, nur um Herrn Salbader anzuschauen und sich über ihn lustig zu machen.

Vor drei oder vier Jahren endlich beschloß Lotte, etwas zu unternehmen. Es hieß, eine Freundin habe ihr hinterbracht, daß schon Wetten darüber abgeschlossen würden, welche Narrenkappe der Salbader sich diesmal wohl antäte. Und hinterher hat es natürlich alle möglichen Spekulationen darüber gegeben, was bei den Salbaders daheim wohl Ungewöhnliches los gewesen sein mag. Daß etwas Entscheidendes passiert sein muß, das ist sicher, denn am Faschingsdienstag hing in der Ladentür ein Schild: „Wegen Abrechnung geschlossen".

Was sich genau abgespielt hatte, das erfuhr wahrscheinlich nur der Herr Pfarrer, aber ausgegangen ist die „Abrechnung" jedenfalls zu Lottes Gunsten, denn ihr Mann ist seitdem nie wieder mit einem lustigen Hut gesehen worden. HB

Ungestüme Lebensader

„Die Isar ist der wichtigste oberbayrische Fluß, schon allein deshalb, weil sie durch München fließt" - sagen die einen. Ein Rosenheimer oder Wasserburger ist da ganz anderer Meinung. Der Inn ist länger, breiter, und vor allem: schiffbar; er war immer wichtig als Verbindung zwischen Bayern und Tirol und somit auch zwischen Deutschland und Italien...

Und gewaltig ist der Inn, das steht außer Frage. Wer Beschreibungen über ihn liest aus früheren Tagen, der spürt, daß der Inn den Leuten nicht geheuer war. Kein Wunder, denn er ist in der Tat ungestüm. Hoch oben in den Schweizer Alpen entspringt er. Auf seiner Reise durch die Gletscherregion, durch das Engadin und Tirol reißt er dank seines starken Gefälles große Mengen Geröll mit. Kaum hat er das Gebirge verlassen und wird langsamer, lagert er das Gestein in den flacheren Gegenden ab und bildet Sandbänke und Inseln.

Früher trat er gelegentlich über seine Ufer oder veränderte seinen Lauf. Für die Bewohner des Inntales war das eine Katastrophe, und deshalb hat man ihn gezähmt. Ungefähr ab dort, wo er von Österreich nach Oberbayern herüberkommt, wird er von Dämmen eingeengt, von Wehren und Stauwerken aufgehalten und von Kraftstufen gebändigt. Trotzdem: sein Charakter läßt sich damit nicht verleugnen.

Der Inn fließt von seiner Quelle bis zur Mündung durch ein Kulturland, das seit frühester Zeit dicht besiedelt war. Er hat die Städte, die Ortschaften und die Klöster in diesem Land geprägt. Zwar hat er ihnen immer wieder zugesetzt, dennoch war der Fluß ihre Lebensader.

Nicht daß der Inn jemals ein idealer Wasserweg gewesen wäre, wie zum Beispiel die Donau, aber es sind doch allerhand Waren auf ihm verschifft worden. Die Naufahrt, bei der man die Strömung nutzte, beförderte das Salz aus den Salinen von Hall und Reichenhall flußabwärts, die Gegen- oder Bergfahrt, bei der die Schiffe von Pferden, vor 500 Jahren sogar noch von Menschen gezogen wurden, brachte das Getreide aus Niederbayern herauf. Mühsam war beides und gefährlich. Aber es hat sich offenbar rentiert - seit den Zeiten der Römer. Und es wurde immer mehr. Im Mittelalter muß auf dem Inn ein dichter Schiffsverkehr geherrscht haben.

An seinen Ufern entstand Burg um Burg der sogenannten Hallgrafen. Das waren diejenigen, die den Salzhandel kontrollierten. Manche von ihnen sind später in das Raubritterlager übergewechselt, haben den Inn mit Eisenketten gesperrt und den Schiffern ihre Waren abgenommen.

Auch eine rege Reisetätigkeit entfaltete sich auf dem Inn, angekurbelt vor allem durch das bayrische Königshaus. Wasserburg wurde sozusagen zum Hafen Münchens. Als sich der Kurfürst Maximilian 1635 verheiratete, legte dort eine Flotte von vierundzwanzig Schiffen ab. Zweiundzwanzig waren es noch, als sie in Mühldorf ankamen...

Wasserburg und Mühldorf waren Zentren der Flußschiffahrt - bis im vorigen Jahrhundert die Eisenbahn kam. Die alten Bauwerke in den beiden Städten, hoch und nah ans Ufer gebaut ähneln sich stark - kein Wunder, denn sie entsprangen den selben Bedürfnissen und dienten den gleichen Zwecken - und die waren von der Schiffahrt vorgegeben.

Die charakteristischen Bauwerke des oberbayerischen Inntales aber sind die Bauernhäuser. Sie sind Kunstwerke für sich, verbinden ein Bild der Kraft mit zierlicher Schönheit und fügen sich in die Landschaft ein, als wären sie dort gewachsen. Wohnung, Stall und Scheune sind unter einem Dach vereint. Im Obergeschoß umgibt ein Holzbalkon, die „Laube", den Wohntrakt.

Holz, vor allem das der Rotlärche war das wichtigste Baumaterial. Es war nicht nur in reichem Maß vorhanden, sondern man konnte durch Aussägen, Drechseln und Schnitzen vielerlei Verzierungen herstellen. Daß man nach und nach mehr zum Steinbau überging, liegt nicht nur daran, daß das Holz weniger haltbar ist, es wurde vielmehr modern, die

Häuser mit Lüftlmalereien zu überziehen - und dazu brauchte man Wandflächen.

An ihnen prangen nun die Figuren von Adam und Eva, von Heiligen und Märtyrern, von Bauersfrauen und Jägersmännern und eine überwältigende Fülle von Ornamenten, in die immer wieder christliche Symbole eingeflochten sind. Sie sollten das Haus vor allen möglichen Unbilden schützen. Dieselbe Aufgabe haben die Sinnsprüche. Da heißt es zum Beispiel über der Eingangstür: „Gott segne dieses Haus, und alle, die gehen ein und aus".

Es kann noch nicht allzulang her sein, daß der Segenswunsch hingemalt wurde. Die Inntaler leben noch mit ihren Überlieferungen - das heißt nicht, daß irgendjemand hundertprozentig davon überzeugt wäre, daß so ein hingemalter Spruch wirklich etwas nützt. Nur: weglassen will man ihn auch nicht. Genau wissen kann man´s schließlich nie... HB

Großartig - nicht bloß köstlich

Kein geringerer als Theodor Heuss hat einmal in einem Aufsatz über Eichstätt geschrieben, es gehöre „nicht zu den großartigen, doch zu den köstlichen Dingen in Deutschland". Köstlich? Was mag der ehemalige Bundespräsident damit bloß gemeint haben? Immerhin gesteht Theodor Heuss ein, daß er, „von etwas geschichtlichem Wissen verlockt oder verdorben", mit falschen Vorstellungen in die Stadt gekommen sei. Zeugnisse einer sehr frühen und strengen Romanik habe er erwartet und „die vielleicht etwas verstaubte, aber vermutlich ganz malerische Enge einer Bürgersiedlung".

Da hat natürlich in den Geschichtskenntnissen des Bundespräsidenten das Kapitel „Dreißigjähriger Krieg" gefehlt. Als die Schweden damals in Eichstätt einzogen, hätten sie noch die Möglichkeit gehabt, die Zeugnisse der frühen, strengen Romanik zuhauf zu bewundern. Sie taten es nicht. Sie rissen die Stadt ein.

Aber dafür ist Neues an die Stelle des Verlorenen getreten. Nachdem der Schwedensturm vorübergezogen war, bemühten sich die Fürstbischöfe, die völlig zerstörte Stadt neu zu beleben. Bauwilligen wurde eine zwanzigjährige Steuerfreiheit zugesagt, Bauplätze und Bauholz bekamen sie umsonst. Aber es verging einige Zeit, bis sich eine neue Blüte einstellte. Sie kam mit dem Fürstbischof Johann Anton Knobloch I. von Katzenellenbogen, der den Architekten Gabriele de Gabrieli nach Eichstätt holte. Im ersten Viertel des 18. Jahrhunderts gab der Graubündener Baumeister der Stadt ein neues Aussehen. Der von ihm geschaffene Residenzplatz ist wohl die geschlossenste, am besten erhaltene barocke Platzanlage - nicht nur in Oberbayern. Mehr noch, Eichstätt ist ein barockes Musterstädtchen aus einem Guß, mit einem Hauch weltstädtischer Vornehmheit. Köstlich? Eher großartig.

Gabrieli, der schon Wien und Ansbach verschönert hatte, gestaltete das Zentrum mit italienischer Eleganz, errichtete die schwungvolle Westfassade des alten Doms, die Hofkanzlei der Bischöfe, ihre Sommerresidenz, das Bischofspalais in der Stadt, diverse Kanonikerhäuser, Domherrenhöfe und Bürgerhäuser. Auch sein Grabmal ist das künstlerisch bedeutendste auf dem Eichstätter Friedhof. Da kommt so manche bischöfliche Grablege im Dom nicht mit.

Fast 900 Jahre lang hatten die geistlichen Herren bis dahin schon wacker über der Stadt geherrscht. Gleich drei Verwandte des Deutschen-Apostels Bonifatius waren es gewesen, die im 8. Jahrhundert ihre angelsächsische Heimat verlassen hatten, um sich im Altmühltal niederzulassen: Willibald, der der erste Bischof wurde, sein Bruder Wunibald, der das nahegelegene Kloster Heidenheim gründete und ihrer beider Schwester Walburgis, die dieses Kloster weiterführte und im Mittelalter eine Verehrung genoß wie nur wenige andere Heilige.

Durch sie wurde Eichstätt zu einem Anziehungspunkt für viele Tausende frommer Wallfahrer, denn Walburgis hörte auch nach ihrem Tod nicht auf, Wunder zu wirken. Ihre Gebeine ruhen in der Wallfahrtskriche St. Walburg in einem Sarkophag.

Darunter befindet sich ein Schacht, in dem sich eine Flüssigkeit, das sogenannte Walburgisöl niederschlägt. Es heilt alle möglichen Leiden, so heißt es, und wird deshalb in die ganze Welt versandt. Und das soll nicht zu den großartigen Dingen gehören?

Noch etwas: Vermutlich waren es Kreuzritter, die im 12. Jahrhundert eine massive Grabrotunde errichteten als Kopie des Heiligen Grabes in Jerusalem, ein in ganz Westeuropa, wenn nicht sogar in der ganzen Welt inzwischen einmaliges Baudenkmal. In seinem Inneren - der gewundene Zugang verläuft unter romanischen Bogenblenden - liegt die dornenkranzgekrönte Leichenpuppe Christi.

Gewiß, leicht zufinden ist das Heilige Grab von Eichstätt nicht. Da hätte der Professor Heuss durchaus ein wenig suchen müssen. Denn behütet wird die Rotunde von der um sie herum gebauten barocken Kapuzinerkirche am Friedhof.

Bis in die Romanik geht auch die Baugeschichte des Doms zurück. Aber da sind, der bösen Schweden zum Trotz, insbesondere gotische Höhepunkte zu vermelden: die Glasfenster Hans Holbeins und Loy Herings Christus am Kreuz - doch vor allem der Pappenheimer Altar, ein riesiges Reliefbildwerk aus dem 15. Jahrhundert, das eine aus dem Stein akribisch herausgemeißelte Volksmenge unter dem Kreuz von Golgatha darstellt. Figur für Figur, Gesicht für Gesicht Wunderwerke der Steinmetzkunst. Großartig.

Wahrzeichen Eichsstätts ist trotz aller mittelalterlichen Kunst und all dem dem fürstbischöflichen Barock der Renaissancebau der Willibaldsburg, die Residenzfestung der Fürstbischöfe auf einem Felsvorsprung hoch über der Altmühl.

Von hier eröffnet sich ein Fernblick über und in das Tal. Ganz nahe gebracht werden dem Besucher im Juramuseum der Willibaldsburg hingegen die Jahrtausende der Naturgeschichte des Altmühltals. Hauptattraktion ist der Archeopterix, das versteinerte Skelett eines Urvogels. Damit kann nur noch der „Mammut aus der Buchenhüller Höhle" im historischen Museum unterm gleichen Dach konkurrieren. Köstlich? Nein großartig.

Natürlich: eine Stadt wie Eichstätt, die immer wieder umkämpft war, mußte Höhen und Tiefen erleben. Selbstverständlich: der Verlust der fürstbischöflichen Territorialsouveränität durch die Säkularisierung 1803 bedeutete den Absturz zur Kleinstadt. Man braucht sich nicht zu wundern, wenn ein Chronist in der zweiten Hälfte des vorigen Jahrhundert nichts besseres zu berichten weiß, als daß man in und um Eichstätt ein „höchst einfaches und sparsames Leben" lebte.

Daß die Bahnlinien, die zu dieser Zeit gebaut wurden, ohne die geringste Rücksicht auf die glanzvolle Vergangenheit an Eichstätt vorbeigelegt wurden, bleibt trotzdem eine Ungerechtigkeit; die Plünderung der Museen im Jahre 1945 war keine mindere Gemeinheit; und die moderne Stadtsanierung ... nun ja, die ist möglicherweise eine Notwendigkeit.

Aber köstlich, wie der Professor Heuss meinte, mag allenfalls eine kleine Episode aus dem 19. Jahrhundert gewesen sein. Denn als letzter regierender Fürst residierte sieben Jahre lang der Siefsohn Napoleons und (aus politischen Gründen) frischgebackene Schwiegersohn des bayerischen Königs in Eichstätt, ein Bonvivant, dem der ehrwürdige Ex-Kirchenstaat als Apanage diente, eine Köstlichkeit gewissermaßen für nebenbei.

Der Herr Umra

Zu Tausenden und Abertausenden strömen sie an den heißen Sommertagen heran an die kühlenden Wasser. Zweihundert Seen und noch viel mehr Moorweiher hat Oberbayern. Aber trotzdem wird´s eng. Zuerst auf den Parkplätzen, dann auf den Liegewiesen und erst recht im Wasser.

Wie es an den Badeseen mitunter aussieht, das weiß jeder - sogar wenn er selber nicht hingeht. Schließlich folgt auf fast alle sonnigen Wochenenden ein Foto in der Zeitung, auf dem so viel nacktes Fleisch zu sehen ist wie auf dem Jüngsten Gericht von Peter Paul Rubens in der Münchner Alten Pinakothek.

Wie aber schaut es aus, wenn es noch nicht ganz so heiß ist unter der oberbayerischen Sonne. Oder ganz in der Früh´? Gibt es ein Publikum? Ja, die Stammgäste.

Sie kommen nicht zum Sonnen und genaugenommen nicht einmal zum Baden - sie kommen zum Schwimmen. Das ist ein Unterschied. Da geht es nicht um das Vergnügen, sondern um die Gesundheit.

Frühmorgens erscheint immer als erste die ältere Dame mit der kanarigelben Haube. Um fünf nach acht steigt sie ins Wasser. Mit ihrem ganz eigenen Stil - einer Art Schmetterling rückwärts - setzt sie zu einer große Kurve durch den noch jungfräulichen See an, die sie in akkurat 15 Minuten zurück zum Ausgangspunkt führt. Dann macht sie ihre gymnastischen Übungen. Sie dreht den Kopf hin und her und zieht die Knie hoch. Wer zuschaut sieht, wie gesund das sein muß.

Währenddessen sind weitere Schwimmer eingetroffen: der junge Mann mit dem schütteren Haar, der ehrgeizig mindestens 200 Meter in den See hinein krault; die Journalistin von der Lokalzeitung, die sich für den täglichen Redaktionsstreß fit macht, der pensionierte Amtmann, der für seine achtundsiebzig Jahre noch erstaunlich gut in Form ist. Woher man sein Alter weiß? Nun, das erfährt man vom Herrn Umra, dem treuesten und dienstältesten morgendlichen Badegast. Wie der Herr Umra wirklich heißt, das wissen nur die wenigsten. Man kennt sich hier nur unter Namen wie „die mit der blauen Badetasche" oder „der Dicke" oder eben „der Herr Umra". Er wird so genannt, weil er gelegentlich erwähnt, daß er morgens „so umra sechse" aufsteht, „umra siebene" seinen Kaffee trinkt und dann „so umra achte" zum See geht - und das seit über zwanzig Jahren. Das heißt, früher, als er noch seinen Zigarrenladen hatte, ist er erst abends gekommen, „so umra halbe siebene".

Der Herr Umra ist ohne Frage der Mittelpunkt der kleinen Gesprächsrunden am Ufer, außerdem die Nachrichtenzentrale der Frühaufsteher. Als kürzlich der Amtmann vier Tage lang fehlte und man schon richtig Angst um ihn bekam, war das Beunruhigendste, daß nicht einmal der Herr Umra etwas von ihm wußte. Aber gottseidank tauchte der Vermißte wieder auf, schilderte die Symptome seiner Krankheit und nach kurzer Diskussion herrschte Einigkeit darüber, daß es irgendsoein merkwürdiges ein Virus war...

Eine anderes Thema, das die Runde kürzlich beschäftigte, war die Geschichte mit dem jungen Mann, diesem Blonden mit dem Schnurrbart. Von halb neun bis neun war er immer da und ist auf dem Rücken geschwommen. Auf einmal hat er angefangen, eine Freundin mitzubringen und Brust zu schwimmen - und jetzt sieht man ihn gar nicht mehr. „Schad´", sagt der Herr Umra nur, „bei der Journalistin hätt´ er auch Chancen gehabt."

Aber tatsächlich: Es finden sich keine Paare unter diesen morgendlichen Schwimmern. Sie alle sind Einzelgänger. Das äußert sich auch darin, daß sie, wenn der Massenansturm der Badegäste mit den Liegen und Sonnenschirmen beginnt und es immer enger und lauter wird, das Feld räumen. Einer nach dem anderen. Der letzte so umra halbe elfe. HB

„Daubn", Ski and Snow Cannons

„A Maß bitte". The Biereder Karl gesticulates with his hands and points to the spot directly in front of the „Daubn" at which the Maier Sepp is to aim. The Sepp takes a short starting run, pulls his stock high to the rear and then skids it with a powerful swing forward. He bends his left leg and slides for just a little less than a meter over the glistening ice surface of the Tegernsee.

Those who are familiar with the Upper Bavarian sport scene, will have immediately recognized that the „Maß" is not a quart of beer, but rather an accurately aimed length. The stock is also not a spiked cane for support while hiking, but rather a wooden curling stone, which has a heavy circular gliding disk under its short handle. And the „Daubn" is not a carrier pigeon, but rather a wooden cube with an edge length of 10 centimeters.

And the sport they are engaged in is the German version of curling, one of the most typical and most widely played in Upper Bavaria. The winner is the one who places his „stone" closer than the other to the „Daubn". In winter it can be bitterly cold in Upper Bavaria. Night temperatures of down to minus 15 to 20 degrees Celsius have been measured. Then numerous bodies of water freeze over. And since from the Ammersee to the Königsee there are more than 200 large and small lakes, it is no wonder that the championship cups fill the trophy cabinets of the Upper Bavarian curling clubs by the meter. And since in addition to the lakes and ponds there are frozen canals, such as the Nymphenburger Schloß Canal or the Floßlände (raft landing place) in Thalkirchen - both in Munich - that are also suitable for this sport, there isn't too much of a difference between town and country as far as training possibilities are concerned.

With another kind of sport exercised massively by Upper Bavarians and their visitors from near and far, the starting conditions are tremendously different: With skiing. In the Alps, children like the later Olympic Ski Champion Rosi Mittermeier from the Winklmoos-Alm near Reit im Winkl, or the later slalom world champion Armin Bittner from Krün, grow with skis on their feet. Upper Bavarian children from the flatlands have it much more difficult, and have to make great efforts to catch up with this lead. Many a child wants to become a ski star, while others simply have fun swinging on skis down the slopes and their parents, friends and acquaintances do too.

And so whenever in the winter months „a gführiger Schnee" (snow right for skiing) lies on the ground, a skier treck toward the Alps is on the road weekend after weekend. Whenever hundreds of thousands swarm like grasshoppers to the Spitzing, the Sudelfeld, on Brauneck near Lenggries, Garmisch-Partenkirchen, Berchtesgaden, Mittenwald or Reit im Winkl, this becomes a problem: mass ski tourism. In a constantly soaring development, the natives have carved out from the Alpine forests ever better, lovelier, faster or family-friendlier slopes with the associated cable cars and lifts for their ski guests, and they come in ever larger droves. There are now 34 cable car lines and over a thousand lifts with passenger capacity of two million people per hour in the Upper Bavarian mouhtains. And when such capacities are present, snow must also be there.

Since Mother Nature occasionally plays a trick on the ski enthusiasts and refuses to produce snow, snow cannons have been set up on some downhill slopes, which turn green into white. This is an expensive proposition. One square meter of full snow cover requires around 130 liters of water. But some people have begun to realize slowly that something is wrong here.

The Bund Naturschutz in Bayern says: „Nature must not be manipulated at will just because it is technically possible, rather people must adapt themselves to natural situations". And not only at the Deutsche Alpenverein and the „Naturfreunde", which maintain mountain lodges, heated discussions are held on „gentle tourism". Even tourism directors have paid attention to the problem.

One main problem is that many people still do not realize how much just driving by car there and back pollutes the environment. It has been determined in Switzerland that two thirds of the nitrogen oxide pollution in the winter months can be traced to day ski tourism. Ozone is produced from the nitrogen oxides of car exhaust gases in combination with hydrocarbons and sunlight, which can lead to asthma, coughing, eye irritation and headaches for humans, disturbs the metabolism of plants and makes them susceptible to diseases. In the Alpine region, ozone is one of the main causes for forest extinction. And when the mountain forest dies, the guest will no longer come.

And even worse -plunging earth and rock masses could endanger whole valleys and districts with thousands of inhabitants. The mountain comes...as on August 10, 1981. An avalanche with around 70,000 cubic meters of loose stone and earth moved slowly and steadily from Teisenberg in the direction of Inzell and over a hundred inhabitants of the suburb of Hutterer had to be evacuated. „A Maß bitte!" - a good eye for what's right in touristic exploitation. WP

King and Dairy Farmer - a fine Gentleman

People with solid knowledge of Bavarian history are rare. Very rare. Even the smattering of knowledge prevailing in other sectors is a rarity. The number of those is legion, who feel competent to give information on the love life of the fairy-tale king Ludwig II or to make speculations about his tragic end.

His palaces Neuschwanstein and Linderhof are so well known that one may possibly have to stand for hours at a time to visit them - but even the statement that Ludwig II was not the son of Ludwig I but rather of Maximilian II, always produces astonishment. Ludwig I? Maximilian II?

From the former, one knows only that he had a love affair with a dancer named Lola Montez, the name of the other is recalled only because there are monuments in a few cities, in Munich there is even one at which the streetcar makes a stop.

Ludwig III, the last Bavarian king, however, has completely disappeared from public memory, even though it has only been a generation since old Munich citizens related that they had seen him; he had driven down the Nymphenburger Straße in his coach and they had lifted their hats and he had even returned their greetings. He had been a fine gentleman... One can imagine him as he was when one looks at pictures of him, for example, his portrait painted by Franz von Lenbach; it shows a man of just under fifty, with lively, intelligent eyes, who makes an optimistic and adventurous impression with no domineering or out-of-this-world poses. Or photographs taken around the time of World War I; there you can see an older man, with white beard and round spectacles - a personality who stands out from the farmers, he is standing with at the horse market or in the vineyard, solely through his dignity, but not through spatial distance.

Ludwig II was the grandson of Ludwig I. When he had to abdicate, he was succeeded on the throne by his oldest son, the Max Zwo mentioned above, who in turn was succeeded by Ludwig II. After he was deposed, his brother Otto was in line for wearing the crown, but because he was mentally deranged, Prince Luitpold -also a son of Ludwig I - assumed the reins of government. Since the regular throne successor was still alive, Luitpold did not call himself king, but rather prince regent.

He soon entrusted his son, Prince Ludwig, the later King Ludwig III, with all possible important duties - first of all because when he had assumed the regency, he had already reached an advanced age, and also because the Prince had an outstanding education and displayed skill in dealing with people. Prince Ludwig had been properly educated for a future ruler. He had studied at the university and had also had military training. But when he was twenty-one he had been so seriously wounded on his thigh in battle that a further military career was out of the question. He had never felt compelled to such a career either. His interests were concentrated rather on humanistic pursuits, he also was concerned with the development of commerce and industry, and in this connection he advocated building a canal which was to join the Rhine with the Danube.

But his prime interest was the promotion of agriculture, particularly in Upper Bavaria. He made Leutstetten Palace between Munich and Starnberg his country estate and established a model farm there. Since the area was not suited for grain growing, he concentrated on dairy farming. Some of the farmers may have thought that the King had an exaggerated craze for cleanliness when they heard that the Leutstettener cows were bathed before milking and the dairy was tiled. But the advantages of such clean livestock raising became known and the farmers were inspired to improve their own farms - and that was what Ludwig III had intended.

Full of appreciation, they called him „the Millibauer" — the dairy farmer. But then the Bavarian Revolution occurred in 1918, an era had come to an end and in the new one coming into being there was no place for a king. This wasn't the fault of Ludwig II. Even the socialist August Bebel said about him: „If we had a national constitution where the people elected their ruler,...Prince Ludwig would have good prospects of becoming emperor."

HB

The Sorrows of Frau Salbader

It is not very easy to run a stationery store in a medium-sized town in Upper Bavaria. One must stock practically everything that might be demanded, since otherwise the customers drive to the next larger town and go to the department store.

And one must have the right way of dealing with people so that they come solely because they would regard it as unjust to leave their money somewhere else than in the local store. The Salbaders have such a stationery store in a medium-sized Upper Bavarian town. It has an excellent assortment, for Mr Salbader is a good businessman.

But the right way of dealing with customers is the province of his wife Lotte. He simply finds no acceptance. When he came from East Prussia after the war and married Lotte, née Staller, her acquaintances and relatives displayed understanding at the most, but certainly not joyous approval. He had always made every endeavor to show everyone that he was a thoroughly honest, conscientious man, but no one had doubted this anyhow. They found him dull and still do. And, really, alongside his energetic, hard-working wife, he actually does appear extremely colorless. In the store, he always wears a gray suit and an unobtrusive necktie, impeccable, proper — but nothing more.

If he didn't provide such a sharp contrast to the large, colorful assortment of stationery, tinted paper, children's books and hobby materials, he would simply be overlooked. He constantly adjusts his glasses, and when he asks someone what they would like, he folds his hands and moves them as if he were rubbing them with chamomile lotion.

He tilts his head and endeavors to smile, but it is all in vain. The name Salbader fits him to a T; but not his wife. Even then at the wedding, her best girlfriend said to her quite in despair: „My God, Salbader is your name now. Salbader. What a pity...". He wasn't rejected because of his East Prussian origin, but many things which people didn't like about him were explained by it. To express it otherwise:

No one would have said: „I don't like him because he is a Prussian", rather they would say: „Well, you see, when someone comes from up there, then he is different..." Or: „That it just had to be a Lutheran. As if she couldn't have gotten a local man." At the worst they called him a „slowpoke"or a „bore". Since Lotte is not only a resolute but also a sensitive woman, she didn't fail to notice all this.

She had always suffered from it, but never had let anyone notice her problem. She had always understood how to hide her trouble behind a refreshing cordiality. And she is religious - in a very Upper Bavarian way. Her relationship to the Lord God is not much different from that to a reliable father, from whom she knows exactly that he will help her when it is necessary to bear the consequences for what she had caused for herself. Or to a big brother, whose vengeance can be threatened if someone wants to do something bad. And she is rather sure that God will not think evil of her when she tells a little white lie.

After all, she does go to confession. In such things also, she is much more flexible than her husband — a Protestant as stated.... All through the years it could be observed on Fasching Tuesday how fixed he was in certain things When he served customers he wore a head covering.to his gray suit, the necktie, the rimless glasses and the vain smile with which he wanted to produce a kind of carnivallike jolly atmosphere in keeping with the holiday. He had been seen with sombrero, with fez, cowboy hat, turban and peaked cap.

To his Upper Bavarian customers, of course, he always appeared only pitiable. His wife couldn't fail to see, how the customers grinned and the children pointed their fingers at him and outside became convulsed in laughter. There were people who came to the store on Fasching Tuesday and bought an eraser or something just to look at Herr Salbader and to make fun of him. Three or four years ago, Lotte finally decided to do something. A friend had told her that bets had been made what fool's cap he would put on this time.

And afterwards there were all sorts of speculations about what must have happend at the Salbader home. That something decisive must have happened is clear, since on Fasching Tuesday, a sign hung on the shop door: „Closed for settling accounts." Probably only her priest learned just exactly what did happen, but the „settling of accounts" turned out in favor of Lotte in any event: since then her husband has never again been seen with a funny hat.
HB

Städte

Maibaum, Ismaning	95	München, im Englischen Garten	106/107
Burghausen, Burg	96	München, Siegestor	108
Burghausen, Rathaus	97	München, Altes Rathaus	109
Altötting, Wallfahrtskirche und Gnadenkapelle	98/99	München-U-Bahn	110/111
Wasserburg	100/101	München mit Alpenkulisse	112
Oberammergau	102	München, Zentrale der Hypo-Bank	113
Dingharting, Bauernhaus	103	Freising, Domberg	114
Landsberg, Schwedentor	104	Neuburg, Residenz	115
Landsberg, Rathaus	105	Eichstädt, Residenz	116/117

1987

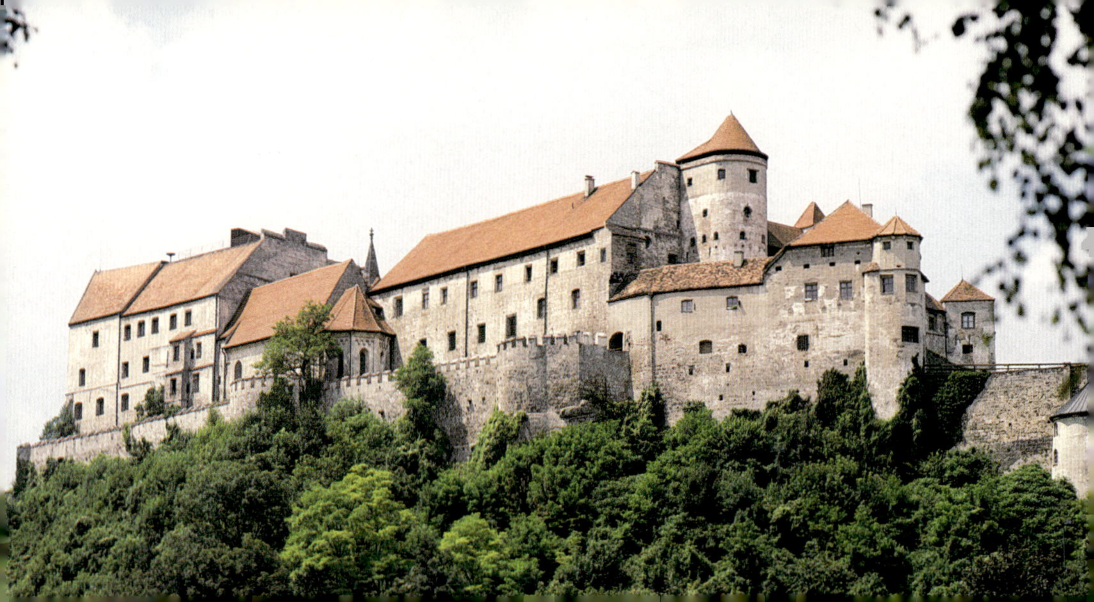

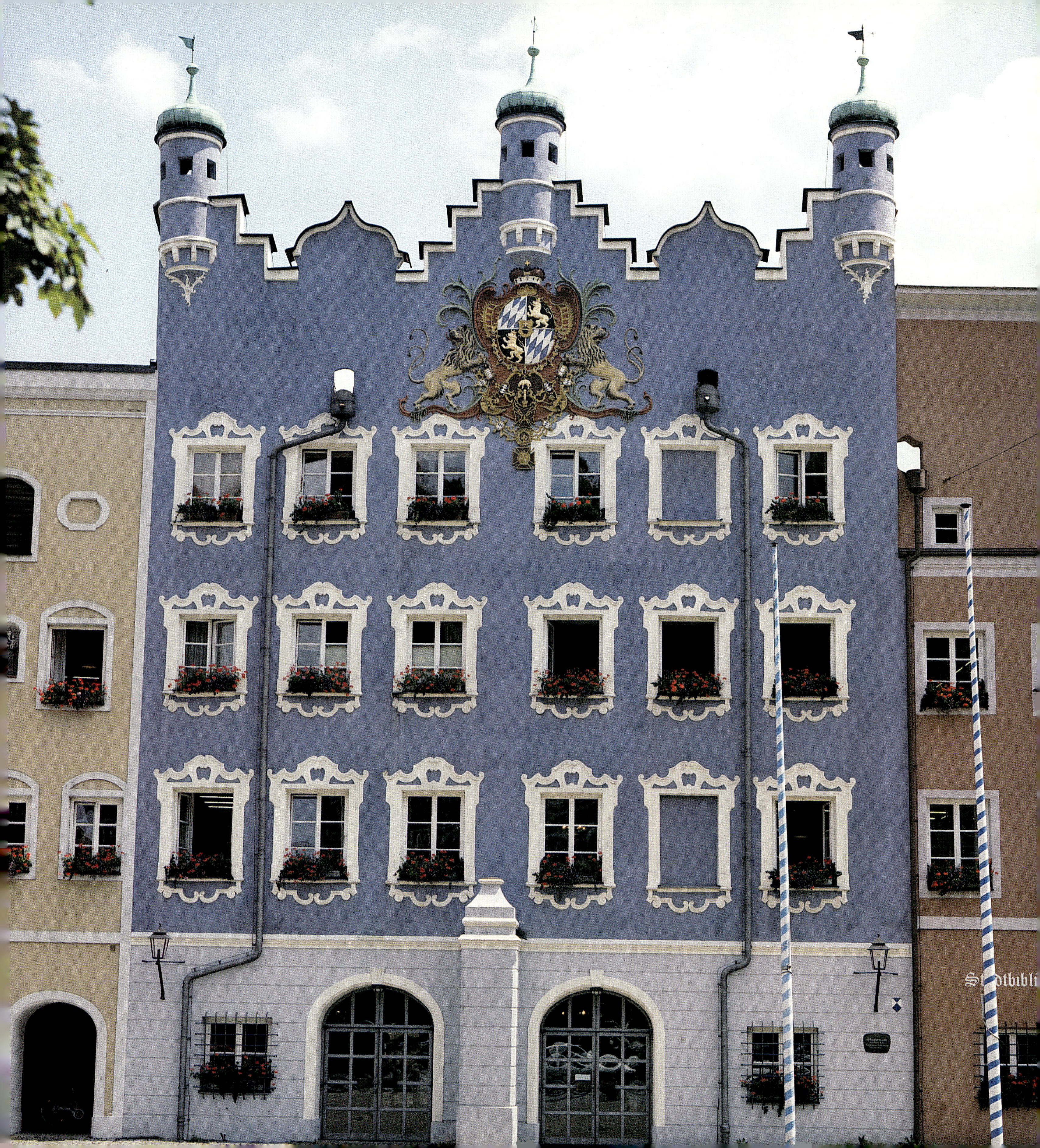

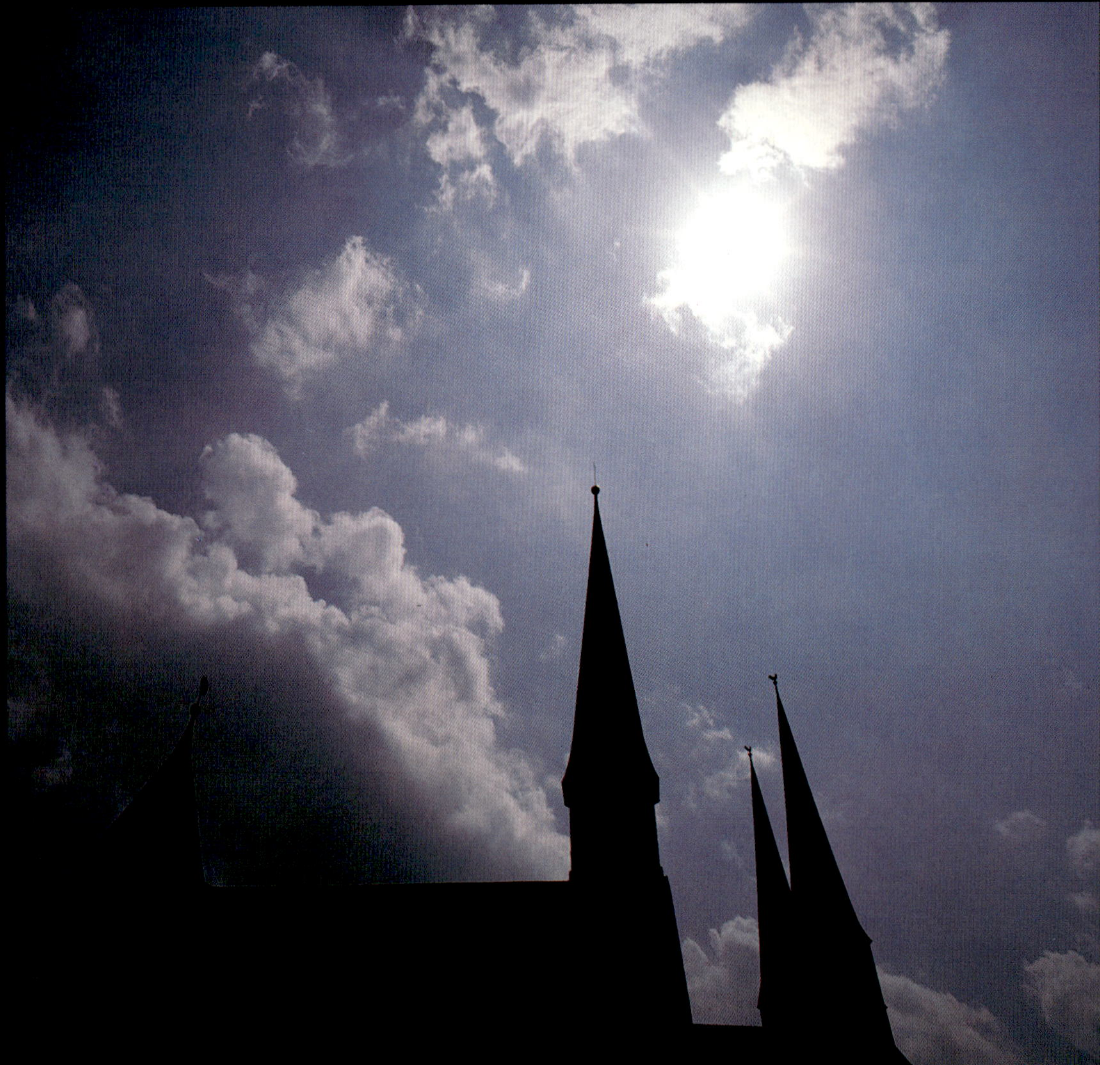

Das Beschreiben
der Votivtafeln
ist
streng untersag
Maria half

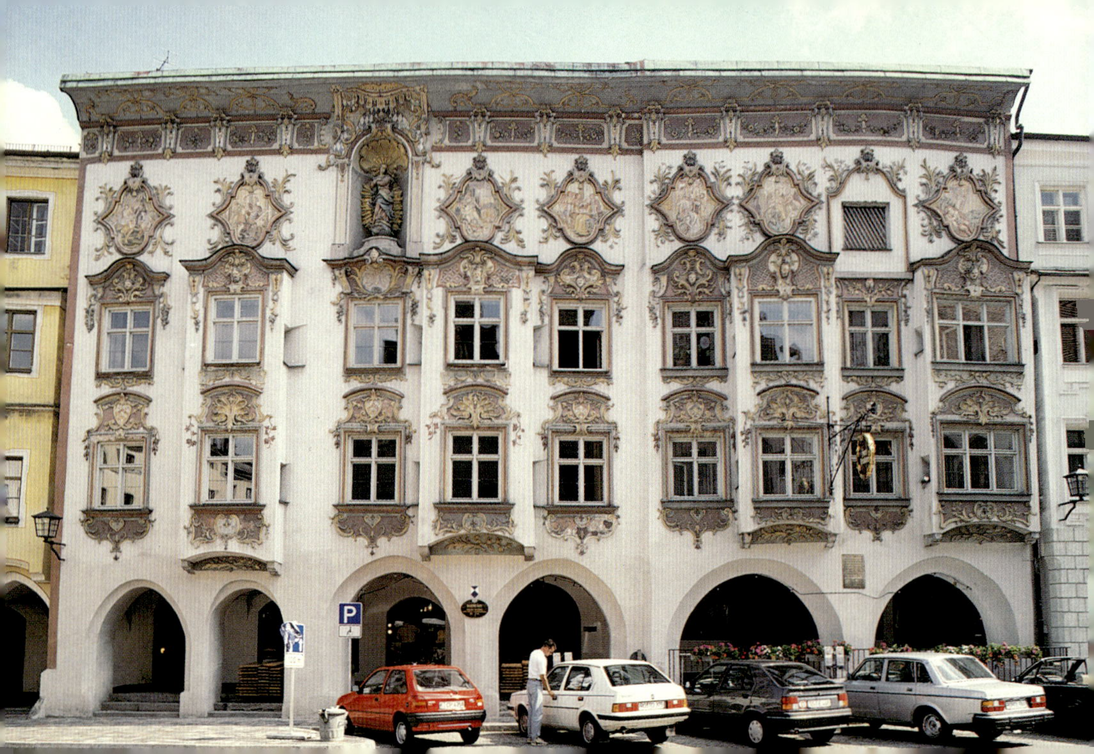
P

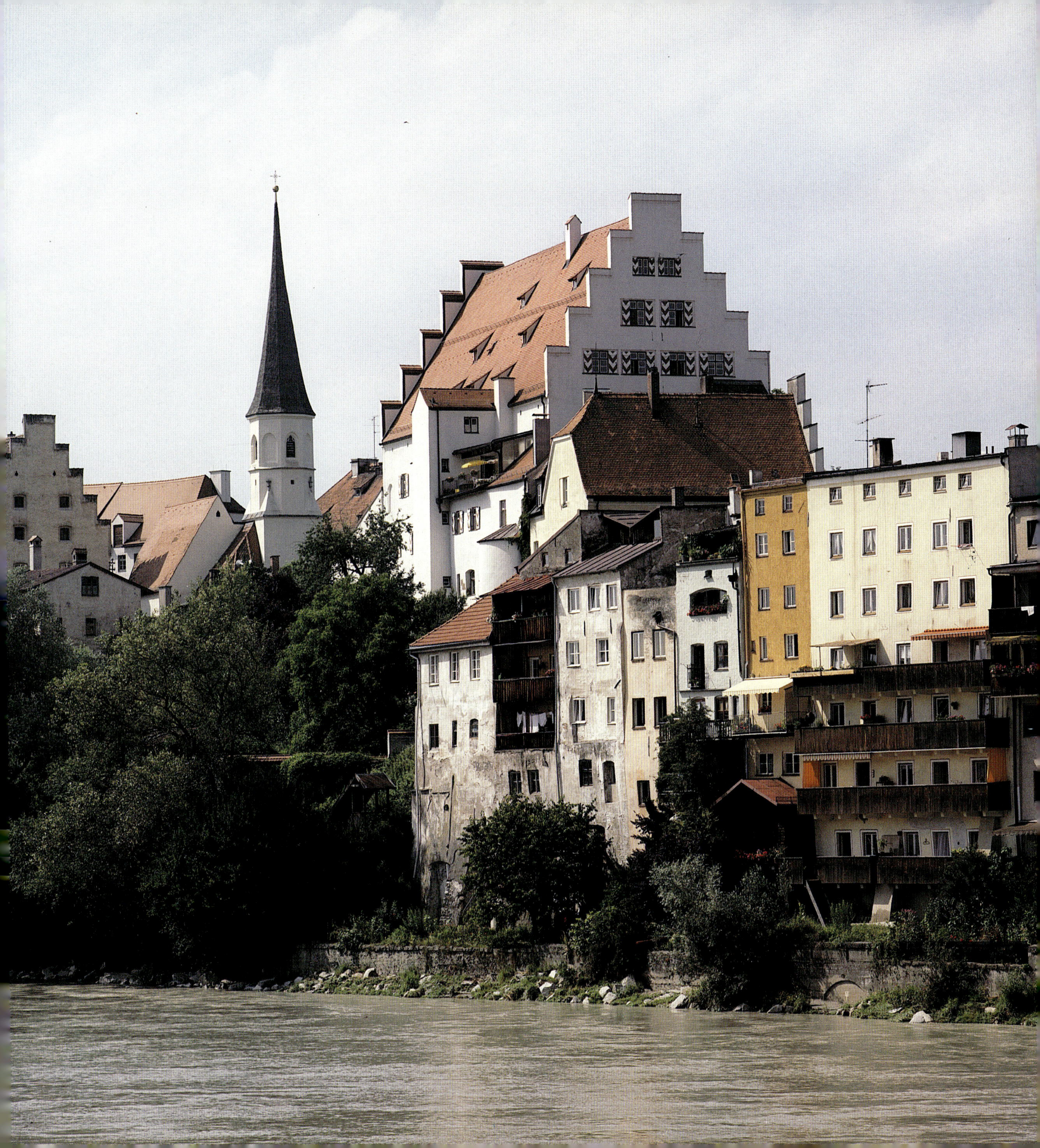

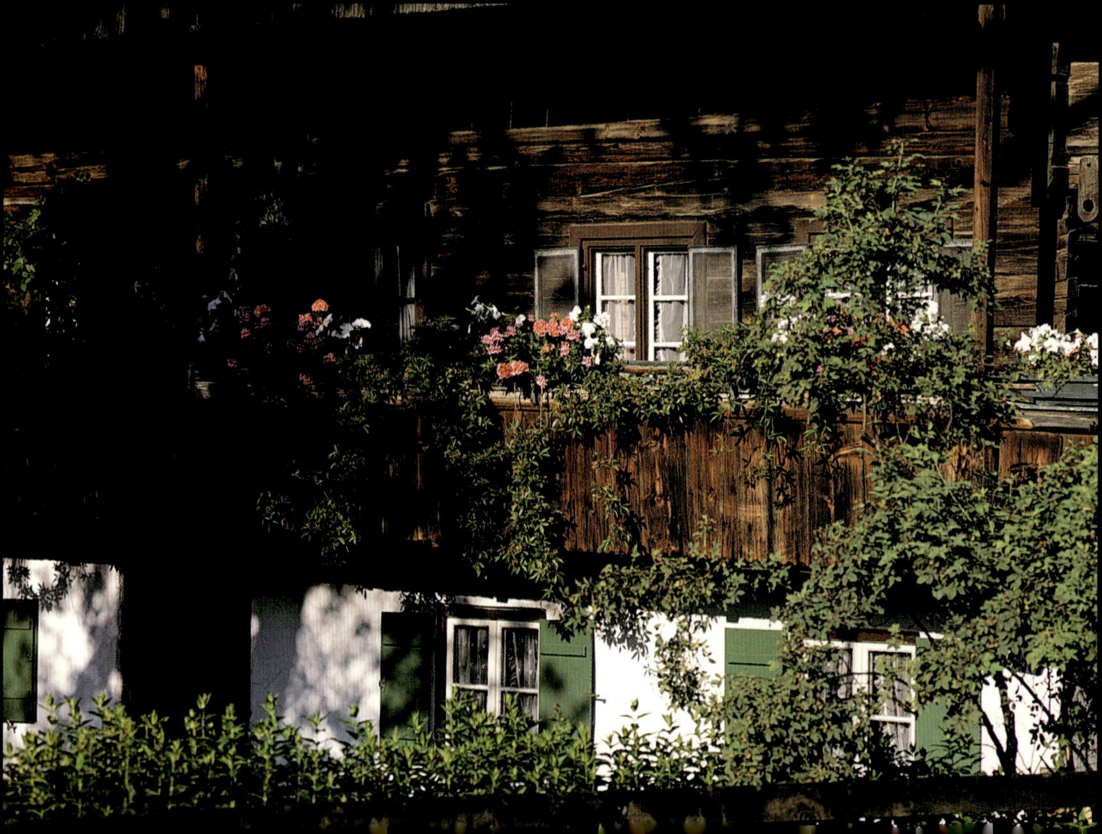

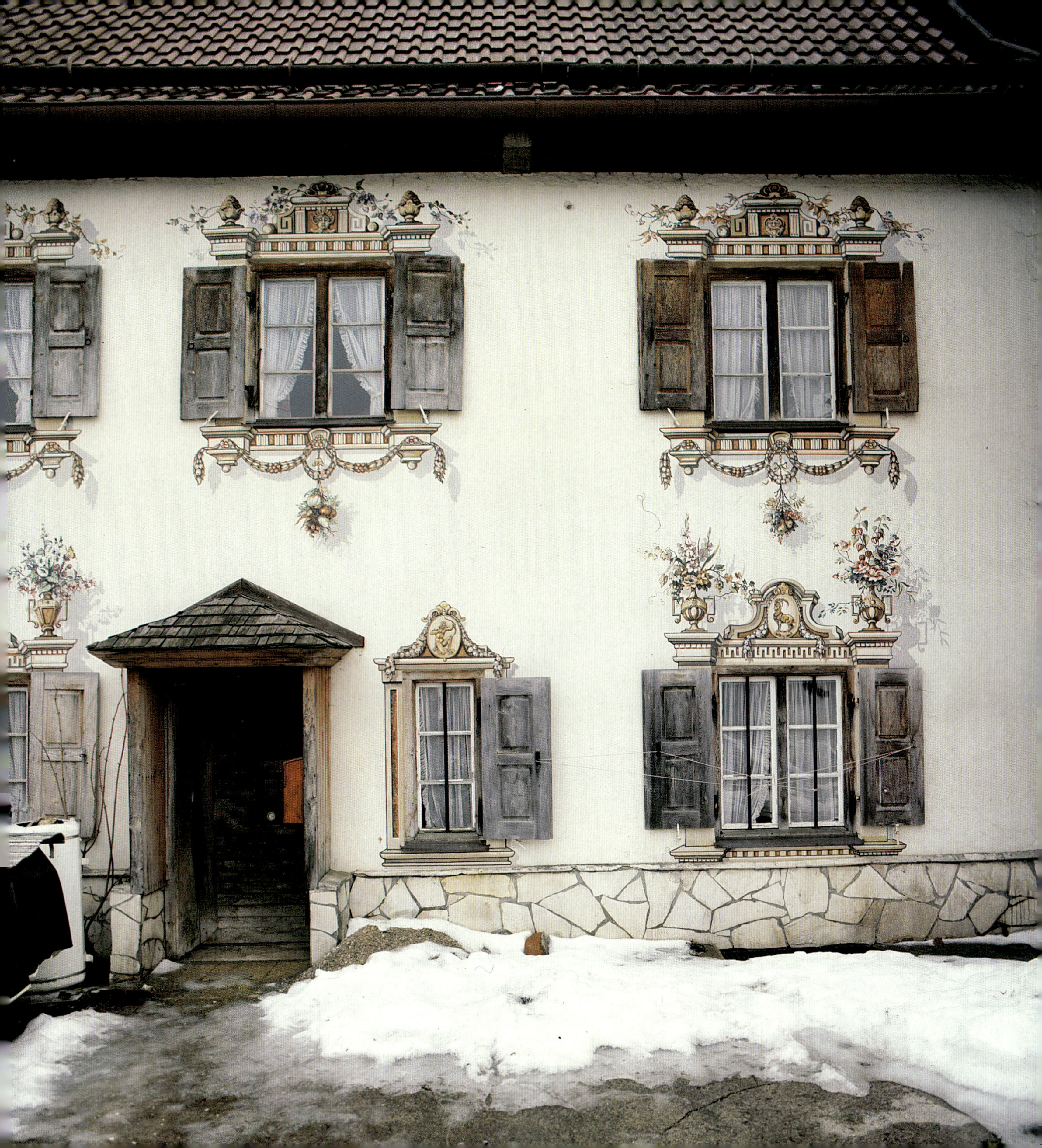

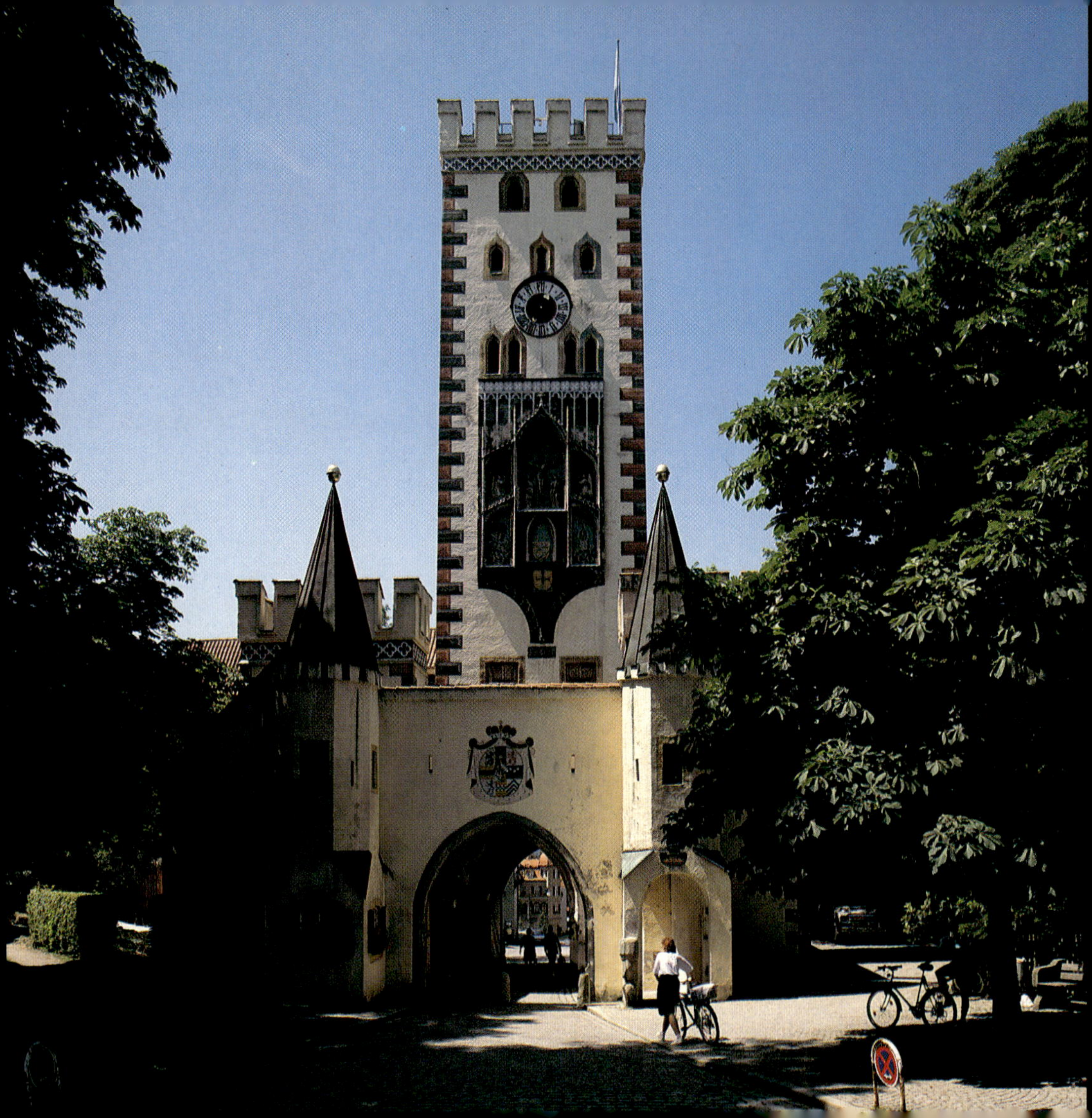

Damen Lori-Boutique Herren
Kempten 69 km
Memmingen 58 km
Füssen 65
Garmisch-Part. 78

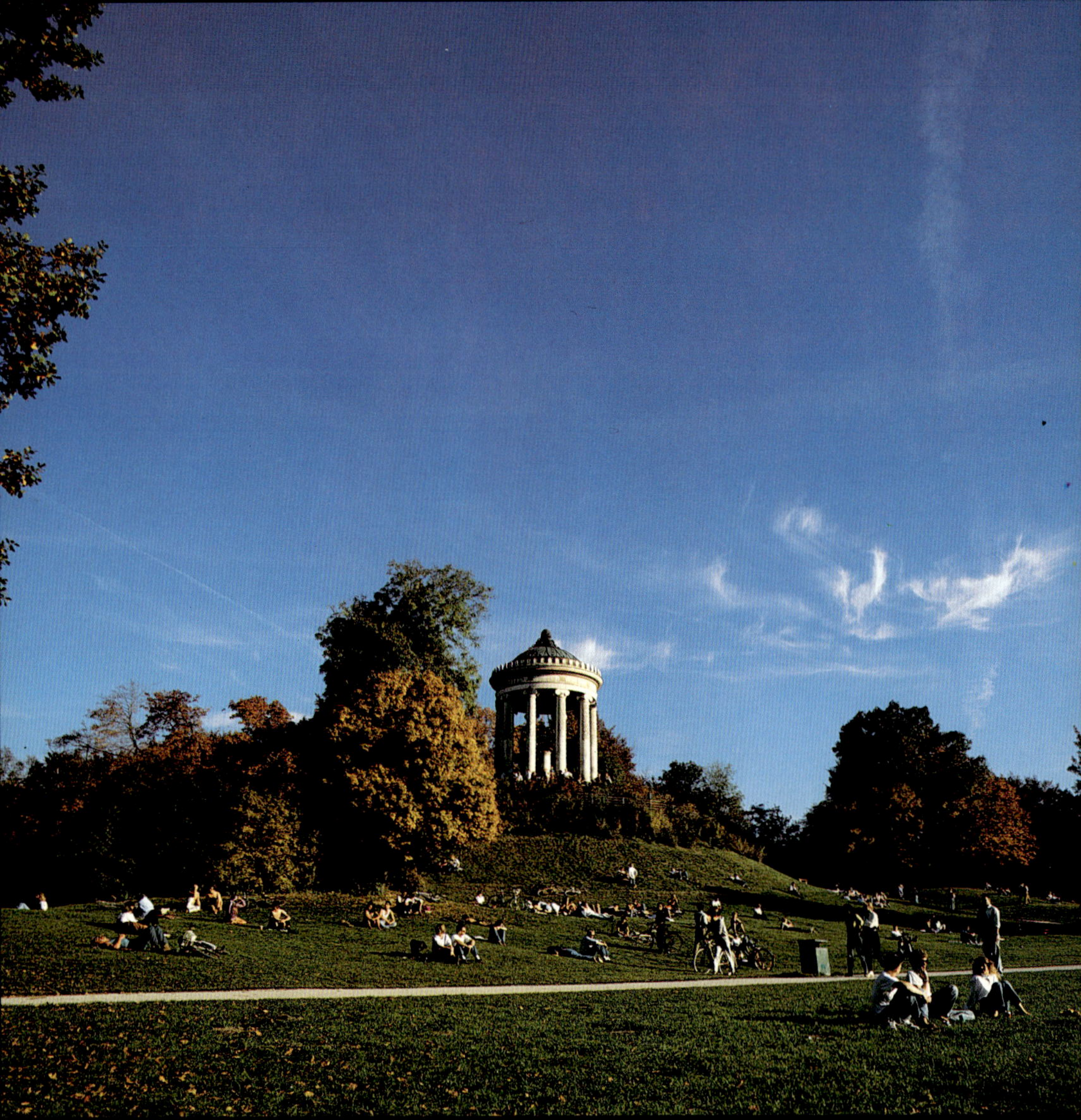

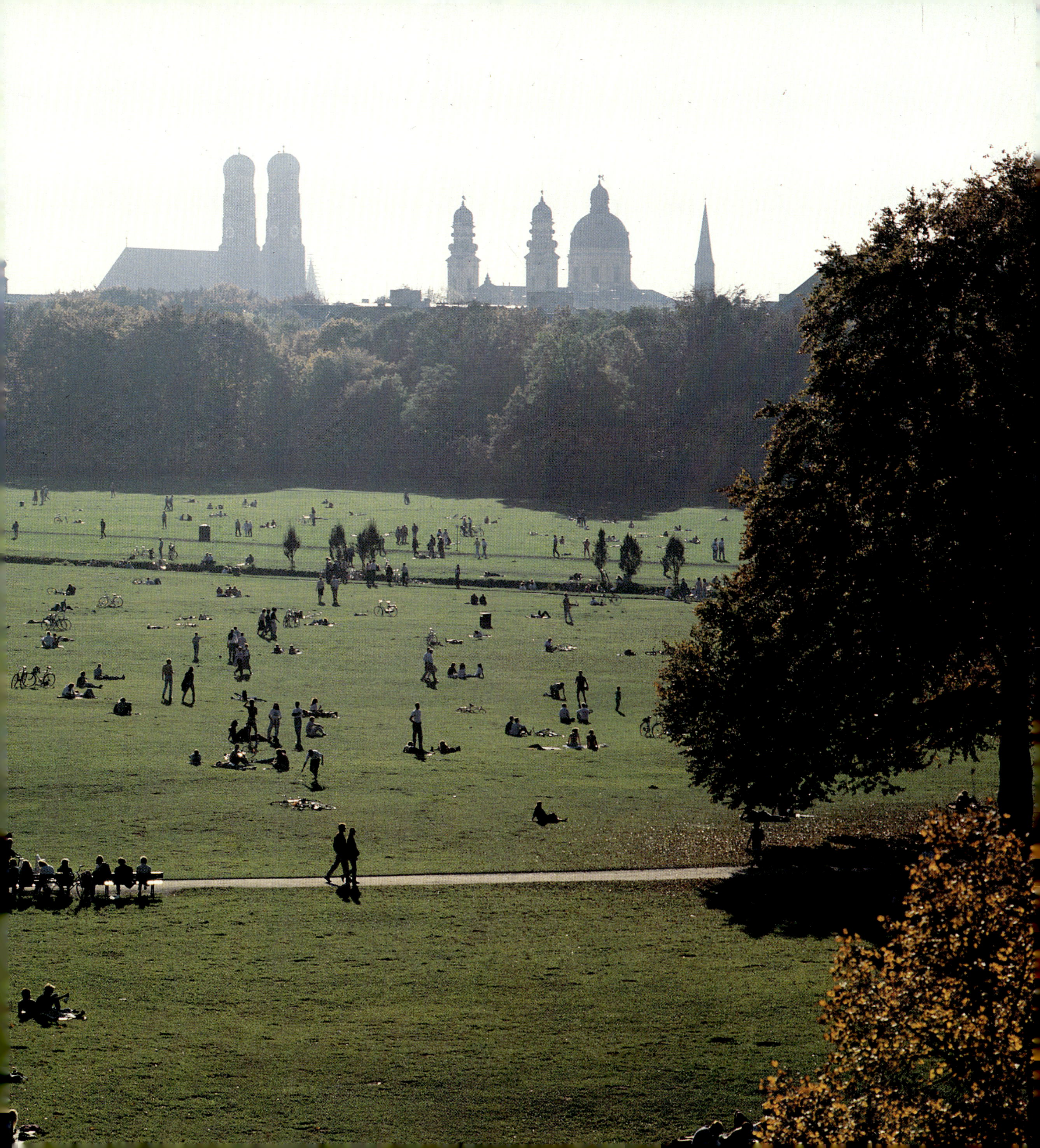

DEM BAYERISCHEN HEERE

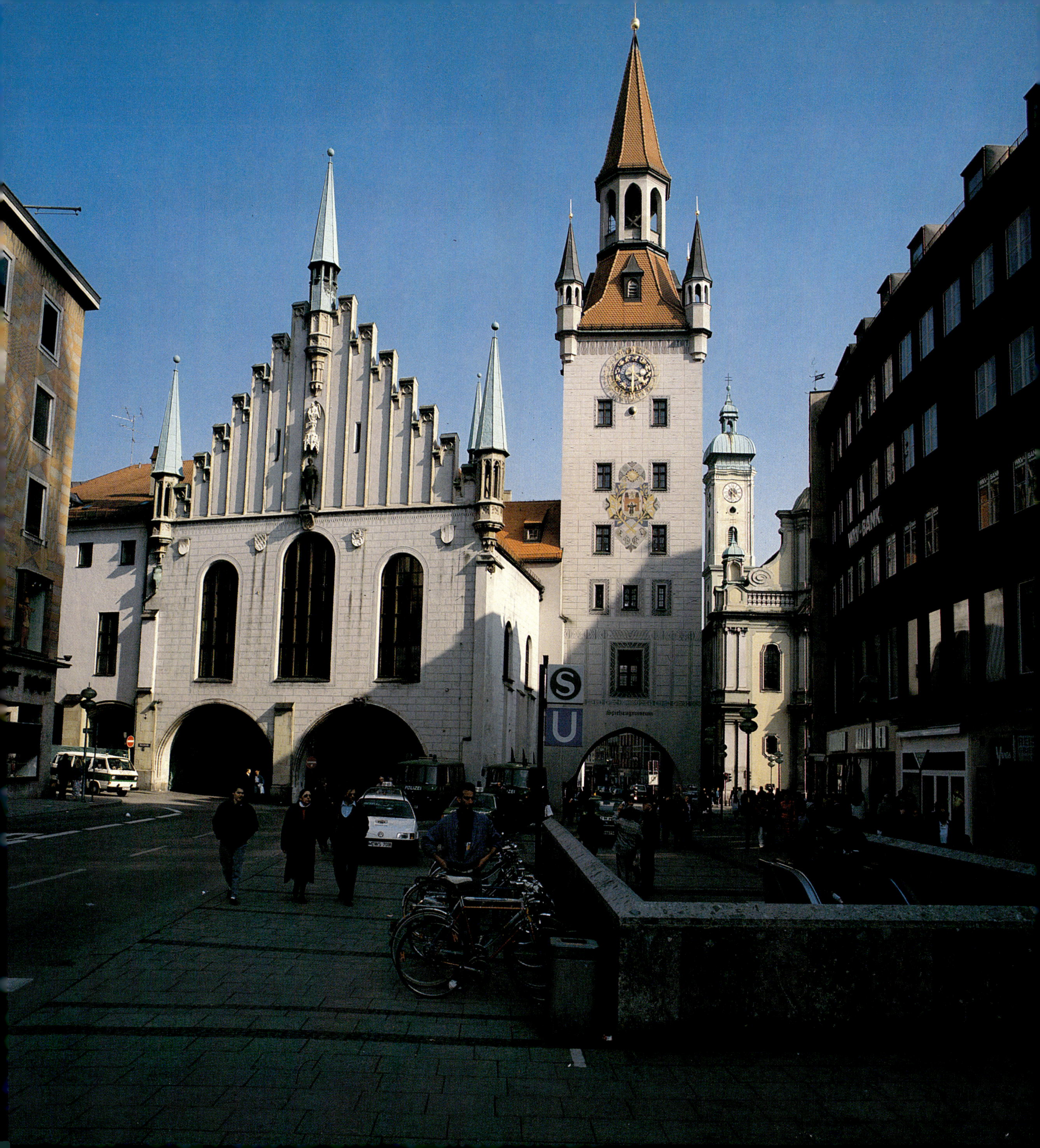
S
U

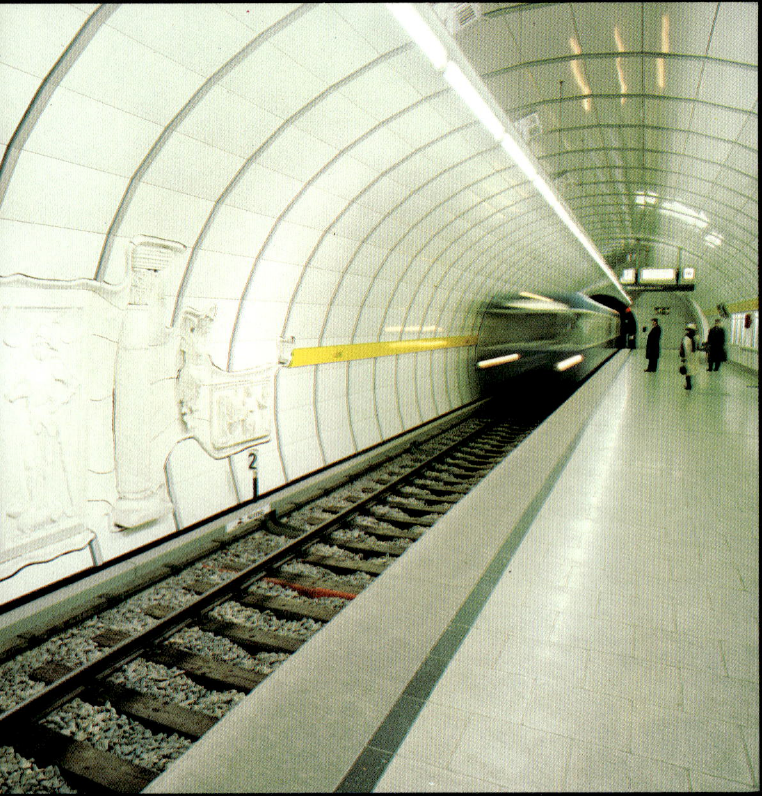

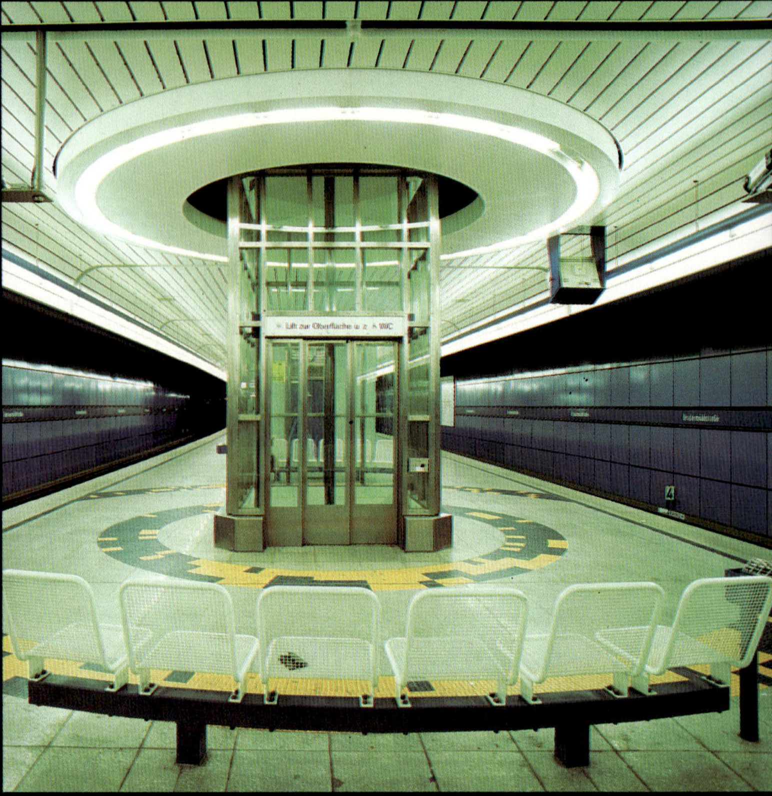

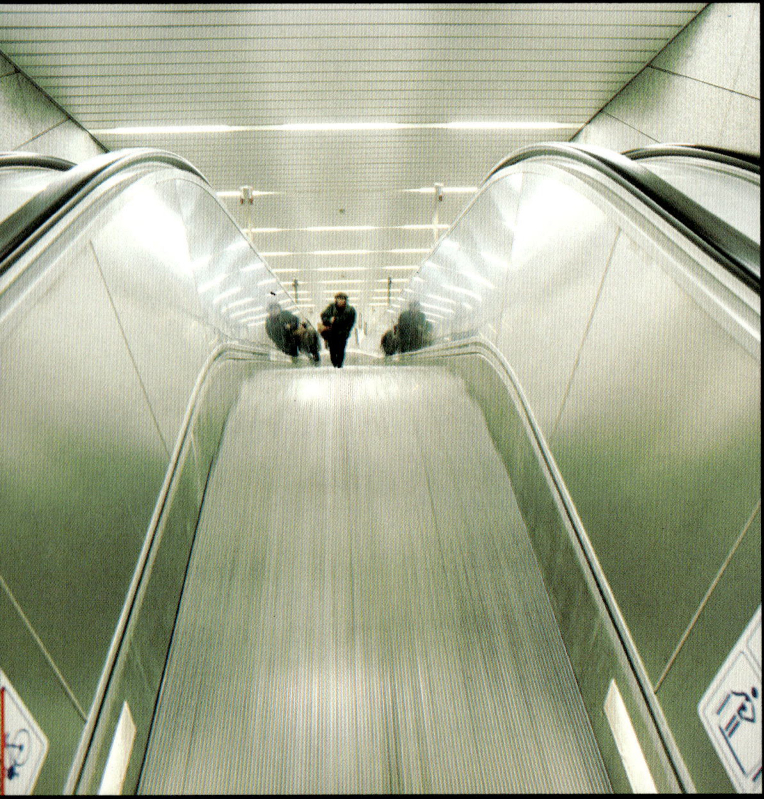

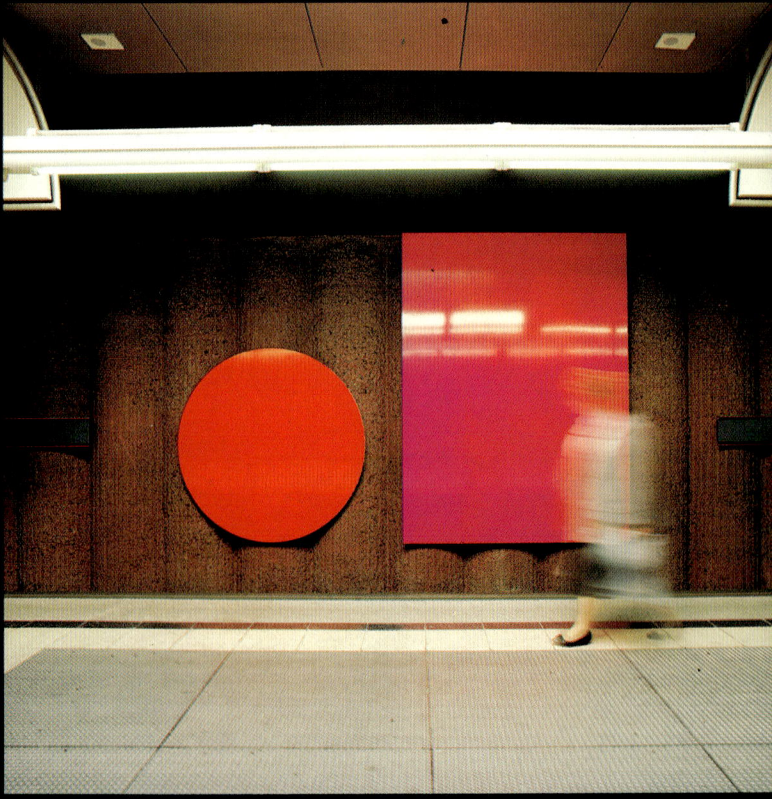

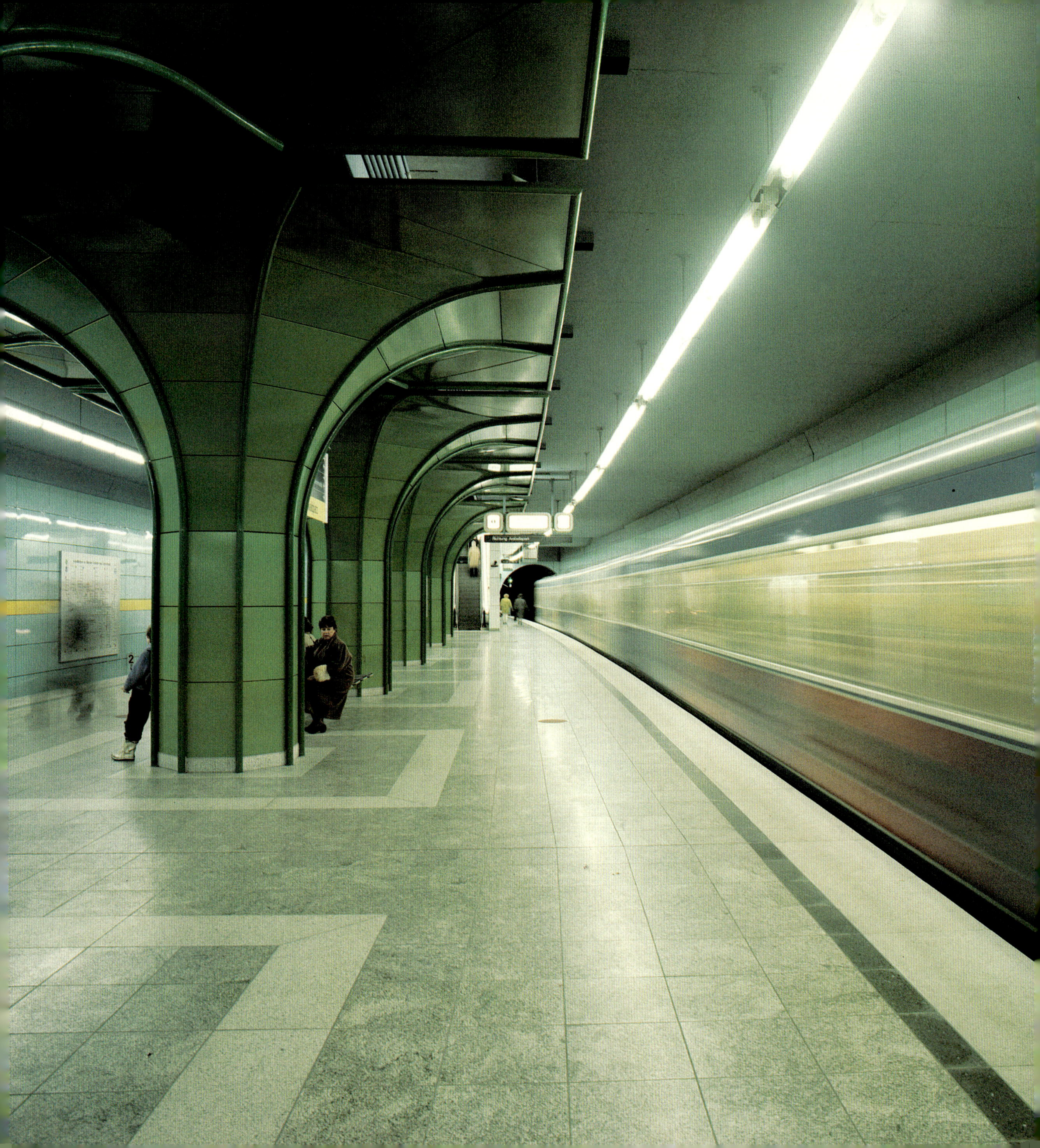

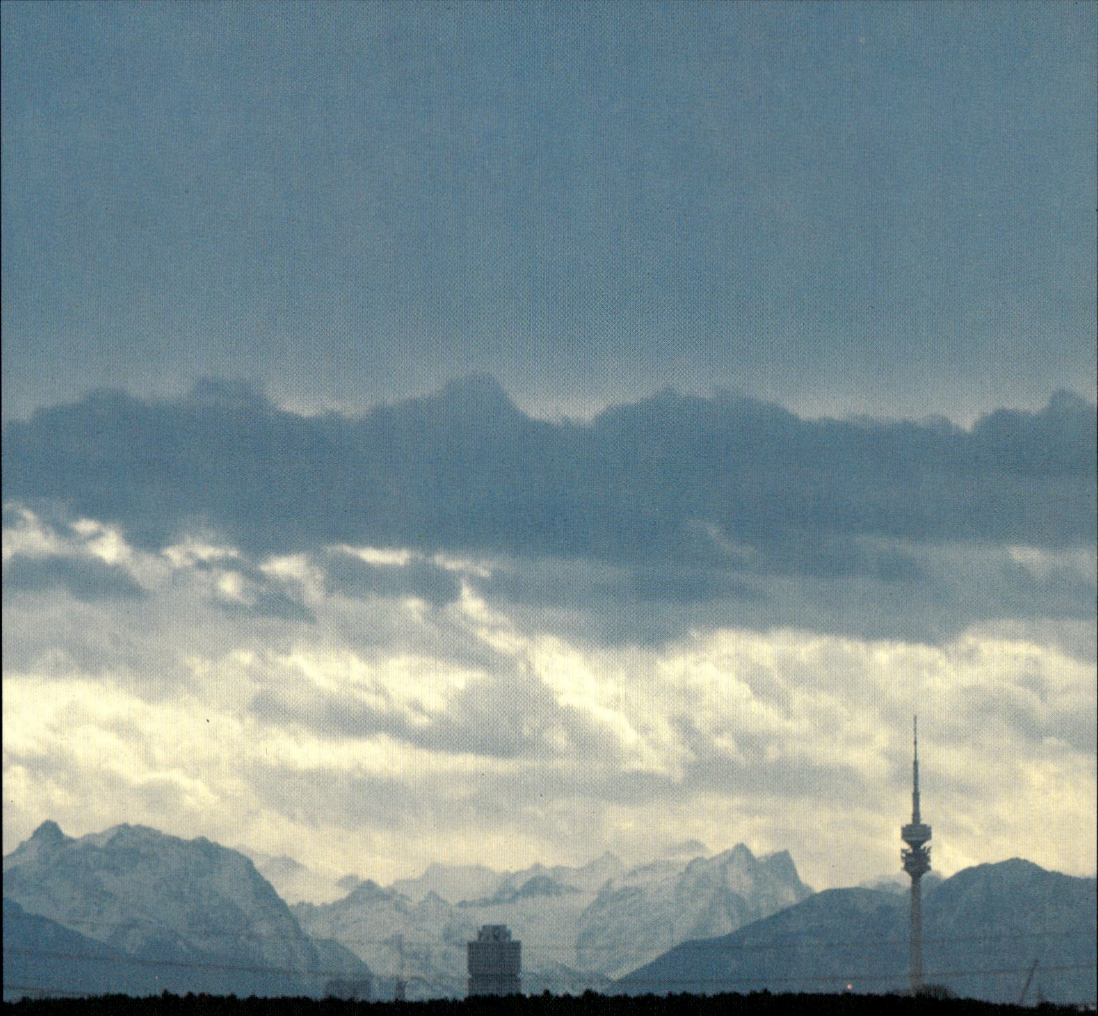

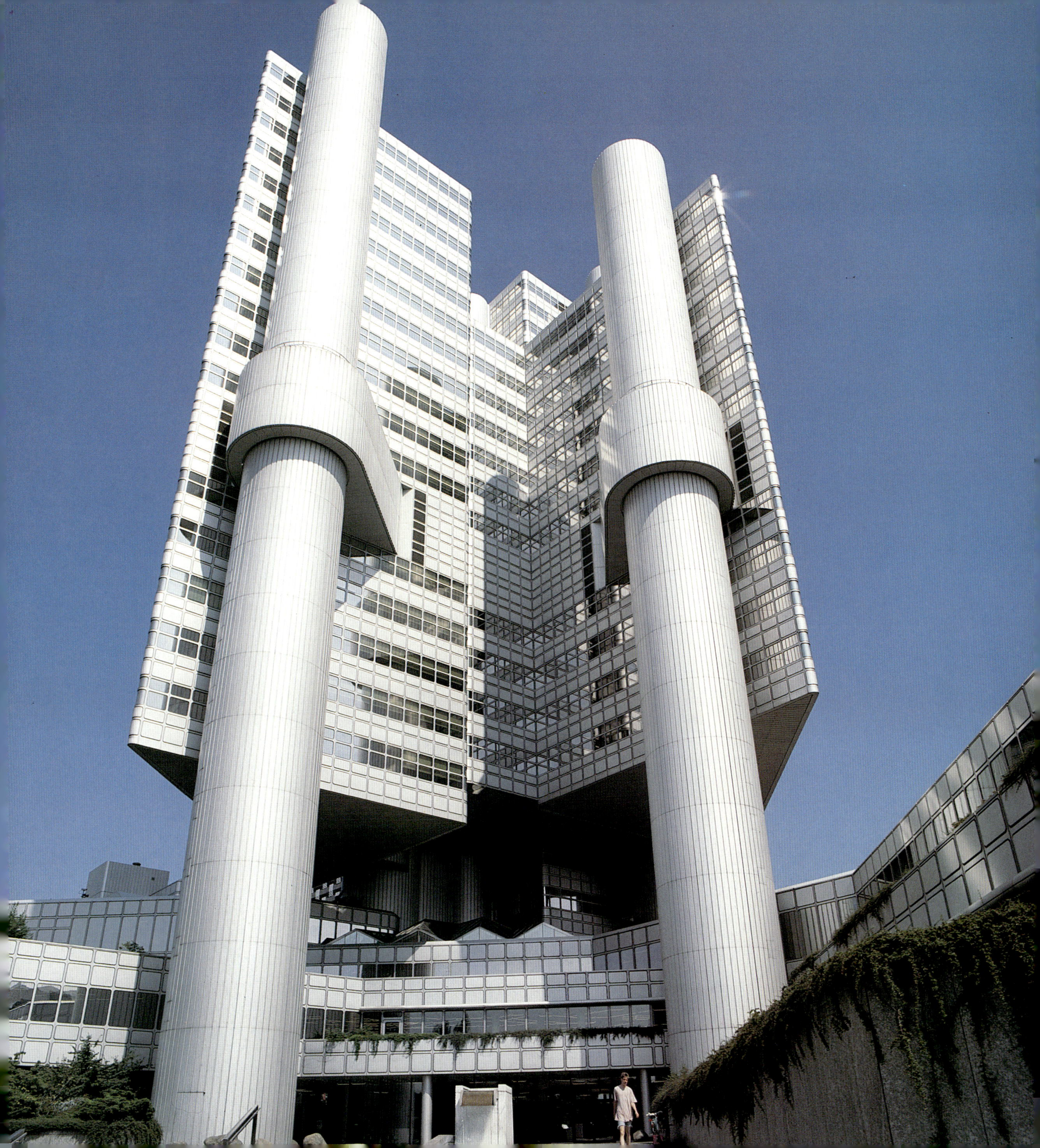

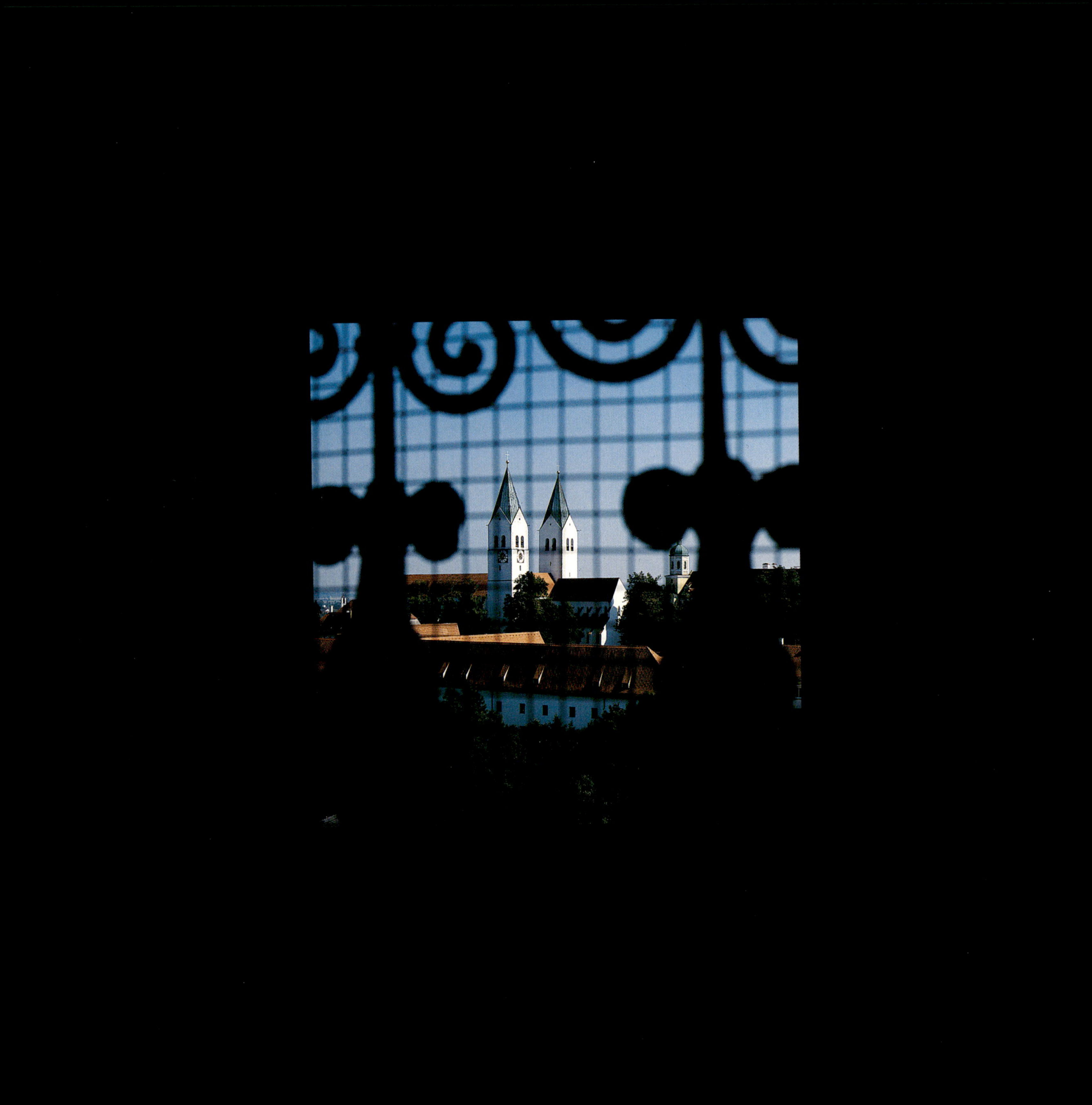

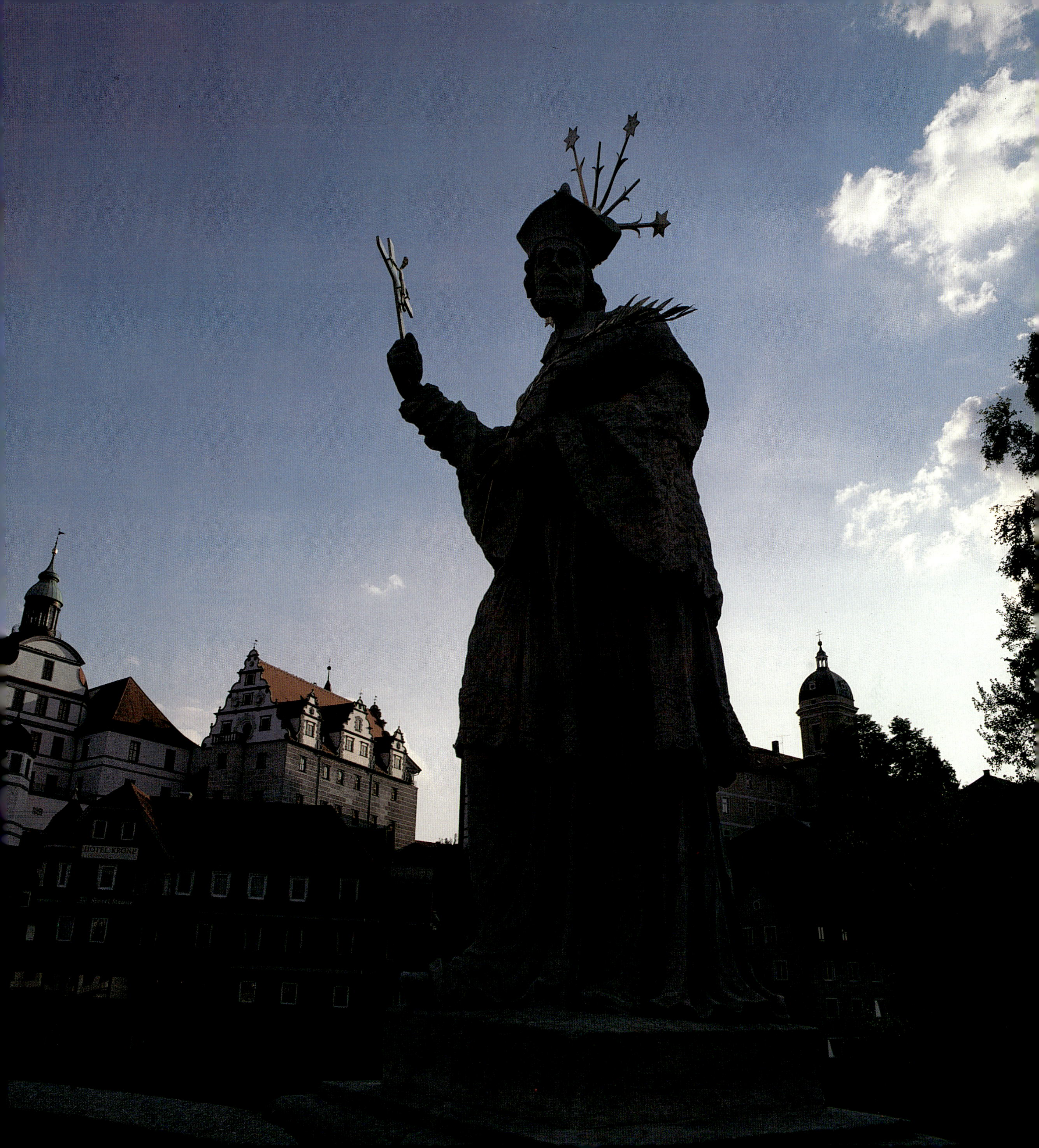
HOTEL KRONE

ARIVM   S. WILI
NNE   ANTO
ICIPE   ET EPO EÿS
VM   ANNO M

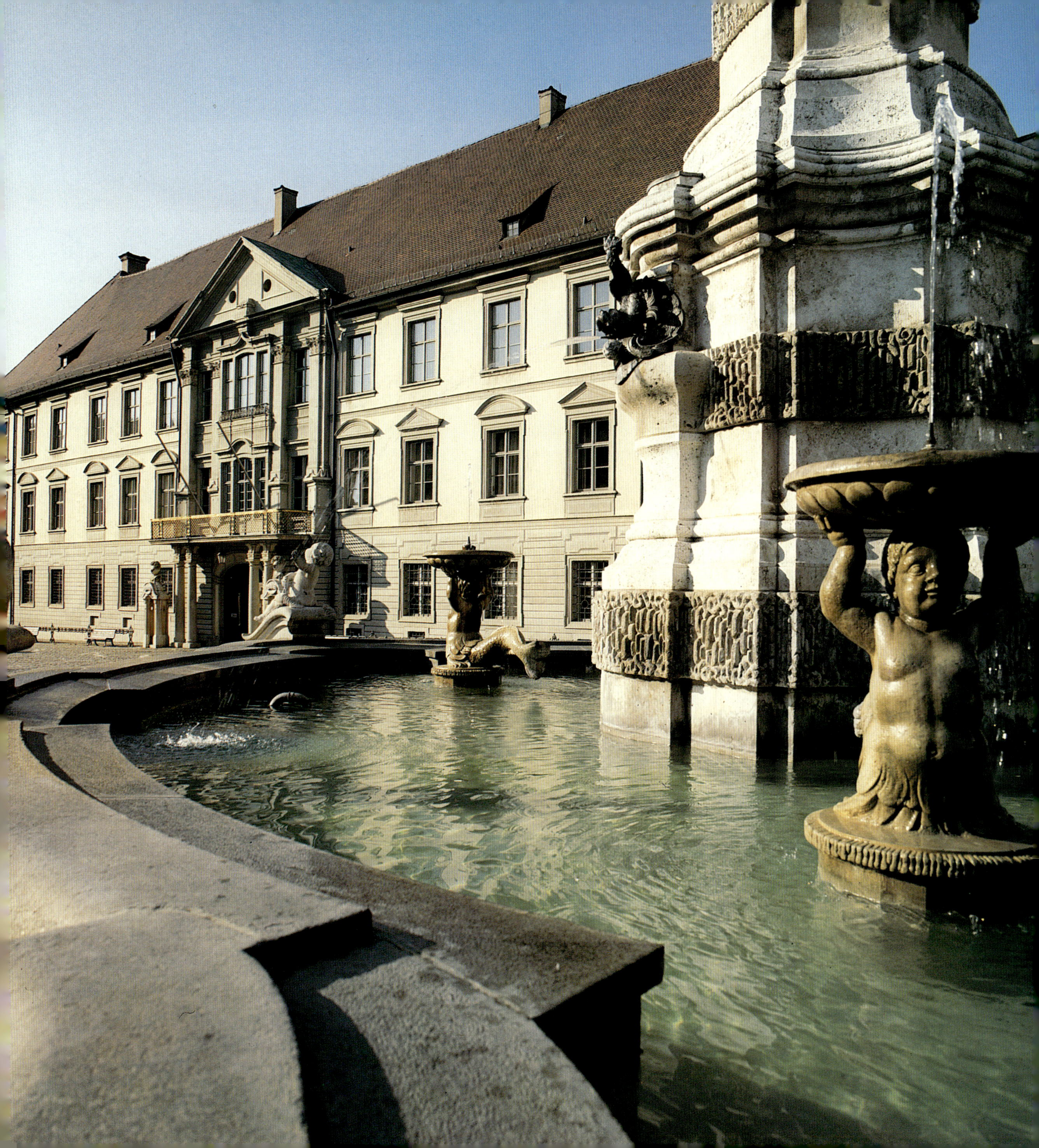

Schönheit, Salz und Schusser

Der große Naturforscher Alexander von Humboldt, der, weiß Gott, viel herumgekommen ist, hat einmal über das Berchtesgadener Land gesagt, es zähle zu den drei schönsten Landschaften der Erde. Der Erzähler Ludwig Ganghofer ließ sich sogar zu dem pathetischen Satz hinreißen: „Herr, wen Du lieb hast, den lässest Du fallen in dieses Land!"

Den Berchtesgadenern schmeicheln solche Komplimente natürlich; andererseits wiederum sind sie der Meinung, daß ihnen der Herr nicht unbedingt einen Gefallen täte, wenn er ihnen wirklich alle, die ihm lieb und teuer sind, herschicken würde. Sie finden, daß sowieso schon ganz schön viele kommen.

Zum Beispiel, um sich mit dem Boot über den Königssee fahren zu lassen und bei der Gelegenheit anzuhören, wie die Brentenwand einen Trompetenstoß gleich siebenfach zurückwirft. Oder um das Kircherl von St. Batholomä zu fotografieren; um durch das Steinerne Meer zu wandern; um den berühmt-berüchtigten Watzmann, der immer wieder seine Erkletterer abwirft, endlich einmal aus der Nähe zu sehen ...

Damit er aber auch denjenigen, welchen diese großartigen Erlebnisse im Berchtesgadener Land nicht vergönnt sind, seine Liebe beweise, hat der Herr die Gaben aus dem Berchtesgadener Land körnchen-, tropfen- und kügelchenweise über den Rest der Erde verteilt: Körnchenweise das Salz, das seit fast fünfhundert Jahren aus den Lagern des Andreasberges gewonnen wird; tropfenweise den Enzian-Schnaps, den man aus den Wurzeln der bekannten Alpenblume brennt; und kügelchenweise - die Schusser.

Jawohl, Schusser, oder Klicker, wie die Schwaben sagen, oder Murmeln, für die Norddeutschen. Nirgends wurden so viele davon hergestellt wie in Berchtesgaden, das im 17. und 18. Jahrhundert das Weltzentrum der Schusserherstellung war. Millionenfach wurden die kleinen Kugeln in verschiedene Länder Europas verkauft, und weiter bis nach Indien. Mit Gewürzen, mit Seide und mit Salpeter haben die Inder dafür bezahlt. Und es ist gar nicht lange her, da war auch in Oberbayern eine pralle Hosentasche voller Schusser für einen Buben noch ein Schatz. Inzwischen hat sich das wohl etwas geändert. Tatsache ist jedenfalls, daß heutzutage in Oberbayern so wenig geschussert wird wie in Indien.

Aber Berchtesgaden hatte der Welt noch viel mehr zu geben: Ganz am Anfang unseres Jahrhunderts wurde es zum Wegbereiter des alpinen Naturschutzes. Weitsichtige Leute hatten erkannt, daß der Ausbau der Verkehrswege, die steigenden Fremdenverkehrszahlen und der Handel mit Alpenblumen die Flora bedrohten. 1910, als noch niemand wußte, was ein Biotop ist, wurde der „Pflanzenschonbezirk Berchtesgadener Alpen" eingerichtet.

Zugegeben: der Yellowstone Nationalpark in den USA ist noch älter - und tatsächlich war er auch das Vorbild. Aber das heißt nicht, daß sich die Berchtesgadener für den Naturschutz begeistert hätten, bloß weil er aus Amerika kam. Sie waren zwar Fremdem gegenüber aufgeschlossen, jedoch selbstbewußt genug, die Schönheit ihres eigenen Landes zu sehen, zu schätzen - und bewahren zu wollen.

Am deutlichsten wurde das, als während des Ersten Weltkrieges Pläne aufkamen, in eine der Felswände am Königssee einen assyrischen Löwen einzumeißeln. Warum gerade einen assyrischen und nicht etwa einen bayerischen, ist unbekannt - aber auch egal, denn die Einheimischen wollten überhaupt keinen.

Ihnen war die Wand allemal schön genug und deshalb setzten sie sich dafür ein, sie so zu lassen, wie die Natur sie geschaffen hatte. In Folge ihrer Bemühungen bekamen sie statt des Löwen ein erweitertes Naturschutzgebiet. Dieses umfaßte neben vielem anderen praktisch den ganzen Königssee.

Der Königsee, dieser bayerische Fjord, ist wirklich etwas besonderes: Einhundertundvierzig Millionen Jahre ist sein

Becken alt, das Wasser fast zweihundert Meter tief - und weil die steilen Uferwände den Bau von Straßen und Siedlungen stets verhindert haben, blieb die Ursprünglichkeit des Sees und seiner Umgebung bis heute erhalten.

Der letzte Anschlag auf das Berchtesgadener Land galt dem Watzmann. Nicht, daß man dem sagenumwobenen Berg ebenfalls einen assyrischen Löwen einmeißeln wollte, vielmehr war man drauf und dran, ihm in Form einer Seilbahn einen argen Striemen auf den Rücken zu schlagen. Doch abermals wehrten sich die Naturschützer, und diesmal forderten sie die Einrichtung eines Alpen- und Nationalparks Berchtesgaden.

Die Bayerische Staatsregierung hatte ein Einsehen, und so wurde, was in Amerika möglich gewesen war, gut hundert Jahre später auch in Oberbayern Wirklichkeit. Alexander von Humboldt hätte seine Freude. Und Ludwig Ganghofer wäre wohl erst recht in seiner Meinung bestätigt, daß der Herrgott das Berchtesgadener Land über alles liebt. HB

Das Kloster war eine sichere Bank

Billig ist es nicht gerade in der Gegend um den Tegernsee. Das Wirtshaus, in dem man ein Riesenschnitzel für zwölf Mark fünfzig bekommt, gibt es nicht mehr. Aber die Leute, die dort leben, sind auch nicht gerade arm. Die, die in den letzten zwanzig, dreißig Jahren zugezogen sind, sowieso nicht, und auch die Alteingesessenen hatten kaum je Grund zum Klagen. Das Land hat die Großeltern schon gut ernährt, und deren Großeltern auch. Und noch früher, vor zweihundert Jahren, gab es außerdem das Kloster...

Das Kloster Tegernsee, die Zentralabtei des Benediktinerordens in Bayern, war bis zur Säkularisation Anfang des vorigen Jahrhunderts eines der größten Wirtschaftsunternehmen auf oberbayerischem Boden. Es besaß riesige Ländereien, landwirtschaftliche Betriebe, ausgedehnte Wälder und mehrere Weingüter in Österreich. Es unterhielt eine stattliche Anzahl von Gewerbebetrieben, deren wichtigster die Brauerei war.

Aber auch Druckerei, Buchbinderei, Sägewerk, Schlosserei, Glaserei, Mühle, Schmiede und Ziegelwerk hatten einen weit größeren Umfang, als es der Bedarf des Klosters allein erfordert hätte. Wichtig waren ferner die Fischrechte im Tegernsee, die Getreide- und Weinlager und vor allem: der Kapitalbesitz. All das zusammengenommen, machte das Kloster Tegernsee zu einem mächtigen Konzern. Das erregte Neid. Den Äbten und Prälaten wurde Raffgier und übertriebener Hang zum Luxus nachgesagt - aber damit ließ sich der wirtschaftliche Erfolg nicht erklären. Auch ein modernes Industrieunternehmen floriert nicht, bloß weil der Aufsichtsrat habgierig ist.

Nicht, daß die geistlichen Herren des 18. Jahrhunderts schlecht gelebt hätten, aber sie ließen andere an ihrem Wohlergehen teilhaben. Die Vorstellung, daß feiste Mönche ihr fruchtbares Land bestellt, ihr dunkles Bier gebraut und ihre sonstigen Bedürfnisse auf Kosten einer notleidenden Bevölkerung befriedigt haben, ist zwar weit verbreitet, hat aber nie zugetroffen. Der Konvent von Tegernsee war im Verhältnis zu seiner Kapitalkraft sehr klein. Bei seiner Auflösung im Jahre 1803 hatte er 41 Mitglieder: 37 Mönche und vier Laienbrüder. Die Zahl der entlohnten Arbeitnehmer in den klösterlichen Betrieben belief sich dagegen auf ein Vielfaches.

Zur weltlichen Dienerschaft des Klosters zu gehören, war kein schlechtes Los, egal, ob man in jungen Jahren als Hütebub anfing, um dann zum Unter-, Mitter- und Oberknecht aufzusteigen und schließlich als Schwaiger einem Bauernhof vorzustehen, oder ob man eine vergleichbare Laufbahn in der Brauerei, der Schmiede oder einem anderen Handwerksbetrieb durchlief. Zwar verdiente der Klosterrichter als oberster ziviler Beamter gut zwanzigmal so viel wie die Dienstboten, zwar waren Bezahlung und Aufstiegsmöglichkeiten für Frauen deutlich schlechter als für Männer - aber ihr Auskommen hatten alle, auch im Alter und im Krankheitsfall.

Ein Teil der Entlohnung für den höchsten wie für den niedersten Angestellten erfolgte in Naturalien. Ein Fuhrknecht, also einer, der am unteren Ende der Einkommensliste angesiedelt war, hatte immerhin seine freie Unterkunft und bekam sein Essen - je schwerer die Arbeit, die er verrichtete, um so kalorienreicher - dazu jeden Tag eine Maß Bier und drei Laiberl Brot sowie einmal im Jahr sieben Ellen Leinwand, ein Paar Schuhe und eine Kalbshaut. Sehr viel besser gestellt war der Braumeister. Er erhielt außer den Mahlzeiten gleich acht Maß Bier und zwei Portionen Weißbrot täglich, ferner ein Laiberl Schwarzbrot pro Woche.

Sein Jahresgeldlohn betrug sechzig Gulden und damit das Vierfache dessen, was der Fuhrknecht bekam. Wollte man das auf die Kaufkraft von heute umrechnen, dann käme man auf Jahresbezüge von zwölf-, beziehungsweise dreihundert Mark. Das erscheint uns sehr wenig, lag aber über dem Durchschnitt der damals gezahlten Löhne. Zu bedenken ist außerdem, daß niemand weder den Besitz eines Autos, eines Fernsehapparates oder eines Kühlschrankes anstrebte, noch den Drang hatte, eine Urlaubsreise ans Mittelmeer zu unternehmen. Ein gleichbleibendes Grundeinkommen in Form von Naturalien verhinderte, daß es der Empfänger allzu hart zu spüren bekam, wenn die Lebensmittelpreise inflationär anstiegen - und das war wichtiger. Naturalien wurden übrigens auch als Kredite vergeben. Wenn ein Bauer durch Hagelschlag oder Viehseuche in eine Notlage geraten war, konnte er sich Saatgut, Brotgetreide oder Vieh ausleihen. Das Kloster fungierte hier als Bank mit naturalwirtschaftlichem Zweig.

Die Bedingungen, die den Schuldnern eingeräumt wurden, waren äußerst günstig, gewuchert wurde nicht. Nothilfekredite an die Bauern, die die Ländereien des Klosters bewirtschafteten, waren in der Regel zinslos. Wenn Geld für Baumaßnahmen und Betriebsverbesserungen verliehen wurde, bewegte sich der Zinssatz um ein Prozent. Für die 31.000 Einwohner des Tegernseer Herrschaftsgebietes war das Kloster ein zuverlässiges Geldinstitut. Es konnte einen großen Teil der Leistungen anbieten, die heute die Banken und Sparkassen offerieren.

In der Tat wurde die Kreissparkasse Tegernsee 32 Jahre nach Schließung des Klosters von einem der letzten seiner Mönche gegründet - mit einer leicht veränderten Unternehmensphilosophie.

Keiner der dort Beschäftigten hat neben seiner Banklehre ein Theologiestudium absolvieren müssen. Dafür hat das Wort „Offenbarung", jeder Schuldner hat das seither wohl zu spüren bekommen, einen Bedeutungswandel erlebt. Und die Aufgabenteilung ist wieder klarer geworden: Sünden vergibt nach wie vor der Herr, Kredite die Sparkasse - aber nur gegen weltliche Sicherheiten.

HB

Dramatisches vom Kohlenbrenner

Auf ungefähr zehn Kilometern Länge ist der Inn die Grenze zwischen Oberbayern und Tirol. Am südlichen Ende dieses Abschnitts liegt Kiefersfelden. In früheren Jahrhunderten war es ein Umschlagplatz für Waren, die einerseits auf dem Fluß, andererseits auf der Straße von Tirol in die Stadt kamen. Heute spielt der Handel keine Rolle mehr - heute, wenn man von Kiefersfelden spricht, geht es meistens um die Ritterspiele. Besonders wenn man im Sommer in den Ort kommt, zur Spielzeit im Juli und August.

Da sitzt man beispielsweise im Garten vom Schaupenwirt und trinkt sein Bier. Man will von der Bedienung wissen, wann man gehen muß, um rechtzeitig in der „Komedihüttn" zu sein und sie gibt zur Antwort: „Pressiert nicht. Der Wirt ist auch noch da". Erst wenn der das Lokal verläßt, wird es Zeit aufzubrechen. Und wenn man mit ihm zusammen geht, dann nimmt er einen vielleicht sogar mit hinter die Bühne und man darf zuschauen, wie er und die anderen Darsteller sich schminken.

Der Schaupenwirt spielt den Schmied in „Floribela Herzogin von Burgund oder die Eisenschmelz im Felßental. Ein Schausbill in Vier Aufzügen". Verfasser des Stückes ist Joseph Schmalz, von dem fast alle Stücke, die die Kieferer aufführen, stammen. Josef Schmalz, das ist der „Bauern-Shakespeare". Eigentlich war Schmalz Holzknecht und Kohlenbrenner, aber es war nicht leicht, mit dem Geld, das man vor einhundertundfünfzig Jahren in diesem Beruf verdiente, eine Frau und elf Kinder zu ernähren.

Die zirka zehn Gulden, die er für ein Stück bekam, waren bestimmt mehr als willkommen. Also hat er fleißig geschrieben. Dreiundzwanzig seiner Spiele sind noch erhalten. Er hat sich keineswegs geniert, hie und da ein bißchen etwas bei den Klassikern auszuleihen. Aber mit seinen Themen und seiner Dramatik hatte er genau den Geschmack der Inntaler getroffen.

In allen Stücken gibt es Gute und Böse. Die Guten sind vollkommen gut und die Bösen abgrundtief bös. Und eines ist so sicher wie das Amen in der Kirch´: Den Finsterling, der der treuen Burgfrau nachstellt, während ihr Ehemann in Erfüllung seiner Christenpflicht ins Heilige Land zieht, ereilt am Schluß die furchtbare aber gerechte Strafe. In der Schmiede wird er ins Feuer gestoßen und der Schmied legt extra noch einmal nach, damit es so gut brennt wie das Feuer in der Hölle, in der dieser Bösewicht fortan schmoren muß. Die Kieferer wissen Charaktere und Schicksale, drastisch zur Geltung zu bringen.

Ihre Spiel- und Sprechtradition ist genau so von Generation zu Generation weitergegeben worden wie das Mieder der Burgfrau und der Hut des Bösewichts, auf dem höchstens einmal die Feder hat ersetzt werden müssen, weil sie so oft vor lauter Bosheit erzittert ist, daß sie irgendwann abgenutzt war.

Keineswegs abgenutzt ist die Komedihütt´n der Kieferer. Vor allem die Theatertechnik, die immer noch so funktioniert wie im barocken bayerisch-tirolischen Volksschauspiel. Die bemalten historischen Drehkulissen sind mit Hilfe von ganz einfachen Scharnieren und Federn so beweglich, daß in Sekundenschnelle auf offener Bühne ein vollständiger Szenenwechsel, etwa von der Enge des Geroldsberger Klosterverließes in die Weiten des Heiligen Landes, gelingt. Da kommt kein modernes Opernhaus mit millionenteurer Hydraulik mit.

Wenn in Oberbayern das Etikett „Tradition", das so gern und so oft einem jedem Schmarr´n angehängt wird, wirklich einen Sinn hat, dann in Kiefersfelden bei den Ritterspielen. Denn Tradition heißt „Beharrung" und die Kieferer ändern keinen Deut an den Stücken und an ihrer Aufführungspraxis.

Eigentlich spielen sie für sich selber, und das seit 1618. Aber weil heutzutage die Touristen und die Städter die Plätze in der die Komedihütt´n übervölkern, und so manche hochpathetische Liebes-, Sterbe- oder Kampfszene bloß für eine tümliche Gaudi halten, verbitten sich die Ritterspieler auf dem Programmheft jedwedes unangebrachte Gelächter.

Dorfschwänke und Bayernpossen, die landauf landab in allen Ferienorten über die Bretter gehen, sogenanntes Volkstheater, war von jeher eine Erfindung des Fremdenverkehrs und ist geradewegs so alt wie dieser: vielleicht ein bißchen mehr als 100 Jahre.

Im Kiefersfeldener Volksschauspiel ist man höchstens unfreiwillig komisch. Einmal, da hatte ein Übeltäter gerade eben den gerechten Bühnentod gefunden, und machte, vom fulminanten Schwerterkampf ganz außer Atem, immer noch einen viel zu lebendigen Eindruck.

Lange fackeln gilt da nicht. Und erzürnt rief der Held: „Was, du Schuft, du röchelst noch? Soll ich dich noch töterer töten?!" In ihrer Spiellust sind die Kieferer aus Tradition nicht so leicht totzukriegen.

HB

Schluchten und Risse

Durch Garmisch-Partenkirchen geht ein Riß, der von dem Bindestrich zwischen den beiden Ortsteilnamen nur unzulänglich überbrückt wird. Es heißt, den Garmischern sei die Zusammenlegung von 1935 ebenso wenig recht gewesen wie den Partenkirchenern. Möglich ist das durchaus, denn eine uralte Kleinfehde zwischen zwei Ortschaften ist, auch wenn sie Außenstehenden ganz und gar überflüssig erscheint, nicht so leicht aus der Welt zu schaffen.

Wann sie ihren Anfang genommen hat, das ist nicht mehr genau feststellbar, spätestens aber im 13. Jahrhundert. Damals war die Grafschaft Werdenfels das Juwel der Freisinger Bischöfe. Nicht nur, daß sie sie als Jagdrevier zu schätzen wußten, sie verdienten auch ordentlich an dem Holz das in den Bergwäldern geschlagen wurde. Gekauft hatten sie das Land zwischen Ettal und Scharnitz, zwischen Zugspitze und Vorderriß eigentlich in der Hoffnung, daß doch noch Erz gefunden würde, vielleicht sogar Silber. Aber daraus wurde nichts. Dafür ließ sich eine andere Goldader anzapfen: Die Handelsroute nach Italien.

Es zeigte sich, daß Partenkirchen durch seine Lage an der sogenannten Rottstraße zum Warenumschlagplatz wie geschaffen war. Mindestens fünfhundert Jahre lang spielten die Partenkirchener die Rolle, die im Orient die Karawanesereien innehatten. Davon zeugten bis ins vorige Jahrhundert Gasthäuser mit riesigen Gewölben, die als Warenlager dienten, und Ställe für über hundert Pferde oder Maulesel.

Bedauerlicherweise sind sie einem Brand zum Opfer gefallen... Das heißt: Bedauerlich ist das für die Nachwelt, und vor allem für die Partenkirchener selbst.

Die Garmischer dagegen, die mit einer nur sehr dürftig verhohlenen Mißgunst auf den Reichtum ihrer Nachbarn geblickt hatten, verspürten möglicherweise gar keine so heftige Trauer über das Unglück der Nachbarn. Sie fanden die historische Rolle, die ihr eigener Ort gespielt hatte, sehr viel wichtiger. Schließlich war Garmisch immer der politische Mittelpunkt des Werdenfelser Landes gewesen, hier hatte das Landgericht des Fürstbistums Freising getagt - seinerzeit...

Lange her. Ein Außenstehender wird nicht verstehen, warum die Rivalitäten im zwanzigsten Jahrhundert noch von Bedeutung sein sollen. Und wahrscheinlich verstehen es die meisten Einheimischen ebenfalls nicht mehr. Vor 1936, da mag das noch etwas anderes gewesen sein. Aber dann...

Den Älteren fallen bis auf den heutigen Tag zuerst die Olympischen Winterspiele von 1936 ein, wenn die Rede auf Garmisch-Partenkirchen kommt. Dabei waren diese zunächst heftig umstritten. Eine ganze Reihe von Nationen hatte erklärt, sie zu boykottieren. Sie befürchteten, daß eine derartige sportliche Großveranstaltung im Nazi-Deutschland allzuleicht zu Propagandazwecken mißbraucht werden könnte. Andere, darunter ganz bestimmt die Werdenfelser, hatten allein das sportliche Geschehen - allenfalls noch die Förderung des Fremdenverkehrs - vor Augen. Durch die Gemeinschaft der Völker ging ein tiefer Riß.

Die Boykottfront zerbröckelte erst kurz vor der Eröffnung der Spiele, und zwar deshalb, weil sich die Amerikaner entschlossen hatten teilzunehmen. Die Entscheidung ihres Olympischen Komittees war äußerst knapp ausgefallen und sicher war die Mehrheit von zwei Stimmen nur deshalb zustande gekommen, weil der damalige Präsident des Komittees, Avery Brundage, mit ein paar Geschäftsordnungstricks nachgeholfen hatte.

So gesehen hat er die Geschicke von Garmisch-Partenkirchen nicht wenig beeinflußt. Sicher aber hat die Stadt später auch ihren Einfluß auf ihn ausgeübt: Mit einer deutschen Prinzessin an seiner Seite hat Brundage seinen Lebensabend im Werdenfelser Land verbracht.

Für die Sportbegeisterten wurden die Spiele zu einem großen Erfolg: Nie zuvor war von Rundfunk, Film und Presse so ausführlich über ein sportliches Ereignis berichtet worden, nie zuvor hatten Abfahrtslauf und Slalom, Eiskunstlauf und

Schlittenrennen derartige Aufmerksamkeit erregt und nie zuvor war Garmisch-Partenkirchen dermaßen im Scheinwerferlicht der Weltöffentlichkeit gestanden.

Durch den Bau der Olympiastraße nach München war es enger an das politische und kulturelle Geschehen herangerückt, und nicht zuletzt hatte der Doppelort selber einen enormen Aufschwung genommen.

Er besaß nun alle möglichen sportlichen und gastronomischen Einrichtungen und vor allem: einen Namen von Weltruf, einen Namen, auf den man stolz sein konnte, egal, ob man vor 1936 Garmischer gewesen war oder Partenkirchener. Wenn da bloß nicht schon wieder dieser Riß gewesen wäre, der sich noch dazu im Laufe der Jahre verbreitern sollte...

Der strahlendste Ruhm verblaßt, wenn man ihn nicht gelegentlich aufpoliert. Garmisch-Partenkirchen konnte, wie es ein Bürgermeister einmal formulierte, „nicht ewig von der Olympiade 1936 leben":

Also wurden weitere sportliche Großereignisse ausgerichtet, die viele Tausende von Besuchern anzogen und Millionen von Fernsehzuschauer auf das Werdenfelser Land blicken ließen: Die Weltmeisterschaften im Curling und im Skibobfahren, meherere Ski- Weltcuprennen, die Alpinen Ski- Weltmeisterschaften und jedes Jahr am 1. Januar das Neujahrs-Skispringen.

Das ist viel zu viel, wie manche meinen. Sie finden, daß es inzwischen keinen Grund mehr gibt, stolz zu sein auf all diese großartigen Errungenschaften wie das Kurhaus, das Spielcasino und das Kongreßzentrum; sie sagen, sie kommen auch gut ohne die enormen Schwimmbäder, Golf-, Schlittschuh- und Curlingplätze aus; sie meinen, der Massenansturm auf die Seilbahnen, die Pisten und die Loipen hätte kaum mehr etwas mit Sport zu tun; sie können sich nicht anfreunden mit all den Discotheken, Bars, Cafés und Einkaufszentren; sie halten es für ein ungesundes Verhältnis, wenn auf zwei Einheimische ungefähr ein Fremdenbett kommt. Sie trauern den Zeiten nach, in denen Garmisch und Partenkirchen noch zwei Dörfer waren, die in erster Linie aus schindelgedeckten Häusern bestanden, deren Dächer weit überstanden und deren Bewohner nicht gut zu sprechen waren auf die Leute im jeweils anderen Dorf.

Aber den Widerstreit zwischen Fortschrittlern und Traditionalisten, zwischen jenen, die in erster Linie an die Wirtschaft denken und solchen, denen der Naturschutz näher liegt, gibt es nicht nur im Werdenfelser Land. Hier tritt er nur krasser zutage als anderswo, einerseits weil manche Entwicklungen weiter fortgeschritten sind, andererseits, weil es trotz allem immer noch eine großartige Bergwelt gibt, die es zu bewahren gilt. Eine Bergwelt übrigens - mit Rissen, Schluchten, Klammen.

Ganz in der Nähe von Garmisch-Partenkirchen liegen die Höllental- und die Partnachklamm, klaffende tiefe Felsspalten, durch die Wasser mit ohrenbetäubendem Getöse nach unten stürzt.

Nach gängiger Meinung ist die Höllentalklamm die spektakulärere, sie ist allerdings nur im Sommer begehbar. Im Winter aber wird ein Spaziergang durch die Partnachklamm zu einem Erlebnis ganz besonderer Art. Ihre Wände sind dann wie glasiert, sie wird zu einer Galerie für Skulpturen aus Eis.

Es vergehen Jahrtausende, bis sich das Wasser so tief in den Fels hineingefressen hat wie hier - und dann wieder verändert so eine Schlucht ihr Aussehen ganz schnell. Es ist gar nicht lange her, da stürzte ein Teil der Partnachklamm ein. Manche sahen das als Katastrophe, langfristig betrachtet jedoch war es nur ein kleines Ereignis in einem nicht aufhaltbaren Prozeß - einem Prozeß in dem fortwährend alte Risse zugeschüttet werden und neue entstehen.

HB

Es (über)lebe das „Brauchtum"!

In Paragraph 4, Absatz 1, Satz 1 der Verordnung zur Bekämpfung unnötigen Lärms in der Stadt Wolfratshausen heißt es: „Musikinstrumente, Tonübertragungs- und Tonwiedergabegeräte dürfen nur in solcher Lautstärke benutzt werden, daß dadurch Dritte nicht gestört oder belästigt werden". Der Absatz 2 des selben Paragraphen fügt hinzu: „Absatz 1 gilt nicht bei Umzügen, Kundgebungen, Märkten und Messen im Freien und bei Veranstaltungen, die einem herkömmlichen Brauch entsprechen".

Das heißt, daß in Wolfratshausen gelegentlich - ganz offiziell - Feierlichkeiten stattfinden, bei denen mehr Geräusch entsteht als beim Seniorentanz in der Loisachhalle, oder wenn in der Pfarrkirche St. Andreas geistliche Musik aus dem 16. Jahrhundert gespielt wird. Bei diesen Feierlichkeiten darf es so hoch hergehen wie es will - wenn es nur einem herkömmlichen Brauch entspricht.

Das mit dem Brauchtum ist natürlich so eine Sache. Die Gesellschaft wandelt sich - in Wolfratshausen wie anderswo. Wenn sich aber die Verhältnisse ändern, die einen Brauch hervorgebracht haben, dann wird dieser überflüssig. Deshalb scheint es zwei Kategorien von nicht mehr zeitgemäßen Bräuchen zu geben: solche, die sang- und klanglos verschwinden oder sich bis zur Unkenntlichkeit verändert haben und solche, die sich künstlich am Leben erhalten lassen.

Zu den ersteren gehören zum Beispiel die oberbayerischen Heischebräuche, bei denen es sich um eine Art versteckter Armenfürsorge handelte: Gäste, die auf eine Hochzeit eingeladen waren, brachten ihr B´scheid-Tücherl´mit, in das sie einwickelten und mit nach Hause nahmen, was vom Mahl übrigblieb. Leicht einzusehen, daß das Tücherl in einer Zeit, in der die meisten Menschen Probleme mit ihrem Übergewicht haben und der Gastgeber außerdem im Besitz einer Gefriertruhe ist, ebenso ausgedient hat wie das Vergeltsgott-Haferl für die Suppe. Die Gaben an die Wurstfahrer, an die Brot- und die Garbensammler haben sich erübrigt, mit den Küchel- und Krapfenspenden, die man den Bedürftigen früher zuteil werden ließ, braucht man ebenfalls niemandem mehr zu kommen, und das Dreikönigsbetteln und Neujahrsansingen wird höchstens noch von Kindern übernommen, die sich eine Gaudi daraus machen. Da diese Formen des Almosensammelns nicht mehr nötig sind, wird den damit verbundenen Bräuchen auch nicht groß nachgetrauert.

Wie aber verhält es sich mit jenem Brauchtum, das sich im Tragen von Trachten äußert, im Singen alter Lieder, im Abhalten traditioneller Märkte, im Beherrschen handwerklicher Fertigkeiten? Auch ihm ist der gesellschaftliche Hintergrund abhanden gekommen. Soll man es überhaupt bewahren? Und warum?

Bejaht man die erste Frage, ist die Antwort auf die zweite schnell gefunden: Natürlich ginge die Welt auch ohne Brauchtum ihren Gang. Die Erde würde sich auch weiterdrehen, wenn es keine Nashörner mehr gäbe. Dennoch sind wir uns einig, daß ihr Aussterben ein arger Verlust für die Menschheit wäre.

Aber es gibt noch einen Grund, aus dem die Trachten weitergetragen und die Lieder weitergesungen werden: Es macht Spaß, zumal wenn man nicht allein bleibt mit der „Brauchtumspflege".

Natürlich zieht niemand mehr einen großen Lustgewinn daraus, mit einem Vergeltsgott-Haferl auf eine Hochzeitsfeier zu gehen und nur ganz wenige sind bereit, Lieder einzuüben, um sie zum Jahresbeginn, womöglich in klirrender Kälte vor einem Wohnblock stehend, abzusingen. Aber wofür gibt es seit 150 Jahren auch in Oberbayern die Vereinsfreiheit. Der Verein ist die Fortsetzung des Brauchlebens mit anderen Mitteln zu geselligen oder unterhaltsamen Zwecken..

Deshalb hat auch Wolfratshausen ein so reiches Vereinsleben. In der Stadt gibt es zehn praktische Ärzte, elf Zahnärzte, 46 Gaststätten, Cafés, Discotheken und Imbißstuben - und 106 Vereine! Einige davon, wie etwa die Anwohnergemeinschaft einer bestimmten Straße, sind ins Leben gerufen worden, um auf lokaler Ebene und in zeitlich begrenztem Rahmen konkrete Ziele zu verfolgen. Von diesen soll nicht die Rede sein.

Auch jene, die sich mit gänzlich zeitlosen und überregionalen Problemen befassen, wie der Kaninchenzuchtverein oder das Damenkränzchen, betrachten wir nicht näher. Wenn wir dann noch Interessengemeinschaften wie Auto-, Skat- und Effektenclubs, den Yawara-Do e.V. für moderne Selbstverteidigung und die Unternehmervereinigung „Wirtschaftsraum Wolfratshausen" außer Acht lassen, bleibt immer noch eine große Zahl von Vereinen übrig, die für sich in Anspruch nehmen, mindestens im weiteren Sinne Brauchtum und überlieferte Kultur zu wahren. Die Turn- und Sportvereine dürfen das mit der gleichen Berechtigung wie die Ortsgruppen der politischen Parteien, der Soldaten- und Kriegerverein oder die Narreninsel.

Aber da sind noch die eigentlichen Traditionsvereine: der Gebirgstrachten-Erhaltungsverein, der Isartaler Volkstanzkreis, die Sängerzunft - und natürlich die Schützenvereine. Mindestens sechs von ihnen gibt es in Wolfratshausen.

Der älteste, die Königlich privilegierte Feuerschützengesellschaft, konnte vor einigen Jahren ihr 675. Jubiläum feiern. 1312 soll die Schützengilde, einer alten Chronik zufolge, erstmals in einem Dokument erwähnt worden sein. Aber damals wurde noch nicht gefeuert, sondern mit Pfeil und Bogen geschossen.

Die Kunst des Bogenschießens ging leider verloren - und manches andere blieb im Lauf der langen Zeit ebenfalls auf der Strecke. Von 1935 an ruhte die Gesellschaft für 28 Jahre; das heißt, sie war nicht existent. Weitere sechzehn Jahre vergingen, bis das Bayerische Staatsministerium des Innern dem neu ins Leben gerufenen Verein wieder das Führen des alten Namens erlaubte. Trotzdem, beim Jubiläum wurde in mindestens einem halben Dutzend Grußworten darauf hingewiesen, welch große Bedeutung der Königlich privilegierten Feuerschützengesellschaft bei der Wahrung alter Traditionen zukomme. Eine offizielle Jubiläums-Medaille wurde geprägt, auf der „Daß Churfürstliche Schloß zu Wolfertshausen" zu sehen ist.

Dieses Schloß war rund sechshundert Jahre alt, als während eines Frühjahrsgewitters im April 1734 der Blitz in seinen Pulverturm einschlug und 350 Zentner Sprengstoff zur Explosion brachte. Der Gebäudekomplex wurde völlig zerstört, die Steinblöcke brachte man per Floß nach München, wo sie beim Bau der Alten Pinakothek Verwendung fanden.

Vielleicht ist das ein Symbol. Es gibt Schlösser, die kann man nur noch auf Medaillen sehen - und es gibt Bräuche, die leben nur noch bei Vereinsfeiern auf.   HB

Das Glockenspiel

Wenn amerikanische Touristen nach München kommen, dann müssen sie ins Hofbräuhaus, das ist klar.

Wenn sie außerdem einen Vormittag Zeit für eine Stadtrundfahrt haben, schauen sie sich die Feldherrnhalle und das Olympiagelände an, vielleicht noch das Schloß Nymphenburg. Letzteres geht aber nur, wenn gewährleistet ist, daß sie Punkt elf Uhr auf dem Marienplatz zurück sind, um das Glockenspiel zu erleben. Sicher werden viele von ihnen später nicht mehr wissen, daß es das Rathaus war, vor dem sie bei dieser Gelegenheit gestanden sind. Wenn ihnen jemand gar erzählen sollte, daß es das neue Rathaus war, werden sie wahrscheinlich glatt widersprechen und behaupten, daß es sich um ein sehr altes Gebäude gehandelt hat, mit Türmchen und spitzen Fenstern. Wahrscheinlich aus dem Mittelalter...

Nun ja, in den USA gab es eben um die Jahrhundertwende keinen Architekten wie Georg Hauberrißer, der ein Rathaus im neogotischen Stil gebaut hätte. Und ein Kommerzienrat wie der Herr Rosipal, dem es ein Anliegen war, eine Riesen-

Spieluhr dazu zu stiften, war schon zweimal nicht aufzutreiben.

Da möchte man doch wahrhaftig annehmen, daß die Touristen beeindruckt sind. Zu Hunderttausenden, wenn nicht zu Millionen stehen sie jedes Jahr auf dem Marienplatz, richten ihre Blicke und ihre Videokameras zum Rathausturm empor und warten gespannt auf das, was da gleich passieren wird. Aber es passiert nichts. Nicht viel jedenfalls.

Zwar setzt Musik ein, doch es vergehen geschlagene fünf Minuten, bis sich die erste Figur bewegt. Enttäuschung macht sich breit - und das ist durchaus verständlich: Die allermeisten dieser Menschen stehen unter Zeitdruck.

Wenn man sich ganz Europa in vierzehn Tagen ansehen muß, dann sind fünfzehn Minuten für ein Glockenspiel einfach unangemessen lang. Hinzu kommt, daß die Videofilmer beim ersten Glockenklang ihre Geräte in Anschlag gebracht haben und nun fürchten müssen, daß ihre Batterien völlig umsonst leerlaufen. Zu allem Überfluß bekommen sie ausgerechnet das Stück „Muß i denn, muß i denn zuhum Städtele hinaus" zu hören, das jeder Amerikaner in der weitaus flotteren Version von Elvis Presley kennt.

Der schleppende Rhytmus vom Rathausturm erhöht die Frustration. Viele Betrachter gelangen zu der Überzeugung, mit dem Mechanismus sei etwas nicht in Ordnung. Andere sehen sich hilfesuchend nach einem Ortskundigen um. Aber da ist keiner. Nur Angehörige organisierter Touren sind in der glücklichen Lage, von einem Reiseleiter gesagt zu bekommen, daß sich das wirklich alles so gehört, daß das Turnier an die Vermählung des Herzogs Wilhelm V. mit der Herzogin Renate von Lothringen im Jahre 1568 erinnert, daß der Schäfflertanz etwas mit der Pest von „fünfzehnfünfzehn bis siebzehn" zu tun hat, daß die kleinste der dreiundvierzig Glocken zehn und die größte dreizehnhundert Kilo wiegt....

Wenn zum Schluß der goldene Hahn dreimal kräht und mit den Flügeln schlägt, applaudiert das Publikum - vielleicht eher vor Erleichterung. Bis zum Mittagessen bleibt nun noch eine knappe Stunde Zeit fürs Shopping. Es könnten glatte zehn Minuten mehr sein, wenn die Stadtverwaltung den Mut aufbrächte, das Glockenspiel zeitgemäß zu gestalten.

Das hieße, das langweilige Vorspiel drastisch zu kürzen und die Drehgeschwindigkeit zu erhöhen. Verliehe man dem Spielgeschehen schließlich noch einen aktuellen Inhalt, sorge für spektakuläre Lichteffekte und ließe immer wieder neue Figuren im Rathausturm kreisen, so käme man damit nicht nur den Bedürfnissen der Touristen entgegen, nein, dann wäre es sogar vorstellbar, daß auch der eine oder andere Münchner - erstaunt über die Wunderdinge, die ihm seine Heimatstadt zu bieten hat - wieder einmal zum Rathausturm hinaufschaut. Aber stattdessen ist die einzige Anpassung an die moderne Zeit das Faktum, daß die Glockentöne zumindest zeitweise nicht mehr von den Glocken, sondern über Lautsprecher vom Tonband kommen.

HB

Vom Geloben und Verdienen

„Wo die Not am größten, da ist Gott am nächsten". Diesen Spruch kennt man im katholischen Oberbayern besonders gut. Wer ihn allerdings so auslegt, daß der liebe „Gott" mit „Rettung" gleichzusetzen ist, hat ihn falsch verstanden.

Er will vielmehr sagen, daß sich die Menschen am ehesten an Gott wenden, wenn sie bis zum Hals im Schlamassel stecken. Dann werden sie großzügig im Ablegen von Beichten und Gelübden, dann stellen sie den Heiligen armdicke Kerzen in Aussicht, dann schlagen sie sich an die Brust, wandeln in Sack und Asche und sind felsenfest davon überzeugt, daß sie, wenn ihnen dieses Mal, dieses eine Mal nur noch, Rettung zuteil wird, für den Rest ihres Lebens bessere Menschen sein werden. Der Glaube daran, daß sich ein Gott von so viel ehrlich gemeinter Bußfertigkeit bestechen läßt, wäre längst verblaßt, wenn nicht immer wieder Berichte darüber zu Ohren kämen, auf welch wundersame Weise bitter bedrängten Einzelnen geholfen wurde. Wohlgemerkt: Einzelnen! Von Massenerrettungen hört man viel seltener. Schließlich tut sich ja ein Kollektiv auch bei weitem schwerer mit den Versprechungen. Wenn schon der Gemeinderat zusammentreten muß, um zu beraten, was man geloben könnte, ist es mit ein paar Kerzen nicht mehr getan; und dem Herrn zu versichern, daß sämtliche Gemeindemitglieder ab sofort gute und fromme Menschen sein werden - das würde sich die risikofreudigste Ratsversammlung nicht trauen.

Welche Vorschläge eingereicht wurden, als 1633 in Oberammergau die „Gemeindsleuthe Sechs und Zwölf" zusammentraten um über Maßnahmen zur Bekämpfung der Pest zu beraten, ist nicht bekannt. Was sie letztendlich beschlossen, das wissen wir dagegen sehr wohl: So Gott Erbarmen mit ihrem Dorf haben würde, sollte fortan alle zehn Jahre das fromme Spiel vom Leiden und Sterben Christi aufgeführt werden. Dieser Vorschlag war Gott offenbar wohlgefällig.

Nun darf man nicht glauben, Passionsspiele seien eine Oberammergauer Erfindung. Es hatte sie schon im Mittelalter gegeben, und das in mindestens dreihundert Orten in Deutschland und Österreich. Auf Markt- und Hinrichtungsplätzen, in Kirchen und auf Friedhöfen hatte man sie aufgeführt, vor allem in der Karwoche. Anlaß dazu waren nicht etwa Gelübde gewesen, sondern der Drang, den Leidensweg Christi ganz intensiv - fast möchte man sagen: hautnah - nachzuerleben.

Da wurde kein dramatisches Theater gespielt, sondern ein mystisches: von morgens bis abends, und wenn die Zeit für die ganze Geschichte nicht reichte, gab's die Fortsetzung am folgenden Tag. Aber das Mittelalter ging zu Ende, und so wie man aufhörte, Kreuzzüge zu veranstalten, verzichtete man auch nach und nach auf die Inszenierung der Passion.

Es kam die Reformation, die Gegenreformation und - der Dreißigjährige Krieg. Städte und Dörfer wurden niedergebrannt, die Bevölkerung verarmte. Desertierte Landsknechte zogen plündernd durchs Land. Und dann brach zu allem Überfluß auch noch die Pest aus. Sie ließ sich nicht durch die Pestfeuer aufhalten und nicht durch die Wachen, die man vor den Ortschaften aufstellte, um Fremde abzuweisen.

Nach Oberammergau brachte sie ein Ernteknecht namens Schuster. Im Oktober 1632 raffte ihn der Schwarze Tod dahin und bis zum Spätsommer des nächsten Jahres teilten über dreihundert Oberammergauer sein Schicksal. Als alle anderen Versuche, dem Sterben ein Ende zu setzen, fehlgeschlagen waren, legten die Ratsmitglieder schließlich, am 27. Oktober 1633 ihren historischen Eid ab. Und siehe da, von Stund an soll niemand mehr an der Pest gestorben sein. Sogar die, die sich bereits angesteckt hatten, seien genesen.

Voller Dankbarkeit und ungeachtet des um sie herum tobenden Krieges brachten die Oberammergauer im darauffolgenden Jahr ihr Spiel auf die Bühne. Eine, zwei, drei und vier Dekaden später abermals, dann verlegten sie es um vier Jahre vor und stellten damit auf die runden Zehnerjahre um. Etwa um diese Zeit müssen ihre Aufführungen in der näheren und weiteren Umgebung zu einiger Berühmtheit gelangt sein. Jedenfalls zogen sie bald so viele Zuschauer an, daß Wiederholungen angesetzt wurden - immer mehr.

Es stellte sich heraus, daß das fromme Tun auch finanziell ganz einträglich war, und so wurde 1815, weil die Gemeinde gerade Schulden hatte, eine Sonderveranstaltung eingeschoben. Zu einer Extraauflage bot sich wegen des dreihundertsten Jubiläums auch das Jahr 1934 an. Und 1984 wollte man keinesfalls darauf verzichten, das dreihundertfünfzigste zu feiern. Bei dieser Gelegenheit ging die tausendste Aufführung über die Bühne.

Wenn in Oberammergau gespielt wird, reist das Publikum aus der ganzen Welt an. Auch auf die lange Liste von prominenten Zuschauern wird nicht ohne Stolz hingewiesen. Richard Wagner war da und Max Planck, Rabindranath Tagore und Thomas Mann und viele, viele andere Persönlichkeiten aus Kunst, Wissenschaft und Politik, aus Adel und Hochadel. Fünf bayerische Könige haben sich die Passionsspiele angesehen und 1871 folgte König Ludwig II in einer Separatvorstellung mit „sichtlicher Teilnahme... dem Leiden und Sterben Christi." Anschließend lud er die Hauptdarsteller auf sein Schloß Linderhof ein und beschenkte jeden von ihnen mit einem silbernen Löffel - nur der arme Judasdarsteller bekam einen aus Blech.

Ungerecht, wird mancher sagen. Aber wenn eine Gemeinde zu so viel Ruhm und Ansehen gelangt wie Oberammergau, dann geht es ohne Ungerechtigkeiten genau so wenig ab wie ohne Neid, Zerwürfnisse und andere Mißhelligkeiten. Ein Text und eine Inszenierung können nicht über Jahrhunderte hinweg unumstritten bleiben. Eifersüchteleien um die Rollenvergabe sind normal.

Daß die verheirateten Frauen vor Gericht zogen, weil sie nicht länger von der Mitwirkung in Hauptrollen ausgeschlossen sein wollten, ist verständlich. Daß einem Mitspieler seine Teilnahme verübelt würde, bloß weil er im Hauptberuf bayerischer Ministerpräsident war, hatte politische, also sachfremde Gründe. Daß die Passionsspiele längst ein durch und durch kommerzialisiertes Unternehmen sind, und Reisebüros Tausende zahlungskräftiger Touristen mit dem „Marketingbegriff" Oberammergau locken können, spricht für eine gelungene Verbindung von Entertainment, Erwerbstrieb und Religion - unter der Regie des Fremdenverkehrs.

Aber daß für die Aufführungen 1990 tausende falscher Karten verkauft wurden, das ging ins Kriminelle. Zwar können die Veranstalter ihre Hände - wie weiland Pontius Pilatus - in Unschuld waschen, aber dennoch gab es wegen des Vorfalls gewissermaßen „Imageprobleme".

Reich und berühmt ist Oberammergau durch seine Passionsspiele geworden. Von Not kann keine Rede mehr sein - aber davon, daß Gott den Oberammergauern am nächsten ist, halt auch nicht immer.

HB

Ein „Weibsbild" zwischen Küche und Kabarett

Mittwoch-Nachmittag. Irmi Ammer setzt sich auf ihr Fahrrad, packt Baupläne ein, fährt durch Holzkirchen und schaut Grundstücke an. In der Marienstraße stellt sie fest, daß ein schönes altes Haus abgerissen werden soll und dafür ein Mehrfamilienhaus mit zwölf Wohnungen hinkommen soll. „Da bin ich dann in einem Konflikt, einerseits bin ich dafür, daß neue Wohnungen gebaut werden, andererseits will ich nicht, daß alte gewachsene Strukturen zerstört werden", erläutert Irmi Ammer, die Mitglied des Marktgemeinderats von Holzkirchen ist.

Szenenwechsel. Irmi Ammer steht in der Küche ihres Reiheneckhauses und schneidet Zucchini, die sie eben im Garten hinterm Haus geerntet hat. Sie paniert die Scheiben und bäckt sie in der Pfanne heraus. Daneben braten Kartoffeln und in der Küche hängt der süße Duft von Tomatensoße. Wenig später sitzt sie mit ihrem Ehemann, einem Berufsschullehrer, mit ihren Töchtern Stephanie (12), Vroni (10) und dem Sohn Simon (5) sowie einem Nachbarkind am Eßtisch und spricht ein Tischgebet. Und dann wird gegessen und geratscht.

Szenenwechsel. 72 Männer und Frauen sitzen an einem heißen Freitag abend im Trachtenheim von Sauerlach. Von hinten kommt eine Gestalt mit einem Trachtenhut und einer Trachtenjoppe und fegt die Gäste in oberbayerischer Mundart an: „Was hat denn das Weibsbild auf der Bühne verloren, soll lieber ihren Mann und die Kinder versorgen. Meine Frau, wenn das wäre, ja, da wäre was los, ich will ja nichts sagen, aber man redet ja bloß." So eröffnet Irmi Ammer ihren Kabarett-Abend. Dann zeigt sie mit dem Finger auf sich und sagt: „Lieder tut's machen, aber nichts Gescheit's, über Politik und Frauenzeigs, tut sich auf Versammlungen rumtreiben, der Mann muß bei den Kindern bleiben."

Dreimal Irmi Ammer. Drei verschiedene Szenen aus dem Alltagsleben einer Frau mitten aus Oberbayern. Die Szenen lassen sich beliebig fortsetzen: Mit der Tochter Englisch-Vokabeln pauken, Kinder auf die Erstkommunion vorbereiten, Putzen, Staubsaugen, Einkaufen, Elternabende oder Gesprächsabende vom Katholischen Frauenbund besuchen oder Veranstaltungen der Arbeitsgemeinschaft Sozialdemokratischer Frauen vorbereiten und, und, und ...

Am 8. Januar 1954 kam Irmi Ammer auf die Welt und wuchs in Schnaitsee im Landkreis Traunstein auf. Sie lernte Verkäuferin und ging mit 18 Jahren nach München. Dort wurde sie Mutter von drei Kindern. Weil es in der Wohnung für die fünfköpfige Familie zu eng wurde und in München keine andere bezahlbare zu finden war, zog die Familie Ammer 1987 wieder aufs Land.

„Die Erfahrung von damals ist heute für mich sehr wertvoll, denn die Wohnsituation ist eines meiner größten politischen Sorgenkinder", erzählt Irmi Ammer. „In Holzkirchen haben wir über 200 Personen auf der Warteliste für Sozialwohnungen. Und sie berichtet von einer traurigen Wirklichkeit: Seit einem Jahr muß eine alleinstehende Mutter mit ihren drei Kindern in einem Notquartier in einem Wirtshaus wohnen, weil kein Vermieter die Alleinerziehende - trotz Mietgarantie der örtlichen Caritas - aufnehmen will. „Und das ist leider kein Einzelfall in unserem katholischen Oberbayern. Das hat mich total schockiert".

Und dann wettert sie, daß der „Grundstücks-Mafia" in Holzkirchen kein Riegel vorgeschoben wird. „Dabei gäbe es viele Möglichkeiten gegen die Spekulation, wenn zum Beispiel der Grund nur noch über die Gemeinde im Erbbaurecht ausgegeben werden würde." Tatsache ist, daß sich in Holzkirchen der Grundstückspreis von 1987 bis 1991 verdoppelt hat. Damals kostete ein Quadratmeter Baugrund 500 Mark, heute 1000 Mark. Und eine Folge davon ist auch, daß sogar die Nachkommenschaft der angestammten Bevölkerung wegen der horrenden Preise wegziehen muß.

Ebenso rar wie preisgünstige Wohnungen sind Kindergartenplätze. Während in Franken und in Schwaben nur gelegentlich Engpässe auftreten, gibt's in Oberbayern viel zu wenige. Dreijährige werden in Holzkirchen so gut wie nicht aufgenommen. Für die streitbare Gemeinderätin ist dies „ein klarer Verstoß gegen das bayerische Kindergartengesetz".

Auf diese Weise kämpft Irmi Ammer für Frauen, die selber keine Zeit haben, sich politisch zu engagieren, weil Geldverdienen und Kindererziehen sie vollauf ausfüllen.

In ihren Liedern setzt sich Irmi Ammer gegen falsche Traditionen und unmenschliche Strukturen ein. Um die überkommene Rollenverteilung in der Familie in Frage zu stellen und ihre Unsinnigkeit zu verdeutlichen, hat sie das Lied „Der Mann im Jahr 2000" geschrieben. Darin heißt es: „Die Tochter gerät ganz nach der Mama, sie muß mal was Gescheit´s werden, damit sie später auch wirklich, die Familie kann ernähren. Beim Bub ist das nicht so wichtig, Hauptsache er ist schön, dann kriegt er einmal, wenn er Glück hat, eine Frau mit einem Sportcoupé. Der Mann putzt fleißig und kocht gern, bäckt regelmäßig Kuchen, darum darf er zur Belohnung, den Töpferkurs besuchen. Er ist besorgt um alles und überhaupt kein Stoffel, denn wenn seine Frau heimkommt, bringt er Zeitung und die Pantoffel."

Allzu oft stellt Irmi Ammer im täglichen Leben fest, wie eingefahren manche Vorstellungen in Köpfen vieler sind. Als die Tochter ihr Haar mit Zopfspangen schmückte, wollte der Bub das auch. Die Mutter half eifrig und machte dem Simon Zopfspangen ins Haar. „Doch die Nachbarn und andere Leute lachten ihn aus und sagten, 'Du bist doch kein Mädchen'. Und sehr schnell wollte der Simon keinen Haarschmuck mehr haben." Ihrem Sohn Simon hat Irmi Ammer ein Lied geschrieben, das ihre Wünsche für ihn und „für alle Kinder der Welt" aufnimmt: „Ich wünsch Dir viel Fröhlichkeit, Humor, Witz und Freud', doch behalt's nicht für Dich allein, bring's ein wenig unter die Leut'. Ich wünsch Dir auch eine Traurigkeit für die Not in dieser Welt, daß Du das Weinen nicht verlernen tust, Dich nicht freikaufst durch Geld. Ich wünsch Dir ein feines Gefühl, für alles um Dich herum, verschließe deine Augen nie, und bleib auch niemals stumm. Ich wünsch Dir eine Welt zum Leben, wo die Luft für alle reicht, die nicht verdorben ist, nicht vergiftet, nicht vom Atom verseucht. Zum Schluß wünsch ich Dir Frieden, der in Dir selber wohnt, der mit Dir wächst und größer wird, für den sich's Leben lohnt." Irmi Ammer, ein Weibsbild aus Oberbayern. wp

Schokoladen-Busserl für Bio-Bauern

Auf den ersten Blick schaut der Bauernhof von Irmi und Josef Berchtold an der Atterstraße in Aiterbach im Landkreis Freising genauso aus wie jeder andere Vierseithof: Außenrum die Stallungen, Lagerräume und Garagen sowie das Wohnhaus der Bauersleut'. Mitten im Hof stinkt der Misthaufen und ein Taubenhaus mit einem Wetterhahn auf dem Dach gibt's auch.

Kühe blöken, Schweine grunzen, Hühner gackern. Doch wer in den Schweinestall schaut, sieht, daß die Zuchtsauen Platz haben, nicht eingekerkert sind, sich bewegen können. Oder wer im Kuhstall den Lattenrost vermißt und in den Lagerräumen die Insektizide, Fungizide und Wuchsregulatoren vergeblich sucht, erkennt: Die Berchtolds sind Bio-Bauern.

An die 13 Jahre bewirtschafteten die Berchtolds den 50-Tagwerk-Hof (drei Tagwerk sind ungefähr ein Hektar) auf herkömmliche Art und Weise, mit Chemie und Kunstdünger. 1986 begannen sie, sich auf die Richtlinien des ökologischen Landbaus umzustellen. „Schon seit Jahren steckte ich in einem Gedankenkonflikt, wenn ich die Entwicklung in der Landwirtschaft anschaute", erzählt der Sepp. „Wachsen oder weichen, Spezialisierung, Intensivierung, Strukturwandel - mit anderen Worten: Massentierhaltung und Chemieeinsatz mit den problematischen Folgen für Mensch, Tier und Umwelt." Diese Entwicklung wollte Josef Berchtold nicht mehr länger mitmachen. Wer etwas ändern will, muß halt bei sich selber anfangen.

Die Berchtolds wurden wieder Selbstversorger. Sie nahmen jede Möglichkeit wahr, sich zu informieren. Sie lasen Bücher, sie gingen auf Versammlungen. Sie sprachen mit Leuten, die die Umstellung ihres Betriebs auf den biologischen Landbau schon gewagt hatten. Und der Sepp machte praktische Versuche. Letztendlich entscheidend war dann die Freundschaft mit einer Bauersfamilie in Gaden, die den Berchtolds aufgrund ihrer Erfahrung mit Rat und Tat zur Seite standen.

Manches ging von Anfang an glatt: Die Umstellung bei den Äckern gelang problemlos. Der Sepp baute Kleegräser an. Als Zwischenfrucht griff er zu Ackerbohnen, die gutes Futter für die Tiere brachten. Doch es gab auch Schwierigkeiten. Die Berchtolds hatten auf einmal viel weniger Geld als früher in der Kasse. Vor allem beim Getreide und bei den Futterrüben gab es Ertragseinbußen.

Und die Berchtolds mußten viel mehr arbeiten. Probleme mit Unkraut und Schädlingen kamen dazu: Mäusen gefiel es in den Feldern der Berchtolds halt viel besser als anderswo, sie fraßen das Saatgut weg. Doch der Sepp wußte sich zu helfen. Er nahm zwei Holzstücke und eine lange Stange und zimmerte einen Mäusebussard-Lauerplatz. Und schon war die Mäuseplage vorbei. „Die ersten Verkäufe meiner Erzeugnisse ab Hof und über die Genossenschaft »Tagwerk« ließen alles leichter vergessen", erinnert sich Sepp Berchtold.

Seit 1987 sind die Berchtolds Mitglied bei »Tagwerk«. Diese regionale Genossenschaft, der sich 60 Bauern und Gärtner angeschlossen haben, vermarktet Erzeugnissse aus ökologischem Landbau in den Landkreisen Freising, Erding und in der Stadt München. „Die ganz wichtige Beziehung Erzeuger-Verbraucher ist so am besten möglich", erläutert Sepp Berchtold. Jeden Samstag vormittag auf dem Wochenmarkt am Mariahilfplatz in München sind die leckere Rindersalami, der Rinderschinken oder Eier vom Bio-Bauernhof der Berchtolds erhältlich.

Und der Sepp informiert inzwischen schon viele andere Leute über ökologischen Landbau. Er hält Vorträge und vertritt engagiert seine Überzeugung bei Podiumsdiskussionen. Da erläutert er, was Lebensmittel von Nahrungsmittel unterscheidet, veranschaulicht mit Lichtbildern das Beziehungsgeflecht Mensch-Tier-Pflanze-Boden. Er erzählt, wie das Grundwasser durch Kunstdünger und zu viel Odel „versaut" wird. Und er erläutert, was artgerechte Tierhaltung heißt.

Der Hof der Berchtolds ist in doppelter Hinsicht eine Ausnahmeerscheinung. Denn Vollerwerbsbauern wie Sepp Berchtold sind gegenüber den Nebenerwerbsbauern längst eine Minderheit geworden. Und die ganz große Mehrheit der oberbayerischen Bauern setzt nicht auf den ökologischen Landbau - erst ein Prozent der landwirtschaftlichen Nutzfläche wird nach diesen Richtlinien bewirtschaftet.

Doch inzwischen findet auf verschiedenen Ebenen ein Umdenken statt, auch bei der Bayerischen Staatsregierung. So meinte Bayerns Landwirtschaftsminister in einer Rede: „Der ökologische Landbau leistet bei unserem Ziel, das Nachfragespektrum in seiner gesamten Bandbreite abzudecken, einen wichtigen Beitrag. Er wird von uns genauso gefördert wie die konventionellen Formen der Landbewirtschaftung."

Ganz allgemein steckt die Landwirtschaft in Oberbayern wie anderswo auch in einer gewaltigen Krise. Die Europäische Gemeinschaft fordert mit Kontingenten ihren Tribut und das „Bauernsterben" bleibt eine Dauererscheinung. Hauptsächlich wegen der ungeregelten Arbeitszeiten - ein Viehbauer kann eigentlich nie Urlaub machen - und auch wegen der vergleichsweise schlechten Verdienstmöglichkeiten bleibt der Berufsnachwuchs aus. In den vergangenen zehn Jahren machten in Oberbayern über 5000 Betriebe dicht: 1979 hatte es noch 55.734 landwirtschaftliche Betriebe gegeben, 1989 waren es noch 49.478.

Die Bio-Bauern in Oberbayern sind allerdings in den letzten Jahren ständig mehr geworden. Und für sie und ihre Familien und vor allem für ernährungsbewußte Endverbraucher gibt das Bayerische Staatsministerium für Ernährung, Landwirtschaft und Forsten seit neuestem sogar Rezepte heraus, etwa „Weihnachtsbäckerei aus vollem Korn" mit - beispielsweise - „Schokoladenbusserl". Und die gehen so:

Man nehme 250 Gramm kernige Vollkornhaferflocken und röste sie hellbraun. Dann lasse man sie erkalten, gebe sie zusammen mit 150 Gramm Farinzucker, zwei Eiern, zwei Eßlöffeln Kakao, etwas abgeriebener Zitronenschale, 100 Gramm Butter und einem Eßlöffel Rum in eine Schüssel und verknete alles mit einem Handrührgerät auf niedrigster Schaltstufe. Dann setze man mit zwei Teelöffeln kleine Teighäufchen auf ein gefettetes Blech und backe das ganze im vorgeheizten Backofen bei 175 bis 200 Grad Celsius etwa 15 bis 20 Minuten. Guten Appetit.
WP

Beauty, Salt and Marbles

The great naturalist Alexander von Humboldt, who, heaven knows, got around a lot, once said that the Berchtesgadener Land was one of the earth's three loveliest countrysides. The narrator Ludwig Ganghofer uttered in fascination the pathetic sentence: „Lord, those who you lovest, thou letest fall on to this land."

The people of Berchtesgaden are naturally flattered by such compliments, but sometimes they believe that the Lord would not necessarily be doing them a favor if he really sent everyone whom he loves. They find that an awful lot come anyway. For example, those who come to be ferried over the Königsee by boat and have the opportunity to hear how the Brentenwand echoes a trumpet blast seven times. Or to photograph the little church of St. Bartholomä; to hike through the Steinernes Meer; to finally see close-up the famed-and ill-famed Watzmann, which over and over again casts off its climbers.

But to prove his love also to all those who are not privileged to enjoy these great experiences in the Berchtesgadener Land, „the Lord" has distributed the gifts from the Berchtesgadener Land by grain, drop and ball all over the rest of the world: by grain, the salt which has been mined from the deposits of the Andreasberg for almost five hundred years; by drop in the form of Enzian-Schnaps, distilled from the roots of the well-known Alpine flower; and by ball — the marbles. Yes, indeed, marbles, known here as Schusser, in Swabia as Klicker, or Murmeln in northern Germany. Nowhere else are so many produced as in Berchtesgaden, which in the 17th and 18th century was the world center for production of marbles.

Millions of the small balls were sold to various European countries, and even as far as India, whose inhabitants paid for them with spices, with silk and with saltpetre. And it hasn't been so long ago that a full pocket of marbles still was a treasure for a lad in Upper Bavaria. The situation has probably changed somewhat since then. At any rate it is a fact that nowadays marbles are played as little in Upper Bavaria as in India.

But Berchtesgaden has a great deal more to give to the world: At the very beginning of our century, it became the pioneer of Alpine nature protection. Far-sighted citizens had recognized that the expansion of traffic routes, the rising number of tourists and the trade with Alpine flowers threatened the flora.

In 1910, when no one yet knew what a biotope was, the „Pflanzenschonbezirk Berchtesgadener Alpen" (Plant Conservation Area of the Berchtesgadener Alps) was established. Admittedly, the Yellowstone National Park in the USA is even older, and as a matter of fact it was also the model. But that doesn't mean that the people of Berchtesgaden were enthusiastic about nature protection just because it came from America. They were open-minded toward new ideas, but were self-conscious enough to see, to appreciate and to desire to conserve the beauty of their own country.

This became most evident during World War I when plans were discussed to chisel an Assyrian lion into one of the cliffs on the Königsee. It is not known why this was to be of all things an Assyrian lion and not a Bavarian one, but no matter, for the natives did not want any lion at all. For them, the cliff had always been lovely enough, and so they insisted that it be left as it was. As a result of their efforts, they received an expanded nature conservation area instead of the lion, which encompassed among other things practically the entire Königsee.

The Königsee, this Bavarian fjord, is really something special: Its basin is one hundred forty million years old, the water almost two hundred meters deep - and because the steep shore cliffs have always prevented building roads and settlements, the pristine nature of the lake and its surroundings has remained preserved to the present. The last assault against the Berchtesgadener Land, was directed against the Watzmann.

Not that anyone likewise wanted to chisel an Assyrian lion on the mountain that is so steeped in legends, rather it was touch and go whether a distressful belt in the form of a cable car was to be strapped on it. But once again the nature friends resisted, and this time they requested establishment of a Berchtesgaden Alpine and National Park. The Bavarian State Government saw the point, and so what had been possible in America, also became reality in Upper Bavaria one hundred years later. Alexander von Humboldt would have been happy. And Ludwig Ganghofer would have been confirmed more than ever in his opinion that the good Lord loves the Berchtesgadener Land most dearly.

HB

The monastery was a safe bank

It is not exactly cheap around the Tegernsee. The restaurant where you can get a mammoth schnitzel for 12 marks fifty doesn't exist anymore. But the people who live there are not exactly poor either. Those who have moved in during the last twenty, thirty years aren't at any rate, and the old residents had no cause for complaint either. The land nourished their grandparents well and their grandparents, too. And even earlier, two hundred years ago, there was also the monastery...

The Kloster Tegernsee, the central abbey of the Benedictine Order in Bavaria, was up until the secularization at the beginning of the last century one of the largest industrial enterprises on Upper Bavarian soil. It possessed tremendous tracts of land, farms, extensive forests and several Austrian vineyard estates. It maintained a respectable number of commercial establishments, of which the brewery was the most important. But also a printing plant, a bookbinding shop, sawmill, locksmith shop, glazier shop, mill, smithy and brickworks, which had a much greater output than what would have been required for the monastery itself.

Also important were the fishing rights in the Tegernsee, the abundantly filled granaries and wine cellars and above all the capital holdings. All of this together made the Tegernsee Monastery a powerful concern. That roused envy. The abbots and prelates were accused of greed and an exaggerated propensity toward luxury — but this can never explain the economic success. A modern industrial enterprise doesn't prosper either just because the Board of Directors is avaricious. This doesn't mean that the clerics of the 18th century didn't live well, but they also let others share in their prosperity. The opinion that corpulent monks cultivated their fruitful land, brewed their dark beer and satisfied their other demands at the expense of a needy population is indeed widespread, but it was never true.

The convent of Tegernsee was very small compared to its capital possessions. When it was dissolved in 1803, it had 41 members: 37 monks and four lay brothers. The number of paid workers in the monastery enterprises was several times as great. Belonging to the secular domestic staff of the monastery was not a poor fate, regardless of whether one started at an early age as herdboy to advance later to junior, ordinary and senior farmhand and finally to manage a dairy farm, or whether one pursued a similar career in the brewery, the smithy or another craft workshop.

The monastery judge as the highest civil official did earn well over twenty times as much as the servants, payment and promotion possibilites for women were much less favorable than for men — but all of them had a living, even in old age and when sick. Regardless of what job they had, people were paid partially in kind.

A carter's man, who was at the lowest end of the wage scale, did have his free lodging, receive his meals - the heavier the work, the more calories he was allowed — also a quart of beer and three loaves of bread every day, and once a year seven ells (nine yards) of canvas cloth, a pair of shoes and a calfskin. The brewmaster had it much better.

In addition to his meals, he received eight quarts of beer and two portions of white bread daily, further a loaf of rye bread per week. He received sixty guldens in monetary wages per year, four times as much as the carter's man. Converted into today's purchasing power this would be twelve and three hundred marks respectively. We consider this to be very little, but it was above the average wage then paid. It should also be remembered that no one strove to possess a car, a television set or a refrigerator, no one felt the urge to take a vacation trip to the Mediterranean.

A uniform basic income in kind prevented the recipients from hardship when food prices rose during inflation. And that was more important. Goods in kind were also given as loans. When a farmer got into a bad situation because of a hailstorm or a cattle plague, he could also borrow seeds, bread grain or cattle. The monastery in such a case functioned as a bank with agricultural branch. The terms the borrowers received were extremely favorable, there was no usury. Emergency loans to the farmers who cultivated the estates of the monastery usually bore no interest. When money was lent for building measures and improvements, the rate of interest was around one per cent. For the 31,000 inhabitants of the Tegernsee territory, the monastery was a reliable bank providing a large part of the services now offered by banks and savings and loans institutions. As a matter of fact, the Kreissparkasse Tegernsee was founded 32 years after dissolution of the monastery by one of the last former monks — naturally with a completely different corporate philosophy. None of the employees had to finish a theology course in addition to his bank training. The sacred word „revelation" was accorded a very different weight, and everyone in need of a loan will have noticed this. Instead of prayers, secular securities were now what counted.

HB

Charcoal burner and Farmer Shakespeare

For around ten kilometers, the Inn is the border between Upper Bavaria and Tyrol. Kiefersfelden lies at the southern end of this section. In previous centuries it was a transshipment point for goods which came into the city on the one side over the river and on the other over the road from Tyrol. Today, trade no longer plays any role — when anyone speaks of Kiefersfelden today, usually and primarily the Ritterspiele are concerned.

Particularly if you come to the town in summer during the performance period in July and August, they are the predominant topic. You sit in the garden of the Schaupenwirt and drink your beer. Since you are not familiar enough with the situation, you ask the waitress, when you have to go in order to be on time in the „Komedihüttn" and she answers: „No sweat. The innkeeper is still here." Not until he leaves the inn is it time to shake a leg. And when you go with him, he may even take you behind the stage and you can watch how he and the other players put on their make-up. The Schaupenwirt plays the blacksmith in „Floribela Herzogin von Burgund oder die Eisenschmelz im Felßental. Ein Schausbill in Vier Aufzügen". Author of the play is Joseph Schmalz, from whom practically all plays performed by the Kieferer originate. Joseph Schmalz, the „Farmer Shakespeare". Actually Schmalz was a woodcutter and charcoal burner, but it was not easy to support a wife and eleven children with the money earned one hundred fifty years ago in this trade. The around ten guldens which he received for each piece were certainly more than welcome.

So he wrote industriously. Twenty three of his plays are still preserved. It didn't bother him in the least to borrow a little from the classical authors here and there. But with his themes and his dramatic art he appealed exactly to the taste of his audience in the Inn Valley. There is good and evil in all of his plays. The good are completely good and the evil are abysmally evil. And one thing is sure as fate: The villain who hounds the chatelaine, while her spouse travels to the Holy Land in fulfillment of his Christian obligation, at the end will be punished terribly but justly. He will be cast into the fire by the blacksmith, and the blacksmith again adds fuel so that it burns as fiercely as hell's fires, in which this scoundrel will roast forever.

The Kieferer know how to emphasize their characters drastically. Their acting and speech tradition has been passed on exactly from generation to generation just like the bodice of the chatelaine and the hat of the villain, on which no more than once the feather had to be replaced because it had trembled from sheer wickedness so often, that it just wore out one day. The Komedihütt'n of the Kieferer is by no means worn out, which they have maintained since it was built for the third time in 1833. For good reason, because the theater structure with the meadow as „auditorium" is the only originally preserved baroque stage of the Bavarian-Tyrolean folk play with a stage technique which by now has also become unique, copied from the French Jesuit theater.

The painted historical scenery sets are so movable through hinges and springs that a scene change, say from the dungeon on the ruin Geroldsberg to the desert in the Holy Land, can be made in seconds. No modern opera house with its hydraulics costing millions can even compete. Whenever in Upper Bavaria the label „tradition", that is attached so easily and so often to any nonsense, really means anything, then it is here in Kiefersfelden in the Ritterspiele. For tradition means after all „continuation" and the Kieferer do not change the plays and their performance practice by even a jot. They have been playing for themselves: since 1618.

But because nowadays, the tourists and the city dwellers overpopulate the places in the Komedihütt'n and consider many a highly pathetic love, death or combat scene to be a riotous piece of fun, the players forbid in the program any unseemly laughter. Village farces and Bavarian burlesques, which are staged in holiday resorts all over the country, so-called „folk theater", have always been an invention of tourism and are exactly as old, not even 100 years.

In the Kiefersfelden folk play, the actors are at the most involuntarily comical A villain had found his just stage death and, out of breath from the tremendous swordplay, still conveyed a lively impression. Long shilly-shally is not called for, and the infuriated hero cried out: „What you scoundrel, you are still wheezing. Shall I kill you even deader?" The main thing: tradition survives.

HB

Gorges and Clefts

A cleft runs through Garmisch-Partenkirchen, which is only inadequately bridged by the hyphen between the two names. It is said that the Garmischers were just as much against the merger of 1935 as the Partenkirchners. This is certainly possible, since an age-old minor feud between two comunities cannot be eliminated so easily even though it may seem absolutely unnecessary to outsiders. It can no longer be precisely determined when this all started, but at the latest in the 13th century. At that time, the Grafschaft Werdenfels was the jewel of the Bishops of Freising.

It was not only that they treasured it as hunting grounds, but they also had respectable income from the timber felled in its Alpine forests. Actually, they had purchased the land between Ettal and Scharnitz, between Zugspitz and Vorderriß in the hope that ore would be found there, perhaps even silver. But nothing came of that. Instead, they tapped another gold vein: the trade route to Italy.

It became evident that Partenkirchen because of its location on the the so-called „Rott Highway" was ideal as a goods transshipment point. For at least five hundred years, Partenkirchners played the role, which the caravanserais held in the Orient. This was evidenced up until the previous century by the inns with tremendous vaults serving as goods warehouses, and stalls for over a hundred horses or mules. Unfortunately, they fell prey to a fire. That is this has been unfortunate for later generations and for the Partenkircheners themselves.

The Garmischers on the other hand, who had viewed the wealth of their neighbors with only scantily concealed envy, possibly did not feel such great sorrow for their misfortune. They felt that the historical role which their own town had played was very much more important. After all, Garmisch had always been the political center of the Werdenfelser Land, the District Court of the Prince-Bishopric of Freising had sat here — once upon a time..

That was a long time ago. An outsider will not be able to understand why the rivalries should still be important in the twentieth century. And most of the natives will likewise probably no longer be able to understand it any more. Before 1936 that may still have been somewhat different. But since the Olympic Games, many things have changed. They altered the city thoroughly and also did away with old contrasts.

Older people still think even today first of all of the „Winter Games of 1936" when Garmisch-Partenkirchen is mentioned. Initially, however, they were violently disputed. Many nations threatened to boycott them. They feared that such a major sporting event could be much too easily misused for propaganda purposes in Nazi Germany. Others, including quite certainly the Werdenfelsers, had in mind solely the sporting event — possibly also the promotion of tourism. A deep cleft was driven through the community of nations.

The boycott front collapsed just before opening of the Games, largely because the Americans had decided to participate. The decision of the American Olympic Committee had been made with only a slender majority and it is certain that the majority of two votes was obtained only because the President of the Committee, Avery Brundage, had helped out with a few tricks in the rules of procedure. Looked at in this way, he had exercised no little influence on the fate of Garmisch-Partenkirchen. Certainly, the city excercised its influence on him. With a German princess at his side, he spent the last years of his life in the Werdenfelser Land.

The Games became a great success for sport fans: Never before had radio, film and press made such detailed reports on a sporting event, never before had downhill ski races and slalom, figure skating and toboggan races aroused so much attention, and never before had Garmisch-Partenkirchen been so much in the spotlight of world attention. Through the building of the Olympic Highway to Munich, it moved closer to political and cultural activity, and most of all, the double town had received a tremdendous boom. It now possessed every kind of sporting and gastronomical facilities and above all: a name with world renown, a name that one could be proud of regardless whether one was a Garmischer or a Partenkirchener before 1936.

If just this cleft had not occurred again, which was to widen in the course of the years...The most radiant fame fades when it isn't polished up from time to time. As a mayor once stated it, Garmisch-Partenkirchen cannot „live forever from the Olympics of 1936": So further major sporting events were staged, which attracted thousands of visitors and permitted millions of television watchers to see the Werdenfelser Land: The World Championship in curling and in ski bob racing, several ski world cup races, the Alpine ski world championships and every year on January 1, the New Year's ski jumping. That is far too much, as many believe.

They find that there is no longer any reason for being proud of all these tremendous achievements such as the Spa, the Gambling Casino and the Congress Center; they say they could get along without the huge swimming pools, golf courses, skating and curling rinks; they believe that the mass storm to the cable cars, the ski slopes and the cross-country skiing courses have very little to do with sports any more; they cannot come to like all the discotheques, bars, cafés and shopping centers; they consider the ratio of two natives to one tourist bed to be unhealthy. They mourn for the days when Garmisch and Partenkirchen were still two villages, which consisted largely of shingle-roofed houses and whose inhabitants had nothing good to say about the people in the other village. But the strife between progressives and traditionalists, between those who think primarily of business, and those who are more interested in nature conservation, exists not only in the Werdenfelser Land.

Here it becomes more blatantly apparent than elsewhere, on the one hand because many developments here are more advanced, and on the other, there is still a magnificent Alpine world, which it is imperative to preserve. An Alpine world moreover with crevices, ravines and gorges.

The Höllental and the Partnach Gorges are right in the neighborhood of Garmisch-Partenkirchen, gaping, deep rock crevices, through which water plunges down precipitously with ear-deafening crash. It is commonly thought that the Höllentalklamm is the most spectacular, but it can be traversed only in summer.

A walk through the Partnachklamm in winter, however, is a very special experience. Its walls appear as if they are glazed, it becomes a gallery for ice sculptures. It took thousands of years until the water penetrated into the rock so deeply as here - and then again such a gorge changes its appearance quite suddenly. It wasn't so long ago, that a part of the Partnachklamm collapsed. Many regarded this as a catastrophe, but looked at in the long term, it was only a small occurrence in an inexorable process — a process in which all crevices are filled up and new ones are formed.

HB

How „tradition" survives

Section 4, paragraph 1, sentence 1 of the Ordinance for Combatting Unnecessary Noise in the City of Wolfratshausen states: „Music instruments, sound transmission and sound reproduction appliances may be used only in such volume that third persons are not disturbed or annoyed by them". Paragraph 2 of the same section adds: „Paragraph 1 shall not apply for parades, demonstrations, markets and fairs in the open nor for events which are in accordance with a traditional custom". This means that in Wolfratshausen occasionally — quite officially - festivities are held at which more noise is made than at the Seniors' Dance in the Loisachhalle or when sacred music from the 16th century is performed in St. Andreas parish church. At such festivities, it can be celebrated as loud as possible provided that this is in line with a traditional custom. Naturally tradition has its own rules. Society changes — in Wolfratshausen as anywhere else. But when the conditions change which occasioned a custom, it then becomes superfluous. It therefore appears that there are two categories of customs that are no longer in keeping with the times: those which disappeared without a trace, or have changed so much that they are no longer recognizable, and those which are artificially kept alive. The former include the Upper Bavarian supplication customs, which were a kind of concealed charity for the poor: Guests invited to a wedding brought their „Bescheid-Tücherl" (poke) along in which they wrapped and took home what was left over from the meal. It is easy to perceive that the poke, in an age when most people have problems with excess pounds and the host also has a freezer, has outlived its usefulness just as has the „Vergeltsgott-Haferl" (gratitude cap) for the soup. The gifts to the sausagemen, to the bread and sheaf collectors have become out of date, likewise one no longer has to come with plain and fancy doughnuts that used to be given to the needy, and the Twelfth Night begging and New Year's singing are continued, if at all, only by children, who have their fun with them.

Since these forms for collecting alms are no longer necessary, no one weeps too many tears at the loss of the customs associated with them. But what is the situation for that tradition manifested in the wearing of folk costumes, in singing old songs, holding traditional markets, in mastery of craft skills? Their social background has also become lost. Should all this be preserved? And if so why? If the first question is answered affirmatively, the answer to the second is quickly found. Things would, of course, go on as before without customs. The earth would continue to turn without rhinoceroses. Nevertheless we all agree that their extinction would be a painful loss for humanity.

There is also a second reason, however, for continuing to wear folk costumes and for singing the old songs: It is enjoyable, at least when you are not alone in „preserving tradition".

Naturally, no one has a great feeling of enjoyment any more from going to a wedding feast with a „gratitude-cup", and only a few are willing to rehearse songs, in order to sing them at the start of the year, possibly in the icy cold, in front of an apartment house. But why has there been club freedom for 150 years also in Upper Bavaria?

The club is the continuation of custom activity with other means for social or entertainment purposes...This explains why Wolfratshausen also has such a rich club life. The city has ten doctors, eleven dentists, 46 restaurants, cafés, discotheques and snack bars — and 106 clubs! Some of them, such as, for example, the residents' community of a certain street have been founded to pursue concrete objectives at a local level in a limited period of time.

We don't intend to talk about them. Nor about those that are concerned with completely timeless and supraregional problems, such as the Rabbit Breeding Club, or the Afternoon Coffee Society. Even if we also leave out of account special interest groups such as the auto, skat and securities clubs, the Yawara-Do Club for Modern Self-Defense and the business club „Wirtschaftsraum Wolfratshausen", there still remains a large number of clubs which claim to preserve tradition at least in the broadest sense of the word. The gymnastics and sports clubs may claim this just as rightfully as the local groups of the political parties, the soldiers' and veterans' clubs or the carnival society.

But then there are also the actual tradition clubs: the Alpine Folk Costume Preservation Society, the Isartal Folk Dance Group — and naturally the riflemen's associations of which there are at least six in Wolfratshausen. The oldest one, the Royal Privileged Firearms Society, celebrated its 675th anniversary a few years ago. According to an old chronicle, the Riflemen's Guild is said to have been mentioned in a document in 1312. But at that time, there was no shooting, except with bow and arrow. The art of archery however became lost unfortunately — and many other things foundered in the course of the long period of time. The Society was quiescent from 1935 on for 28 years; in other words, it ceased to exist. Another sixteen years passed by until the Bavarian State Ministery of the Interior permitted the newly revived club to bear the old name. Nevertheless at the Jubilee celebration, at least a dozen congratulating speakers pointed out the great importance the society has in preserving old traditions. A jubilee medal was minted, one side shows the „Churfürstliche Schloß zu Wolfertshausen". This castle was around six hundred years old when lightning struck its powder magazine during a thunderstorm in April 1634 and ignited 350 centners of explosives.

The building complex was completely destroyed, the stone blocks were floated on rafts to Munich where they were used in building the Alte Pinakothek. Perhaps this is a symbol. There are castles which can only be seen on medals - and there are customs, which revive only in club celebrations.

The Glockenspiel

When American tourists come to Europe, they just have to go to the Hofbräuhaus, that is selfunderstood. If they also have time in the morning for a sightseeing tour, they take a look at the Feldherrnhalle and the Olympic Grounds, perhaps also Schloß Nymphenburg. The latter is guaranteed, however, only if they are back on the Marienplatz punctually at 11 o'clock to experience the Glockenspiel. It is certain that many of them later will no longer know that it was the Rathaus they stood in front of on this occasion. If someone should dare to tell them that it was the new Rathaus, they would certainly contradict and say that it was a very old building with turrets and pointed windows. Probably from the Middle Ages...

Well, after all, at the turn of the century there just wasn't any architect in the USA like Georg Hauberrißer, who would have built a Rathaus in Neogothic style. And a Kommerzienrat like Herr Rosipal, whose great ambition was to donate a gigantic musical clock, couldn't be found twice either. One would really like to assume that the tourists are impressed. Hundred thousands of them, if not millions, stand every year on the Marienplatz, aim their eyes and their video cameras toward the Rathaus tower and wait in suspense for what will happen right away. But nothing happens. Not much at any rate. The music does start, but five solid minutes pass until the first figure moves. Disappointment spreads through the crowd — and that is easy to understand. Most of these people are pressed for time.

When you have to see the whole of Europe in fourteen days, fifteen minutes for a glockenspiel are simply unreasonably long. Then too, the video filmers have started their cameras at the first peal of the bell and now must fear that their batteries will run down completely in vain. To make things even worse, they must now listen to the piece „Muß i denn, muß i denn zuhum Städtele hinaus", which every American knows from the much livelier version by Elvis Presley.

The dragging rhythm from the Rathaus tower increases their frustration. Many observers become convinced that something is out of order with the mechanism. Others look around seeking help from someone familiar with the situation. But no one is there. Only participants in organized tours are in the fortunate position to hear from the tour director that everything is in order. That the tournament recalls the marriage of Duke Wilhelm V with Duchess Renate from Lorraine in 1568, that the coopers' dance has something to do with the plague of "fifteen fifteen to seventeen", that the smallest of the forty three bells weighs ten kilos and the largest three hundred... When at the end, the golden rooster crows three times and beats its wings, the public applauds — perhaps more from relief. There still remains a scant hour for shopping until lunchtime. It could be an even ten minutes more, if the City Administration had the courage to bring the Glockenspiel up to date.

That would mean shortening the boring prelude drastically and increasing the revolving speed of the figures by at least three times. If the theatrical action were given a current content and if new figures circled around in the Rathaus tower, this would satisfy not only the requirements of the tourists, no, then it would even be conceivable that perhaps one or the other Munich citizen — astonished at the marvellous things which his hometown had to offer him — would again look up to the Rathaus tower. But instead of this, the only concession to modern times is the fact that the bell sounds no longer come from the bells, but rather over loudspeaker from a sound tape.

HB

Vows and Rewards

„Whenever the need is greatest, God is closest". This saying is particularly well known in Catholic Upper Bavaria. Anyone interpreting this to mean that the loving „God" is to be equated with „rescue", however, has got a wrong idea. It is intended rather to express that people like to turn to God, whenever they are up to their neck in trouble.

They are then generous in going to confession and making vows, they promise thick-bellied candles to the saints, they strike their breasts, wear sackcloth and ashes and are firmly convinced that if they are rescued this time, this time again, they will be better people for the rest of their lives. The belief that God could be bribed by so much earnestly intended penitence, would have waned long ago, if reports were not heard over and over again on how bitterly oppressed individuals were helped miraculously. Nota bene: Individuals! One hears of mass rescues much less often. After all, it is much more difficult for a group to make promises.

If the Town Council has to convene to deliberate on what one could vow, a couple of candles no longer suffices; and even the most daring council meeting would not have the courage to promise the Lord that all members of the community would become good and pious people immediately. It is not known what proposals were submitted when in 1633 in Oberammergau the „Gemeindleuthe Sechs und Zwölf" met to discuss measures for combatting the plague. But we do know what they decided: So that God would have mercy on their village, the pious pageant of the suffering and death of Christ was to be performed every ten years. This proposal evidently pleased God.

It should not be imagined, however, that Passion Plays are an Oberammergau invention. They had already been given in the Middle Ages, in at least three hundred places in Germany and Austria. They were performed on marketplaces and at executions, in churches and in cemeteries, usually in the Passion Week. They did not result from vows, but rather from the compulsion to relive the way of the Cross of Christ very intensively — one could almost say realistically. No dramatic theater was performed, but rather a mystic one: and when the time wasn't sufficient for the entire history, it was continued on the following day. But the Middle Ages came to an end, and just as Ways of the Cross were no longer organized, gradually staging of the Passion was also given up. The Reformation, the Counter Reformation — and the Thirty Years' War —came.

Cities and villages were burnt to the ground, the population became impoverished. Deserted mercenaries crossed the country plundering as they went. And then to make things even worse, the plague broke out. It could not be stopped with the pestilence fire and not by the watchmen, who were posted outside the towns to keep strangers out. A harvest hand, Schuster by name, brought it to Oberammergau.

In October 1632 the Black Death carried him away and by late summer of the following year over three hundred people of Oberammergau had shared his fate. When all other attempts to stem the dying failed, the Council Members made their historical vow on October 27, 1633. And what do you know, from that hour on, allegedly no one more died from the plague. Even those who had already become infected recovered.

Filled with gratitude and despite the war raging all around them, the people of Oberammergau staged their play the following year. One, two, three and four decades later, however, they advanced it by four years to establish the even ten-year date. It was around this time that their performances became famed near and far.

At any rate, they attracted so many visitors, that repetitions were put on — more and more. It turned out that the pious act was also profitable, and so in 1815, when the town had lots of debts, a special performance was inserted. The three hundredth anniversary in 1934 also provided the occasion for an extra season. And in 1984, the 350th anniversary just had to be celebrated and during it, the 1000th performance was staged. When the Passion Play is staged in Oberammergau, the public from all over the world makes its appearance. And one points with pride to the long list of prominent spectators. Richard Wagner was there and Max Planck, Rabnidranath Tagore and Thomas Mann and many, many other personalities from art, science and politics, from the nobility and the higher nobility.

Five Bavarian kings have viewed the Passion Play and in 1871 King Ludwig II at a private performance was „visibly moved by the passion and death of Christ". Afterwards, he invited the main actors to his Linderhof Palace and presented each of them with a silver spoon— only the unfortunate Judas actor received one of tin. Many will say this is unjustified.

But when a community has achieved such fame and reputation as Oberammergau has, injustices are just as prevalent as envy, quarrels and other unpleasantnesses. A text and a staging cannot remain undisputed through all the centuries. Jealousies in connection with the casting are normal. It can be understood that married women appealed to the courts, because they no longer wanted to be excluded from participation. That one actor was resented just because in his main profession he was the Bavarian Prime Minister had political, that is non-objective motives.

That the Passion Plays have long been a completely commercialized enterprise, and travel promoters can attract thousands of financially well-situated tourists with the „marketing concept" Oberammergau testifies to a successful combination of entertainment, business acumen and religion under the management of the tourism industry. However, the sale of thousands of false tickets for the performances in 1990 was nothing other than criminal. Even though the organizers could wash their hands in innocence — as Pontius Pilate once had done — nevertheless there remained „image problems" so to speak because of the incident.

Oberammergau has become rich and famous through its Passion Plays. No one can speak of need — but that God is closest to the good citizens of Oberammergau cannot always be said either.

HB

A Woman between kitchen, politics and cabaret

Wednesday afternoon, Irmi Ammer gets on her bicycle, packs building plans, peddles through Holzkirchen and takes a look at properties. In the Marienstraße, she ascertains that a lovely old house is to be torn down and a multifamily house with twelve apartments is to take its place. „I come into a conflict here, on the one hand I am in favor of building new homes, but on the other, I don't want old established structures to be destroyed", explains Irmi Ammer, who is member of the Town Council of Holzkirchen.

Change of scene: Irmi Ammer is standing in the kitchen of her corner row house in the Franz-Obermayer-Straße in Holzkirchen and is slicing a zucchini, which she has just harvested in the garden behind the house. She breads the slices and fries them in the frying pan. Potatoes are fying alongside and the sweet scent of tomato sauce hangs in the kitchen. A little later, she sits with her husband, a vocational school teacher, her two daughters, Stephanie (12), Vroni (10), and son Simon (5) as well as a neighbor's child at the dining table and says grace. And then eating and talking follow.

Change of scene. 72 men and women are sitting on a hot Friday evening in the Trachtenheim (club house where traditional costumes are worn and customs preserved) of Sauerlach. A figure with a traditional hat and jacket comes forward and enjoins the guests in Upper Bavarian dialect: „What is a female doing on the stage, she should be at home taking care of her husband and children? If that were my wife, there would be a real fuss, I don't want to say anything, but that's the way we talk." That is how Irmi Ammer opens her cabaret evening. Then she points her finger at herself and says: „She sings songs, but nothing amounting to anything, about politics and women's affairs, gads about at meetings, the husband has to stay with the children."

„Three times Irmi Ammer. Three different scenes from the everyday life of a woman amidst Upper Bavaria. The scenes can be continued at will: boning English words with her daughter, preparing children for First Communion, cleaning, vacuuming, shopping, or attending parents' evenings or discussion evenings of the Catholic Ladies' Society or a session of the Working Group of Social Democratic Women and, and, and... Irmi Ammer was born on January 8, 1954 and grew up in Schnaitsee in Landkreis Traunstein. She learned the trade of saleswoman and at 18 moved to Munich.

There she bore three children. Because it became too crowded in the apartment for the family of five and no affordable alternative housing could be found in Munich, the Ammer Family again moved to the country and bought a row house in Holzkirchen with 100 square meters of living space and around 200 square meters of garden. „My experience from earlier is very valuable for me today, since the housing situation is one of my greatest political problems", relates Irmi Ammer. „We have more than 200 people on the waiting list for publicly financed homes. And she tells about the sad reality in Holzkirchen: For a year a single mother with her three children has had to live in emergency quarters in an inn, because no landlord wants to accomodate the family even though the local Caritas (Catholic welfare association) guarantees rental payment. „And that is no individual case in our Catholic Upper Bavaria. That shocked me tremendously,". And then she protests violently against the „property Mafia" in Holzkirchen who are not restricted in any way.

„And there are so many possibilities for combatting speculation, for example if the property would be leased only through the community under inheritable building right." In fact, property prices doubled from 1987 to 1991. Formerly a square meter of building property cost 500 marks, the price today is 1000 marks. And one consequence is also that even the descendants of the old established families have to move out because of the exorbitant prices. Kindergarten vacancies are just as rare as inexpensive housing.

Whereas in Franconia and Swabia, bottlenecks occur only occasionally, there are far too few vacancies in Upper Bavaria. Three-year olds are almost never accepted in Holzkirchen. For the militant town council member, this is „a clear violation of the Bavarian Kindergarten Act". This is how Irmi Ammer fights for women who themselves have no time for engaging in politics, because earning money and bringing up children occupy them completely.

„It is unusual here when a woman gets into the Town Council." But even these structures are very slowly becoming relaxed. In her songs, Irmi Ammer takes position against false traditions and inhuman structures. In order to question the traditional role casting in families and to illustrate its absurdity, she has written the song „The Man in 2000". The words go: „The daughter follows in the footsteps of her mother, she must become something good so that later she also can support the family properly. With the boy this is not so important, but he must be good-looking because then if he is lucky he will get a girl with a sport coupé. The man cleans the house thoroughly and likes to cook, bakes cakes regularly, and as reward he can attend the pottery course. He takes care of everything and is not a boor at all, for when his wife comes home from work, he brings her the newspaper and her slippers."

In everyday life Irmi Ammer finds out all too often, how fixed many ideas are. When her daughter decorated her hair with bobby pins, her boy wanted to do the same. The mother helped zealously and put bobby pins into Simon's hair. „But the neighbors and other people laughed at him and said, 'You are not a girl, are you?' And in no time at all, Simon no longer wanted any hair adornment." Irmi Ammer has written a song for her son Simon, which contains her wishes for him and „for all children of the world": „I wish you much happiness, humor, wit and joy, but don't keep it for yourself, spread it out among others a little. I also wish you sorrow for need in this world, that you don't forget how to weep, that you don't redeem yourself with money. I wish you a good feeling for everything around you, never close your eyes, and never remain quiet. I wish you a world to live in where the air is enough for everyone, not spoiled, not poisoned, not polluted by the atom. Finally, I wish you peace, which is inherent in you, which grows and becomes greater with you and makes living worthwhile." Irmi Ammer, a „Weibsbild" from Upper Bavaria.

WP

Ham and Eggs from the Bio-Farmer

At first glance, the farm of Irmi and Josef Berchtold on the Atterstraße in Aiterbach, Landkreis Freising, looks like every other four-square farm: the stalls, storage barns and garages and the dwelling house for the farmer family all around. In the middle of the yard, the manure pile stinks and there is also a dove cote with weathercock on the roof. Cows low, pigs grunt, chickens cackle.

But if you look into the pigsty, you will see that the breeding sows have plenty of space, are not penned in and can move freely. Or if you miss the duckboard in the cowshed, or look in vain for insecticides, fungicides and growth regulators in the storage barns, you will recognize: The Berchtolds are bio-farmers.

The Berchtolds managed the 50-tagwerk farm (around 42 acres) in conventional fashion for around 13 years, with chemicals and inorganic fertilizers. In 1986 they started to convert to the guidelines of ecological farming. „For years I had been in an ideological conflict whenever I observed the development in agriculture", relates Sepp. „Grow or give way, specialization, intensification, structural change — in other words: large-scale livestock farming and use of chemicals with the problematical consequences for humans, animals and the environment." Josef Berchtold no longer wanted to go along with this development. If you want to change something, you have to start with yourself.

The Berchtolds again became self-sufficient. They took advantage of every opportunity to inform themselves. They read books, they went to meetings. They spoke with people who had already dared to convert their farm to biological cultivation. And Sepp made practical experiments. The final impetus was then the friendship with a farmer family in Gaden, who assisted the Berchtolds with advice and action based on their own experiences. Some things progressed smoothly from the very start. No problems were encountered in converting the fields. Sepp cultivated grass clover.

For intercropping, he chose field beans, which provided good fodder for the livestock. But there were difficulties, too. At the start, the Berchtolds had much less available money. There were yield losses principally with grain and field beets. And the Berchtolds had to work much harder. Then too, there were problems with weeds and crop pests: Mice liked the fields of the Berchtolds much better than other ones, they devoured the seeds. But Sepp knew how to help himself. He took two wooden blocks and a long pole and built a lurking place for buzzards. And this disposed of the mice plague.

„The first sales of my produce from the farm and through the Cooperative »Tagwerk« helped me to forget everything much easier", recalls Sepp Berchtold. The Berchtolds have been members of the »Tagwerk« since 1987. This regional cooperative, which 60 farmers and gardeners have joined, markets produce from ecological cultivation in Freising and Erding Counties and in Munich. „The very important relationship between producer and consumer is best possible in this way", explains Sepp Berchtold.

The tasty beef salami, the beef ham or eggs from the Bio-farm of the Berchtolds can be bought every Saturday morning at the weekly market on the Mariahilfplatz in Munich. And in the meantime, Sepp has been informing many other people about ecological cultivation. He gives talks and defends his convictions at podium discussions. At them, he explains what differentiates food from foodstuffs, illustrates with transparencies the relationship network of human-animal-plant-soil. He tells how the groundwater is „spoiled" through inorganic fertilizers and too much liquid manure. And he explains what true-to-type livestock raising is. The farm of the Berchtolds is an exeptional case in two respects. For full-time farmers like Sepp Berchtold have long become a minority compared with part-time farmers.

And the quite large majority of Upper Bavarian farmers does not count on ecological cultivation — one per cent of the Bavarian agriculturally arable area is managed in accordance with these principles. But in the meantime, a change in thinking is taking place on various levels, including the Bavarian State Administration. The Bavarian Minister of Agriculture stated in a speech: „Ecological cultivation makes an important contribution toward our target of covering the demand spectrum in its entire range. We support it to the same degree as we do conventional forms of farming." Quite generally speaking, agriculture in Upper Bavaria is experiencing a tremendous crisis just as in other areas. The European Community demands its tribute with contingents and the „farmer death" remains a permanent phenomenon. Mainly because of the irregular working hours — a livestock farmer actually can never take a vacation — and because of the comparatively poor earning possibilities, young future farmers are few and far between. In the past ten years more than 5000 farms ceased to exist in Upper Bavaria: there were 55,734 farms in 1979, but only 49,478 in 1989. In the past few years, however, the number of bio-farmers has increased steadily in Upper Bavaria.

For them and their families and above all for the nutritionally conscious ultimate consumers, the Bavarian State Ministry for Food, Agriculture and Forests has recently even issued recipes, one collection is entitled „Christmas baking with whole grain" with for example „Chocolate Kisses". And here is how: Take 250 grams of pithy whole grain rolled oats and toast them light brown. Let them cool off and along with 150 grams of brown sugar, two eggs, two tablespoons of cocoa add some grated lemon rind, 100 grams of butter and a tablespoon of rum into a bowl and knead everything with a manual stirrer at the lowest speed setting. Then place small dough heaps with two teaspoons on a greased baking tin and bake in preheated oven at 175 to 200 degrees Celsius for 15 to 20 minutes. Enjoy them. WP